Franziska Rößner · Kaj Kinzel

Frankenwald

mit Coburger Land

50 ausgewählte Touren

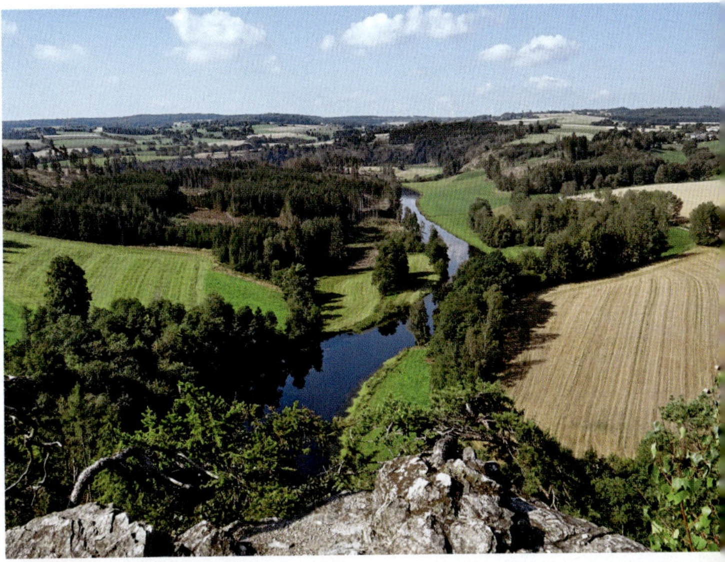

ROTHER
BERGVERLAG

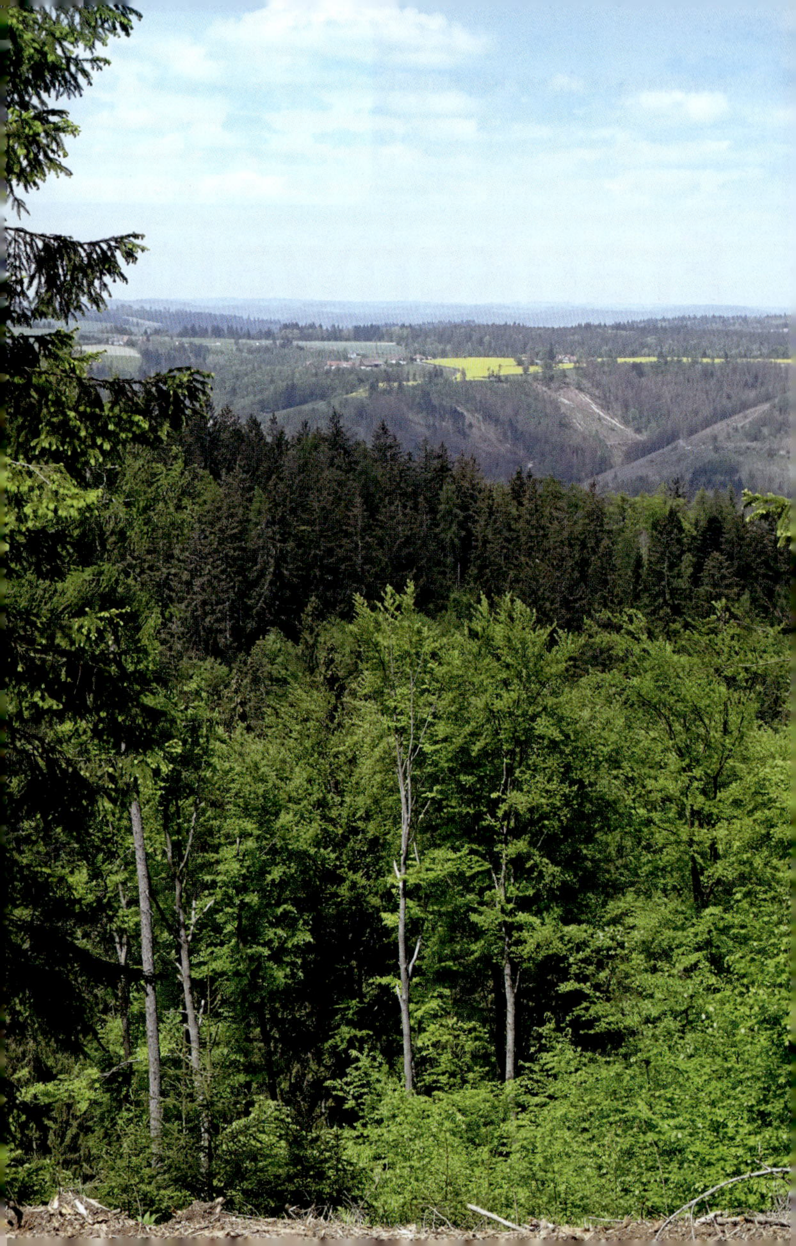

VORWORT

Der Frankenwald, ein noch wenig bekanntes Wanderparadies im Norden Bayerns, begeistert durch abwechslungsreiche Landschaften mit geschichtsträchtigen Orten und sehenswerten Naturphänomenen. Stille und Einsamkeit findet man in seinen weiten Wäldern. Tief eingeschnittene Fluss- und Wiesentäler wechseln sich mit weiten, aussichtsreichen Hochebenen ab. Wildbäche plätschern, im Sommer erstrahlen die Bergwiesen in einem duftenden Blütenmeer. In den Bergwäldern zeugen Ringwälle vom Leben vor über 1000 Jahren. Schlösser, Burgen und Ruinen zeigen die mittelalterliche Geschichte des Landstriches, erzählen von Streitigkeiten und Kriegen. Emsiges Treiben herrscht in den historischen Altstädten von Kronach, Kulmbach oder Coburg mit ihren Kirchen, Türmen und Fachwerkhäusern.
Im Norden werden der Naturpark Frankenwald und das Coburger Land vom sogenannten Grünen Band gesäumt, wo sich die Natur im ehemaligen Sperrgebiet der innerdeutschen Grenze jahrzehntelang ungestört entfalten konnte und heute viele seltene, teilweise bedrohte Tier- und Pflanzenarten ihren Lebensraum gefunden haben. Als authentisches Freilichtmuseum bietet das Deutsch-Deutsche Museum in Mödlareuth innerdeutsche Geschichte »zum Anfassen«.
Nicht ohne Grund wurde der Naturpark Frankenwald mit seinem umfassenden Wanderwegenetz als erste »Qualitätsregion Wanderbares Deutschland« Bayerns ausgezeichnet. Das noch wenig bekannte Wanderparadies lockt besonders Genusswanderer, die Ruhe und Abgeschiedenheit lieben. Auf kurzen Wanderungen können auch Kurgäste der beliebten Thermalbäder den besonderen Charme dieser alten Kulturlandschaft entdecken.
Nun ist es an Ihnen, liebe Leserinnen und Leser, die Wanderschuhe zu schnüren, den Rucksack zu packen und aufzubrechen in eine wunderschöne, facettenreiche und manchmal auch etwas geheimnisvolle Wanderregion. Wir wünschen Ihnen viel Freude und schöne Wandererlebnisse.

Grüna, im Sommer 2024 — Franziska Rößner und Kaj Kinzel

Frankenwaldblick auf dem Weg zur Kirchbühlkapelle (Tour 32).

INHALTSVERZEICHNIS

Auf der Veste Coburg (Tour 49).

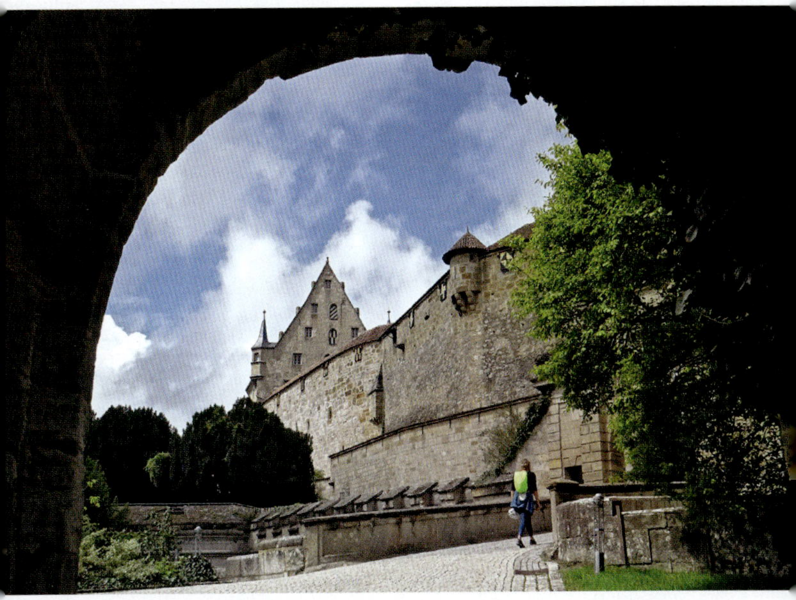

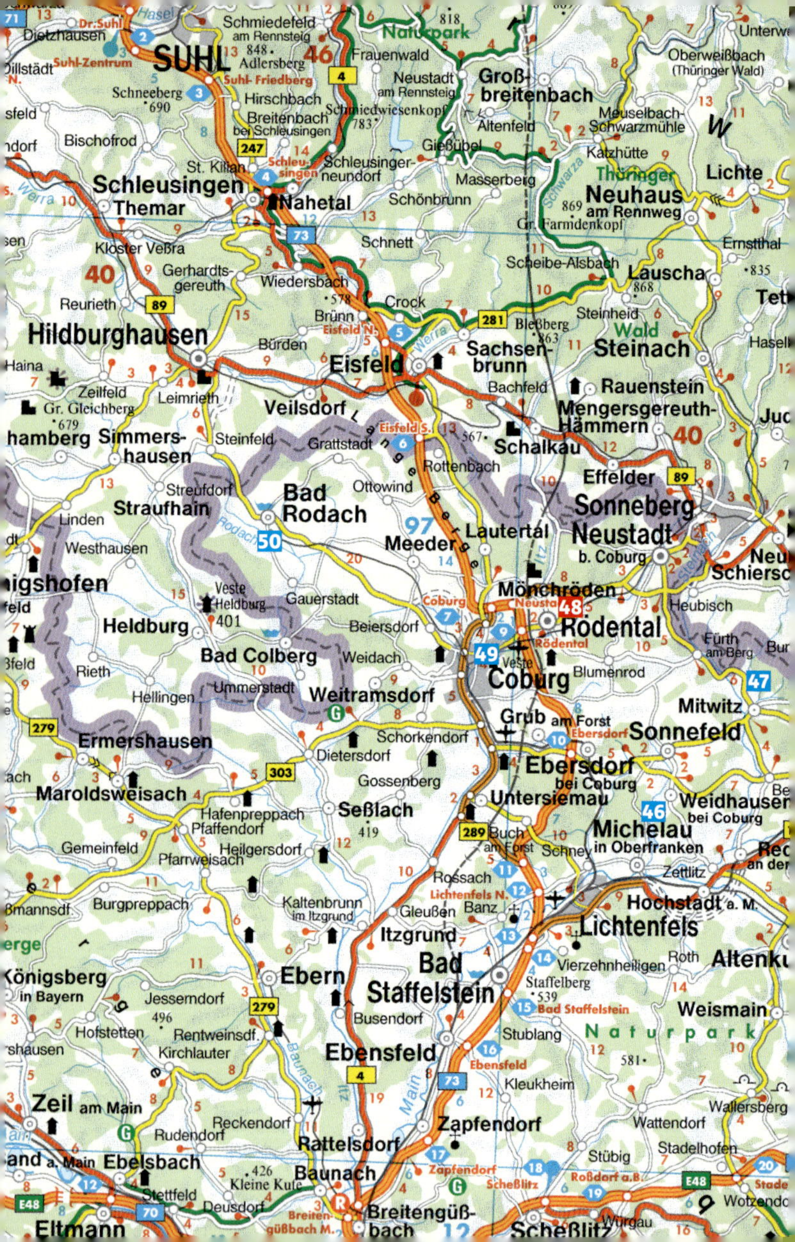
SUHL
Dr.Suhl
Suhl-Zentrum
Suhl-Friedberg
Dietzhausen
Schmiedefeld am Rennsteig
Adlersberg
Frauenwald
Naturpark
Neustadt am Rennsteig
Schmiedewieskopf
Groß-breitenbach
Altenfeld
Oberweißbach (Thüringer Wald)
Meuselbach-Schwarzmühle
Katzhütte
Schneeberg
Hirschbach
Breitenbach bei Schleusingen
Bischofrod
St. Kilian
Schleusingen
Themar
Nahetal
Schleusingerneundorf
Gießübel
Masserberg
Schönbrunn
Thüringer
Neuhaus am Rennweg
Gr. Farmdenkopf
Lichte
Schnett
Kloster Veßra
Gerhardtsgereuth
Wiedersbach
Scheibe-Alsbach
Lauscha
Ernstthal
Reurieth
Hildburghausen
Brünn
Crock
Eisfeld N.
Eisfeld
Bürden
Sachsenbrunn
Bleßberg
Steinheid
Wald
Steinach
Haina
Zeilfeld
Gr. Gleichberg
Leimrieth
Veilsdorf
Bachfeld
Rauenstein
Mengersgereuth-Hämmern
Simmershausen
Steinfeld
Grattstadt
Eisfeld S.
Lange Berge
Rottenbach
Schalkau
Effelder
Streufdorf
Straufhain
Linden
Westhausen
Bad Rodach
Ottowind
Meeder
Lauertal
Sonneberg
Neustadt b. Coburg
Rodach
Veste Heldburg
Gauerstadt
Coburg
Mönchröden
Neustadt
Rödental
Heubisch
Heldburg
Beiersdorf
Fürth am Berg
Bad Colberg
Weidach
Veste
Coburg
Blumenrod
Rieth
Hellingen
Ummerstadt
Weitramsdorf
Mitwitz
Grub am Forst
Ebersdorf
Sonnefeld
Ermershausen
Schorkendorf
Dietersdorf
Ebersdorf bei Coburg
Maroldsweisach
Gossenberg
Untersiemau
Weidhausen bei Coburg
Hafenpreppach
Pfaffendorf
Seßlach
Buch am Forst
Michelau in Oberfranken
Gemeinfeld
Heilgersdorf
Pfarrweisach
Schney
Zettlitz
Burgpreppach
Kaltenbrunn im Itzgrund
Rossach
Lichtenfels N.
Hochstadt a. M.
Gleußen
Banz
Itzgrund
Lichtenfels
Königsberg in Bayern
Ebern
Bad Staffelstein
Vierzehnheiligen
Staffelberg
Roth
Altenkunstadt
Jesserndorf
Busendorf
Weismain
Hofstetten
Rentweinsdf.
Stublang
Naturpark
Kirchlauter
Ebensfeld
Ebensfeld
Baunach
Kleukheim
Main
Itz
Zeil am Main
Reckendorf
Rudendorf
Zapfendorf
Wattendorf
Wallersberg
Rattelsdorf
Stübig
Stadelhofen
Ebelsbach
Kleine Kulp
Baunach
Zapfendorf
Scheßlitz
Roßdorf a.B.
Stettfeld
Deusdorf
Breitengüßbach
Breitengüßbach M.
Würgau
Wotzendorf
Eltmann
Scheßlitz
Werra
Schwarza

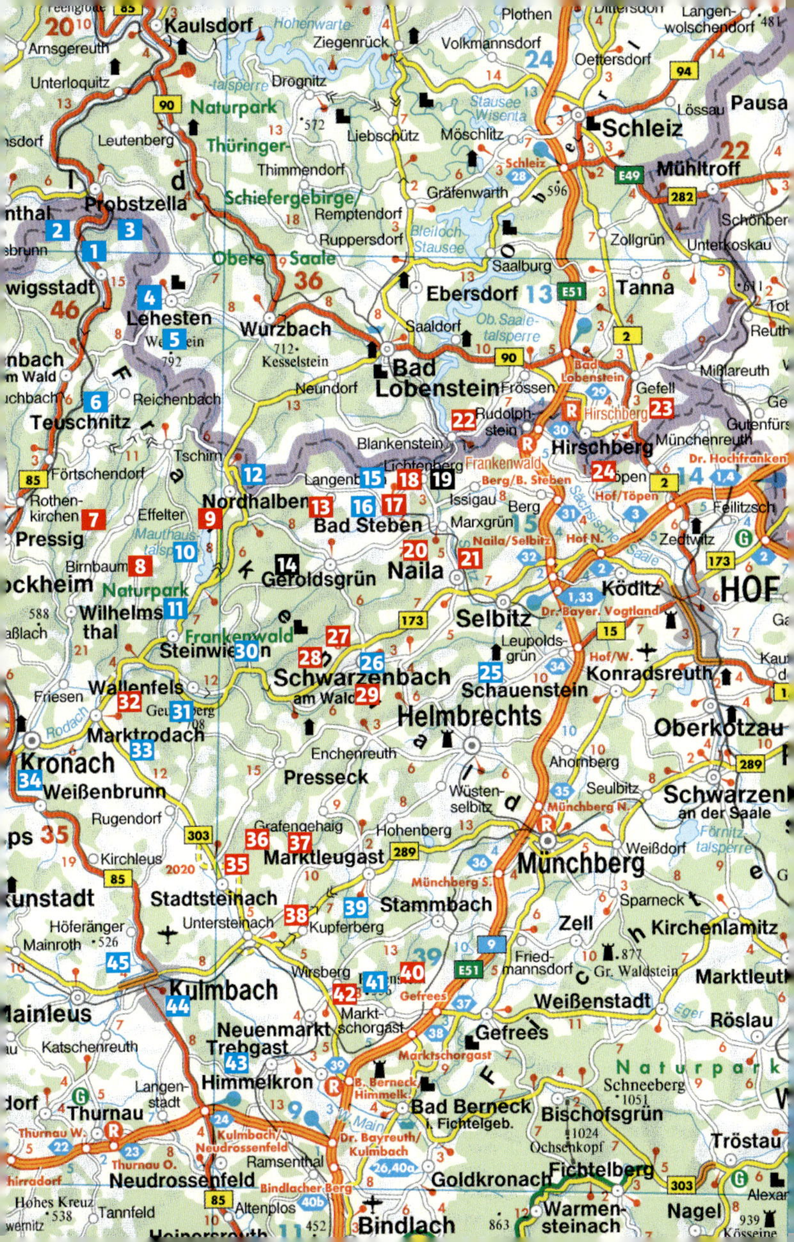
Kaulsdorf
Arnsgereuth
Unterloquitz
Ziegenrück
Plothen
Volkmannsdorf
Oettersdorf
Langenwolschendorf
Drognitz
Naturpark
Thüringer-
Schiefergebirge/
Obere Saale
Leutenberg
Thimmendorf
Liebschütz
Möschlitz
Stausee Wisenta
Schleiz
Lössau
Pausa
Mühltroff
Probstzella
Remptendorf
Gräfenwarth
Ruppersdorf
Bleiloch-Stausee
Saalburg
Zollgrün
Unterkoskau
Lehesten
Wurzbach
Kesselstein
Ebersdorf
Tanna
Saaldorf
Ob. Saaletalsperre
Bad Lobenstein
Frössen
Gefell
Mißlareuth
Neundorf
Reichenbach
Teuschnitz
Tschirn
Rudolphstein
Hirschberg
Münchenreuth
Blankenstein
Lichtenberg
Frankenwald
Förtschendorf
Rothenkirchen
Pressig
Nordhalben
Langenbach
Bad Steben
Issigau
Berg
Töpen
Feilitzsch
Zedtwitz
Effelter
Marxgrün
Mauthaus-talsperre
Birnbaum
Geroldsgrün
Naila
Selbitz
Köditz
HOF
Wilhelmsthal
Steinwiesen
Leupoldsgrün
Konradsreuth
Schwarzenbach am Wald
Schauenstein
Wallenfels
Friesen
Helmbrechts
Oberkotzau
Marktrodach
Kronach
Enchenreuth
Ahornberg
Presseck
Seulbitz
Weißenbrunn
Wüstenselbitz
Schwarzenbach an der Saale
Rugendorf
Grafengehaig
Hohenberg
Kirchleus
Marktleugast
Münchberg
Weißdorf
Förmitztalsperre
Stadtsteinach
Stammbach
Sparneck
Kupferberg
Untersteinach
Höferänger
Mainroth
Zell
Kirchenlamitz
Friedmannsdorf
Gr. Waldstein
Wirsberg
Kulmbach
Mainleus
Marktschorgast
Gefrees
Weißenstadt
Röslau
Neuenmarkt
Trebgast
Katschenreuth
Himmelkron
Bad Berneck i. Fichtelgeb.
Schneeberg
Bischofsgrün
Langenstadt
Thurnau
Ochsenkopf
Tröstau
Neudrossenfeld
Ramsenthal
Goldkronach
Fichtelberg
Hohes Kreuz
Tannfeld
Altenplos
Bindlach
Warmensteinach
Nagel
Kösseine

TOP-TOUREN

Teuschnitz-Aue
Nicht nur zur sommerlichen Arnika-Blüte verwandeln sich die Wiesen der Teuschnitz-Aue in ein buntes Blütenmeer, wo sich Bienen und Schmetterlinge tummeln. Eine aussichtsreiche Wanderung zum Genießen und Entschleunigen (Tour 6, 3.00 h).

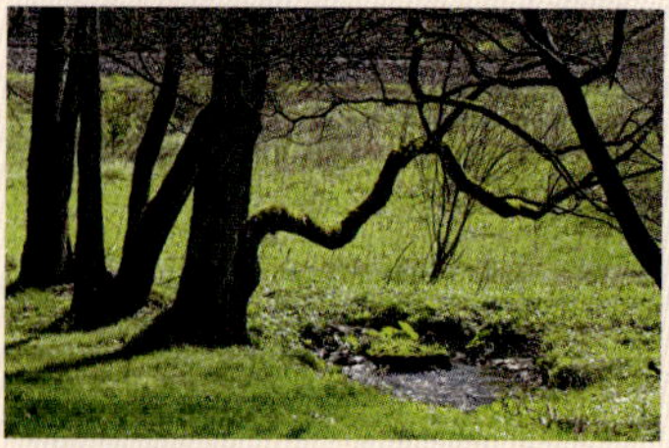

Nordhalbener Ködeltal
Wer die Stille liebt, ist im fast unberührten Ködeltal am Ende des »Frankenwaldfjordes« richtig. Vom spiegelglatten See geht es durch steile Wälder hinauf zu aussichtsreichen Hochflächen (Tour 9, 2.45 h).

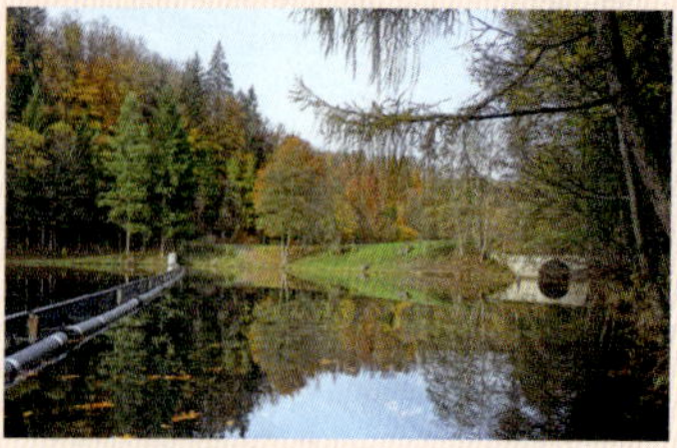

Zwölf-Apostel-Weg
Weite Ausblicke, einsame Wälder, gewaltige Schieferhalden und zwölf rätselhafte Monolithen, das »Stonehenge des Frankenwaldes«, begegnen dem Wanderer auf diesem großartigen FrankenwaldSteigla (Tour 13, 5.40 h).

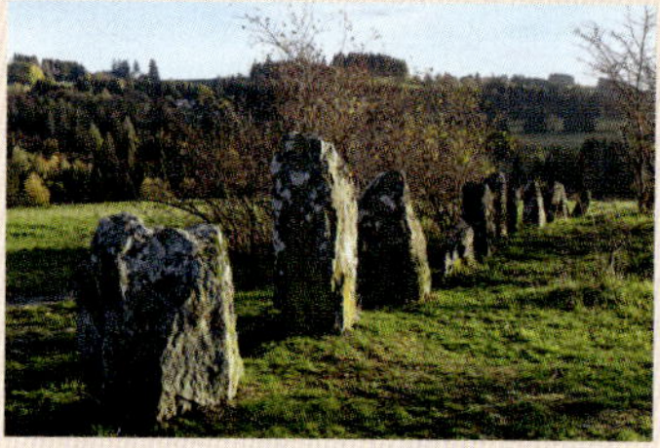

Auf Jägersteigen
Wildromantische Bergpfade, auf denen einst Jäger durch die dichten Mischwälder des oberen Langenauer Tal streiften, sowie luftige Aus- und Tiefblicke prägen das Bild dieser spannenden Rundwanderung (Tour 14, 2.15 h).

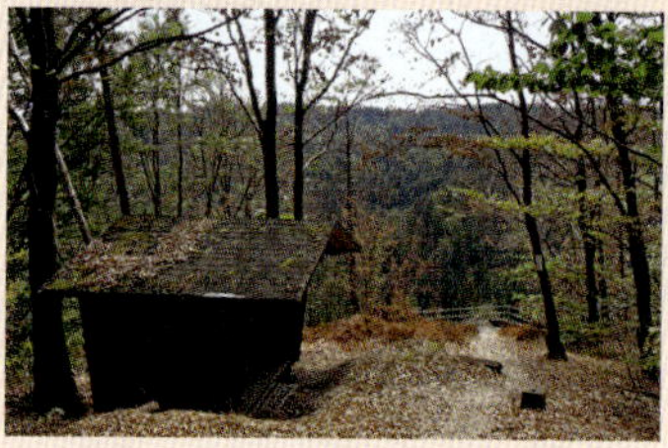

Felsenpfad Höllental
Grandioses Wanderabenteuer im wohl schönsten Engtal des Frankenwaldes entlang eindrucksvoller Diabas-Felsen, vorbei an Zeugen des Bergbaus und hinauf zur Burgruine Lichtenberg (Tour 18, 4.15 h).

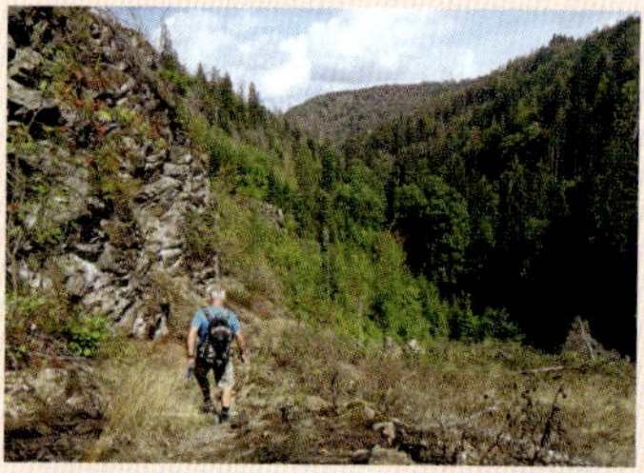

Süßengut-Weg
Eine unscheinbare Eibe im Thiemitztal, deren Alter unglaubliche 900 Jahre zählt, ist das Highlight dieses FrankenwaldSteigla, welches abwechslungsreich durch tief eingeschnittene Täler und über aussichtsreiche Höhen führt (Tour 28, 4.30 h).

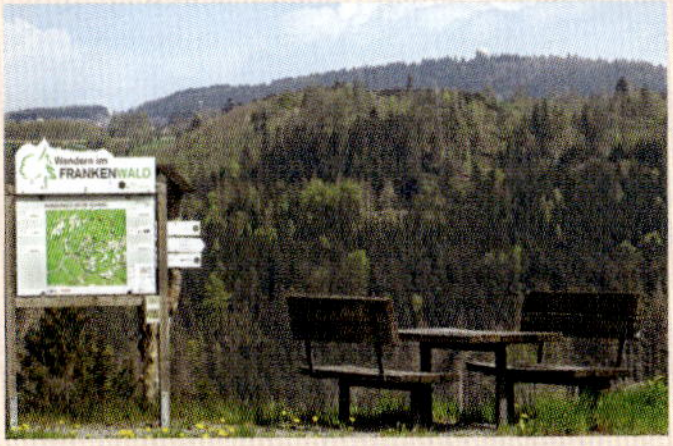

Mühlenweg
Der Mühlenweg bei Grafenhaig ist eine gleichermaßen informative wie idyllische Rundwanderung im Steinachtal und seinen Nebentälern und wartet gegen Ende der Tour sogar noch mit einer urigen Einkehr auf (Tour 37, 5.00 h).

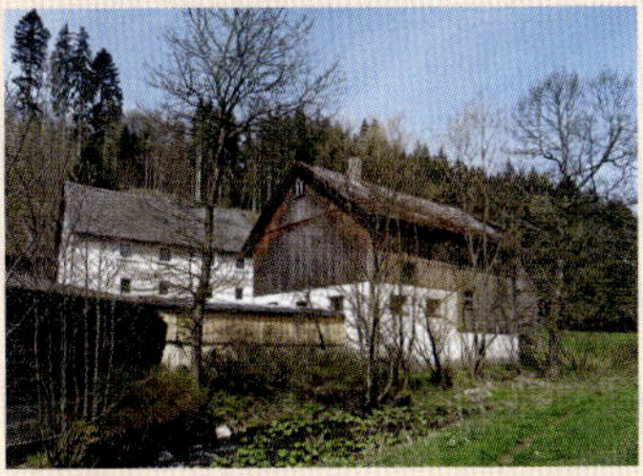

Achatzmühlenweg
Die kurzweilige Tour über Felder, durch kleine Waldstücke und verschlafene Dörfer erreicht ihren Höhepunkt an der prunkvollen Basilika in Marienweiher, einem der ältesten Wallfahrtsorte Deutschlands (Tour 39, 3.40 h).

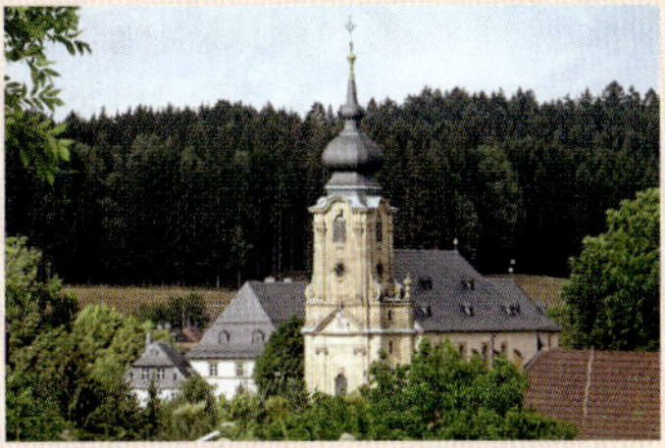

Schorgasttal
Unter dem schattigen Blätterdach der Bäume am Ufer der fröhlich plätschernden Schorgast kann man wunderbar die Seele baumeln lassen – eine leichte Talwanderung, ideal für heiße Sommertage (Tour 41, 2.20 h).

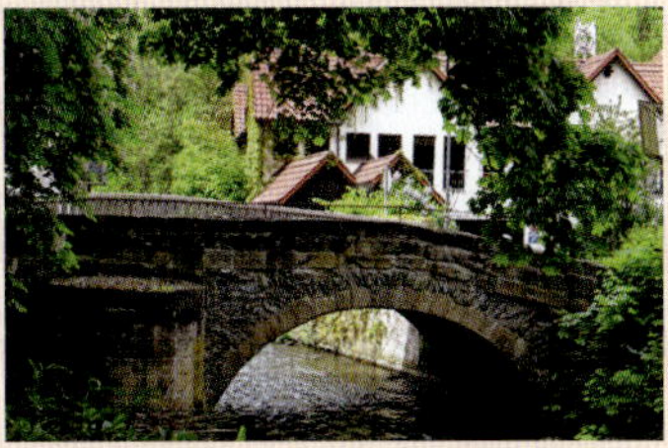

Wirsberger Panoramarunde
Aus den Gassen des historischen Ortskerns geht es hinauf zu den Aussichten in den bewaldeten Steilhängen hoch über dem kleinen Luftkurort. Gleich mehrere Pavillons bieten hier Gelegenheit zum ausgiebigen Rasten und Genießen (Tour 42, 3.45 h).

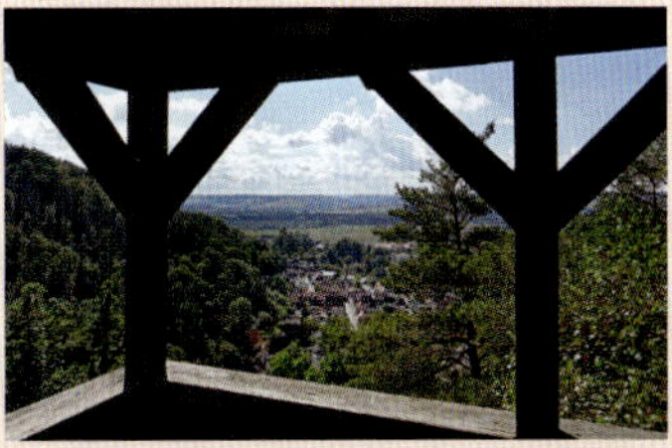

WICHTIGE HINWEISE FÜR UNTERWEGS

Anforderungen

Die Wanderungen im Frankenwald verlaufen größtenteils auf gut ausgeschilderten Wegen, Pfaden und Steigen in Höhenlagen zwischen 300 und 800 Metern über dem Meeresspiegel.

Für die überwiegende Zahl der Wandervorschläge sollte eine normale bis gute Kondition und etwas Wandererfahrung ausreichend sein. Trotz der gemäßigten Höhenlage können sich An- und Abstiege in der stark gegliederten Landschaft zu durchaus fordernden Höhenmetern summieren.

Bei der Gestaltung der Touren wurden naturnahe Wege und Steige bevorzugt. Jedoch konnten nicht immer Teer- und Schotterwege vermieden werden, da diese oft die einzigen Möglichkeiten darstellen, die weiten Bergwälder zu durchqueren. Neben Trittsicherheit, Orientierungssinn und Kondition bestimmen auch äußere Bedingungen den Erfolg einer Wanderung: starker Wind, plötzlich aufkommender Nebel oder Gewitter, Schnee, Nässe, aber auch ungehinderte Sonneneinstrahlung sowie umgestürzte Bäume oder Forstarbeiten können die Wegverhältnisse verändern und Gehzeiten verlängern. Spezielle Anforderungen werden im Steckbrief der einzelnen Touren genannt.

Genaue Karten und GPS-Tracks zu jeder Tour helfen Ihnen, immer auf dem rechten Pfad zu bleiben.

Zur schnelleren Orientierung sind die Wanderungen in drei Schwierigkeitsgrade eingeteilt. Die Tournummern sind entsprechend farbig hinterlegt:

Schmale Bergpfade erfordern Trittsicherheit (Tour 18).

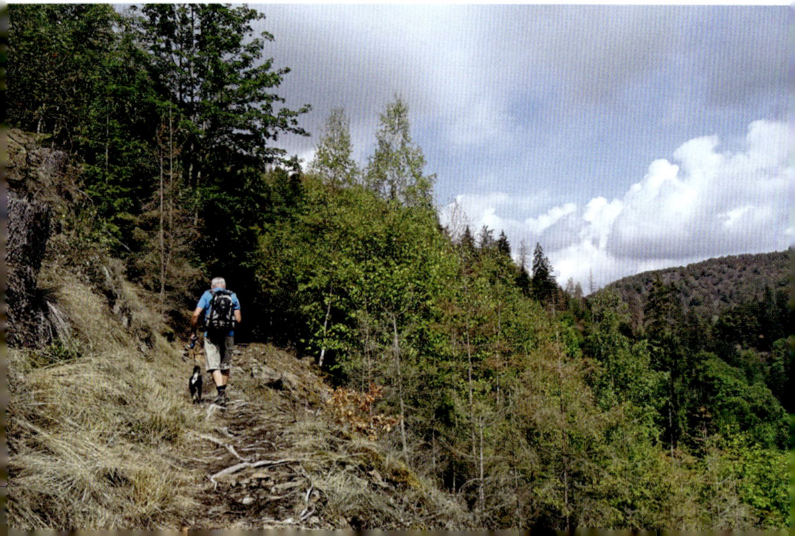

SCHWIERIGKEITSKATEGORIEN

■ = Leicht

Touren auf einfach begehbaren Wegen und Steigen, die überwiegend gut ausgebaut, meist gut markiert und nur mäßig steil sind. Sie können auch von Kindern und älteren Menschen relativ gefahrlos begangen werden. Für die mäßigen Steigungen ist durchschnittliche Kondition ausreichend.

■ = Mittel

Wanderungen auf weniger gut befestigten Wegen und Steigen, die gelegentlich steinig sind und über Wurzelwerk führen. Sie erfordern eine gewisse Trittsicherheit, abschnittsweise ist trotz vorhandener Markierungen guter Orientierungssinn hilfreich. Die Touren können zudem auch länger sein und steilere Passagen aufweisen. Daher verlangen sie eine gute Kondition.

■ = Schwierig

Schwierige Wanderungen nutzen streckenweise ausgesetzte bzw. sehr schmale Pfade an steilen Berghängen, wo absolute Trittsicherheit gefragt ist. Es kann sehr steile Auf- oder Abstiege bei schottrigem/gerölligem, felsigem oder mit Wurzeln durchzogenem Untergrund geben, wo zuweilen eine Hand zum Halten gebraucht wird. Dafür sollte eine sehr gute Kondition vorhanden sein. Bei widrigen Wetterbedingungen ist hier besondere Vorsicht geboten!

Tourenauswahl

Als kleine Planungshilfe werden jeder Tour Informationen zu Gehzeit und zu bewältigendem Höhenunterschied sowie zu Anforderungen, Wegbeschaffenheit und Besonderheiten vorangestellt. Das Höhenprofil gibt Auskunft zu Länge, Steilheit und individuellem Charakter der Wanderung. Bei der Tourenauswahl sind neben der Tagesform unbedingt auch Wetter und Jahreszeit zu berücksichtigen. Steine, Wurzeln oder Felspassagen können bei Feuchtigkeit sehr rutschig werden.

Gehzeiten und Höhenunterschiede

Die Zeitangaben im Tourenkopf und im Höhenprofil sind reine Gehzeiten und stellen eine grobe Orientierungshilfe dar. Sie sind reichlich bemessen, berücksichtigen jedoch keine Rast- oder Einkehrpausen, Fotostopps oder Zeiten für Besichtigungen. Zum Ermitteln der zu erwartenden Tourdauer sind solche Zeiten der angegebenen Gehzeit hinzuzurechnen, die auch je nach Wetter-/Geländeverhältnissen, Kondition etc. deutlich variieren kann. Die angegebenen Höhenunterschiede im Auf- und Abstieg umfassen alle zu bewältigenden Höhenmeter im Streckenverlauf einschließlich Gegenanstiegen.

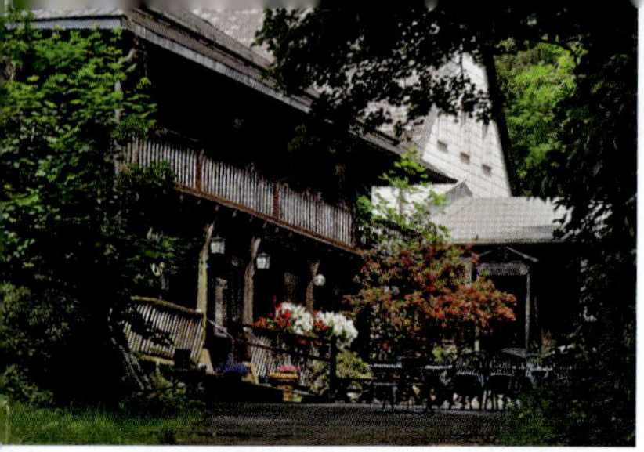

Gasthaus Hubertushöhe oberhalb der Ködeltalsperre (Touren 8 und 10).

Einkehr

In der Kurzinfo zu jeder Tour werden Einkehrmöglichkeiten aufgeführt. Diese erheben keinen Anspruch auf Vollständigkeit. Außerdem sind sie ständigen Änderungen unterlegen. Erkundigen Sie sich am besten vorab unter der angegebenen Telefonnummer oder ggf. Internetadresse, ob das Lokal geöffnet hat. In der touristisch weniger frequentierten Frankenwaldregion zeigt sich das »Wirtshaussterben« noch viel stärker als anderswo. Viele der verbliebenen Gasthäuser haben erst ab spätem Nachmittag oder nur an Wochenenden geöffnet. Es empfiehlt sich deshalb, Proviant dabeizuhaben. Für eine Einkehr nach der Tour findet sich meist eine Möglichkeit in der Umgebung.

Unterkunft

In den Städten und größeren Ortschaften gibt es klassische Hotels und Gasthöfe, Pensionen und Ferienzimmer. Hier finden sich auch Touristeninformationen, Einkaufsmöglichkeiten und Restaurants. In der Wanderregion bieten auch einige schön gelegene Campingplätze und preiswerte Wohnmobilstellplätze alternative Übernachtungsmöglichkeiten.

SYMBOLE

Symbole im Tourenkopf

- mit ÖPNV erreichbar
- Einkehrmöglichkeit unterwegs
- für Kinder geeignet

Symbole im Höhenprofil

- Ort mit Einkehrmöglichkeit
- Einkehrmöglichkeit
- Schutzhütte, Unterstand
- Bushaltestelle
- Bahnhof, Bahnhaltepunkt
- Parkplatz
- Gipfel
- Aussichtspunkt
- Kirche, Kapelle, Kloster
- Burg, Schloss, Ruine
- archäologische Stätte
- Denkmal, Monument
- Aussichtsturm
- Wassermühle
- Höhle
- Bergbaustollen
- Wegkreuz/Bildstock
- Brücke, Steg
- Rastplatz
- Quelle, Brunnen
- Bademöglichkeit
- Abzweigung

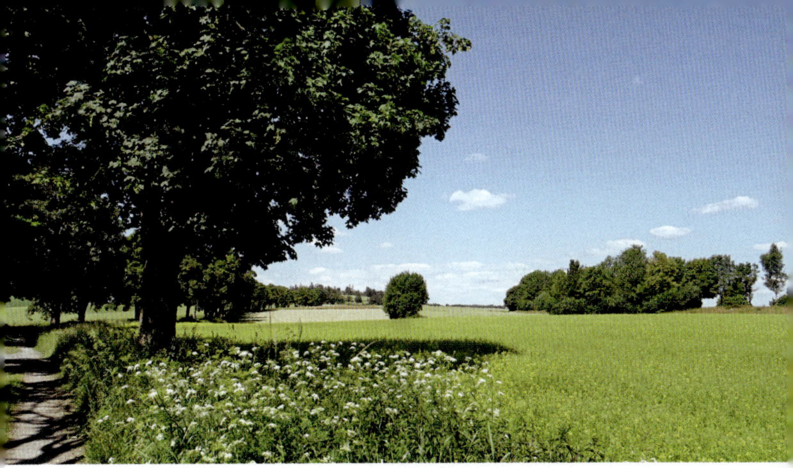

Wenn die Wiesen blühen und sich das Getreide sanft im Wind wiegt, sind Wanderungen im Frankenwald besonders schön (Tour 16).

Beste Wanderzeit

Sicherlich sind die Sommermonate für die meisten die schönste Zeit zum Wandern im Frankenwald. Die Wiesen blühen, die Wälder sind grün und die Felder zeigen sich in unterschiedlichen Farben. Doch sind Wanderungen im Mittelgebirge zu jeder Jahreszeit attraktiv.

Wenn im Frühjahr die ersten Frühblüher aus dem Boden sprießen und der frische Laubaustrieb die Berge in ein zartes helles Grün taucht, sind die Aussichten noch freier, als wenn im Sommer die Bäume und Sträucher voll belaubt sind.

Im Herbst ist es besonders schön, wenn sich die Buchenmischwälder in allen Farben präsentieren und das bunte Laub unter den Füßen raschelt. Dann sollte man aber auch mit einer erhöhten Vorsicht unterwegs sein, denn es kann rutschig werden.

Im Winter sind in höheren Lagen bei entsprechenden Bedingungen ausgiebige Schneewanderungen möglich. Die schwierigeren Touren sollte man dann meiden, vereiste Passagen, aber auch Schneebruch können gefährlich werden.

Ausrüstung

Wichtig sind beim Wandern bequeme und eingelaufene Wanderschuhe. Die Schuhe sollten fest und möglichst wasserabweisend sein. Da sich bei vielen Touren oftmals befestigte, nicht selten asphaltierte Wege mit unbefestigten, teils auch alpin anmutenden Bergpfaden abwechseln, sollte die Schuhe eine gutes Sohlenprofil aufweisen und idealerweise auch den Knöchel stützend umschließen.

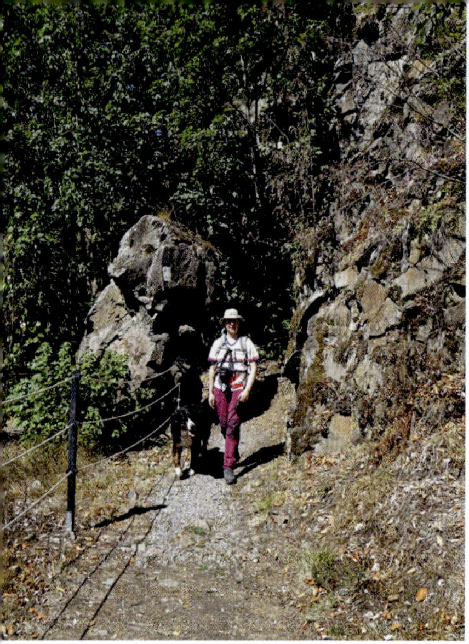

Gut ausgerüstet unterwegs im Höllental (Tour 19).

Bei Wanderungen in steilerem Terrain können Teleskop-Wanderstöcke gute Dienste erweisen.
In den gut sitzenden Rucksack (ca. 30 Liter) gehören neben einem kleinen Erste-Hilfe-Set auch ein Wechsel-T-Shirt, ein Regenschutz und ggf. eine wärmere Jacke, um gegen plötzliche Wetterunbilden gewappnet zu sein. Die Temperaturunterschiede im Talgrund und auf der Höhe können erheblich sein. Sonne, Wind und das Vorhandensein von schattenspendenden Bäumen spielen dabei eine Rolle. Besonders im Hochsommer empfehlen sich das Tragen einer Kopfbedeckung und das Auftragen von Sonnencreme. Auf den Touren im Frankenwald sollte immer ausreichend Verpflegung und genug zum Trinken eingepackt werden. Eine integrierte (oder nachrüstbare) Trinkblase hat mehrere Vorteile. Man kann zwischendurch ein paar Schlucke Wasser zu sich nehmen, ohne den Rucksack abzusetzen, und das Gewicht der empfohlenen 1,5 bis 2 Liter Wasser liegt gut verteilt, eng am Rücken an.
Je nach Tour und Wetterlage sollte man noch an Wanderkarte, Mobiltelefon, Fernglas, Stirnlampe, Sonnenhut, Sonnenschutzmittel, Mücken- und Zeckenschutz, Regenhose, Mütze und Handschuhe denken.

Wandern mit Kindern

Spannende Burgruinen, aussichtsreiche Felsen oder interessante Naturphänomene am Wegesrand motivieren Kinder für einen gemeinsamen Familienausflug. Bedenken Sie immer: Kinder wollen beim Wandern etwas erleben und ihre Umwelt entdecken. Sie lieben die Abwechslung und Pausen zum Spielen. Nehmen Sie sich die Zeit, um auf Baumstämmen zu balancieren, dunkle Höhlen oder verwunschene Burgruinen zu erforschen oder am Ufer eines Baches zu plantschen. Durch solche Einlagen können die meist etwas weitläufigeren Wanderungen im Frankenwald aufgelockert und »spannender« gestaltet werden. Trotzdem erfordern einige unserer als »kindertauglich« gekennzeichneten Touren auch eine gewisse Ausdauer und Wandererfahrung. Sie als Eltern müssen einschätzen, was Sie Ihren Sprösslingen zutrauen können.

Mit einem Fernglas, einer Becherlupe oder ein wenig Bastelmaterial im Rucksack kitzeln clevere Eltern den natürlichen Entdeckerdrang der Kinder heraus. Ein eigener Fotoapparat hält die kindliche Sicht auf die Umgebung fest. Vergessen Sie nicht, für die Pause eine kleine Picknickdecke, ausreichend Verpflegung sowie genügend Getränke mitzunehmen. Natürlich gehören auch wettergemäße Bekleidung und gut sitzende, bequeme Schuhe zu einer gelungen Familienwanderung dazu. Planen Sie genügend Zeit ein! Ein guter Richtwert bei Familienwanderungen ist das Anderthalbfache bis Doppelte der im Buch angegebenen Gehzeit.

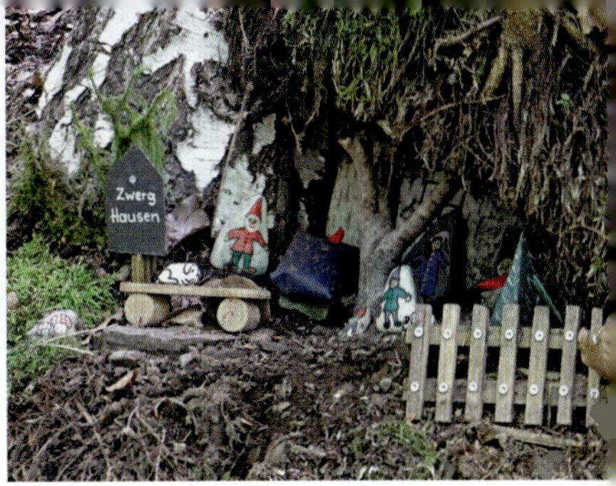

Entdeckungen am Wegesrand.

Wanderkarten

Die Tourenkärtchen in diesem Wanderführer geben einen guten ersten Überblick über den Tourverlauf. Für eine genauere Orientierung vor Ort kann zusätzlich eine gedruckte topografische Karte helfen. Auf einen Blick gibt sie Auskunft zu möglichen individuellen Tourvarianten und interessanten Punkten wie beispielsweise zu umliegenden Gipfeln, Orten oder Sehenswürdigkeiten. Zu empfehlen sind z.B. die Karten der Serie ATK25 des Bayerischen Landesamtes für Digitalisierung, Breitband und Vermessung (LDBV, ldbv.bayern.de): topografische Karten im Maßstab 1:25.000 mit Wanderwegen sowie mit Höhenlinien und Schummerung.

GPS-TRACKS UND KOORDINATEN DER AUSGANGSPUNKTE

Auf **gps.rother.de** stehen zu diesem Wanderführer GPS-Tracks und die Koordinaten der Ausgangspunkte zum kostenlosen Download bereit. Dieser QR-Code führt direkt zum Download.
1. Auflage, Passwort: **461201kfu**
Die GPS-Tracks können in die **Rother App** importiert werden. In der App kann man unterwegs stets sehen, wo man gerade ist und wo es langgeht. **Anleitungen dazu: rother.de/gps**
Trotz sorgfältiger Prüfung können wir Fehler und zwischenzeitliche Veränderungen nicht ausschließen. Verlassen Sie sich für die Orientierung niemals einzig und allein auf die GPS-Daten, sondern beurteilen Sie die Verhältnisse vor Ort.

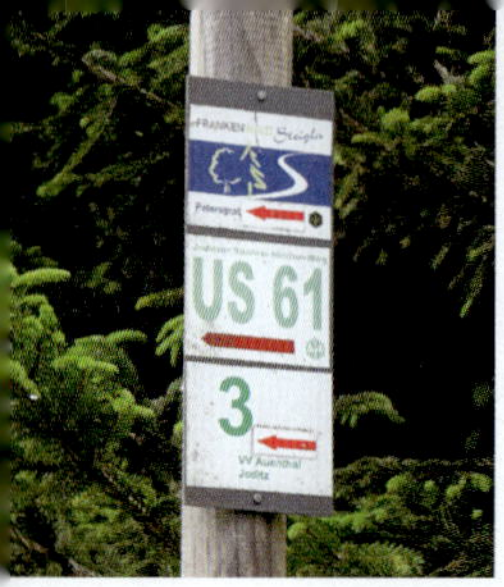

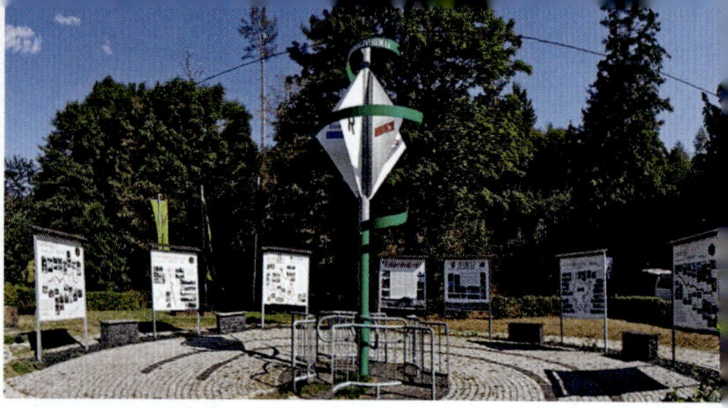

Wegmarkierungen im Frankenwald (links) und das »Drehkreuz des Wanderns« in Blankenstein (rechts).

Immer beliebter wird die Nutzung von digitalen Karten auf dem Smartphone. Meist bieten diese sehr aktuelle Informationen. Für das Wandern sollten sie offline verfügbar sein, falls unterwegs schlechter Internetempfang ist. Auf solchen kostenlosen Online-Karten können auch die GPS-Tracks der Touren geladen und angesehen werden. Diese stehen auf der Rother-Website zum Download zur Verfügung (siehe S. 15). Starten Sie Ihre Tour mit einem ausreichend geladenen Akku.

Wegmarkierung

Die Wegmarkierungen im Frankenwald unterscheiden sich von denen anderer Wandergebiete. Die Region wird von über 30 Rundwanderwegen, sogenannten »FrankenwaldSteigla«, durchzogen. Diese sind dann mit speziellen kleinen Tafeln, die den Namen des Steigla enthalten, markiert. Abzweige sind mit kleinen roten Pfeilen im Wanderzeichen gekennzeichnet und mitunter leicht zu übersehen. Daher ist immer etwas Aufmerksamkeit beim Studieren der Wegmarkierung erforderlich. Zusätzlich gibt es noch mit Symbolen oder Nummern markierte Wanderwege sowie Wegweiser an Kreuzungen und Knotenpunkten.

Unterwegs im Frankenwald

■ Mit öffentlichen Verkehrsmitteln:

Die größeren Städte und Ortschaften in der Wanderregion sind gut mit öffentlichen Verkehrsmitteln erschlossen. Viele Ausgangspunkte der Touren in diesem Wanderführer können auch mit Bahn oder Bus erreicht werden. Mit Regionalexpress (RE) oder Regionalbahn (RB) sind viele Orte gut angebunden. Verbindungen sucht man am besten online auf bahn.de und bayern-fahrplan.de.

Abgelegenere Orte sind leider häufig nicht sehr gut erschlossen, Busse fahren hier seltener oder nur an bestimmten Wochentagen.

Für Ausflüge innerhalb Bayerns lohnt sich oft das Bayern-Ticket, das in allen Nahverkehrszügen und fast allen Bussen für einen Tag gültig ist. Buslinien werden meist von regionalen ÖPNV-Anbietern betrieben.

In den ländlichen Regionen funktioniert der ÖPNV oft über ein Rufbus-System, zum Beispiel den Hofer Landbus, dessen Telefonnummer an der Haltestelle und bei der Fahrplanauskunft angegeben ist; eine App kann unter hofer-landbus.de heruntergeladen werden. Es empfiehlt sich, die Fahrt rechtzeitig anzumelden. Rufbusse befördern allerdings meist keine Hunde.

- Mit dem Auto:

Mit dem Pkw ist jedes Wanderziel im Frankenwald gut erreichbar. Wer mit Navigationsgerät anreisen möchte, findet in der Kurzinfo für jeden Ausgangspunkt die Koordinaten im Dezimalgrad, die je nach Gerät eventuell noch umgerechnet werden müssen.

Touristische Informationen

Viele Wege werden vom Frankenwaldverein und örtlichen Vereins- und Heimatgruppen unterhalten.

Informationen bieten:

- Frankenwaldverein e. V., Karlsgasse 7, 95119 Naila, Tel. +49 9282 3646, frankenwaldverein.de, info@frankenwaldverein.de
- Frankenwald Tourismus Service Center, Adolf-Kolping-Straße 1, 96317 Kronach, Tel. +49 9261 601517, frankenwald-tourismus.de, mail@frankenwald-tourismus.de
- Naturpark Frankenwald e. V., Güterstraße 18, 96317 Kronach, Tel. +49 9261 678290, naturpark-frankenwald.de, naturpark.frankenwald@lra-kc.bayern.de

Zahlreiche Burgen und Schlösser erzählen von der bewegten Geschichte der Region – wie hier die Festung Rosenberg über Kronach (Tour 34).

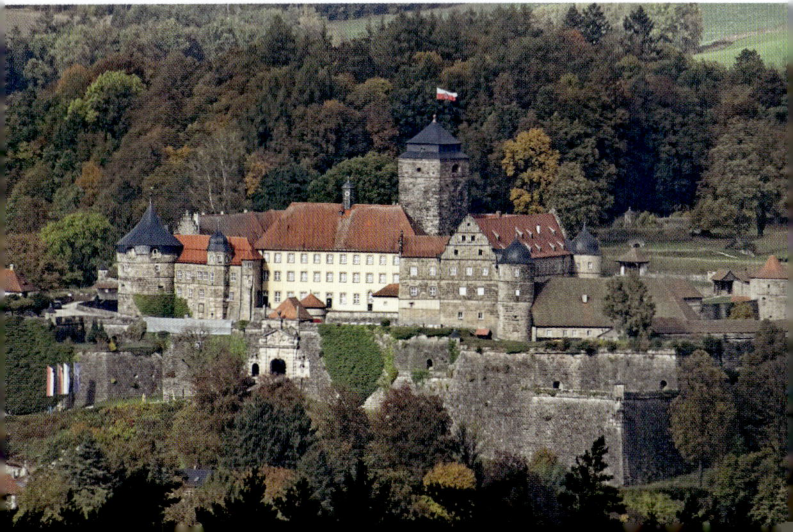

Der Umwelt zuliebe ...

Auch beim Wandern hinterlassen wir einen ökologischen Fußabdruck, aber im Einklang mit der Natur unterwegs zu sein, ist gar nicht so schwer!

VORBEREITUNG UND ANFAHRT

- Sich vorab informieren, worauf in Bezug auf Natur und Umwelt in der jeweiligen Wanderregion besonders zu achten ist.
- Soweit möglich mit Bahn und Bus anreisen, Wander- und Rufbusse nutzen.
- Ist eine Anfahrt mit dem Auto nötig, Fahrgemeinschaften bilden.
- Bei weiten Anfahrten Mehrtagestouren planen oder von einem Quartier vor Ort aus mehrere Touren absolvieren.
- Flugreisen möglichst reduzieren und durch Beiträge zu Klimaschutzprojekten kompensieren.

KLEIDUNG UND AUSRÜSTUNG

- Beim Kauf von Outdoor-Kleidung auf umweltfreundliche und faire Herstellung achten und Kleidungsstücke möglichst viele Jahre nutzen.
- Ausrüstung kann man eventuell auch gebraucht kaufen oder ausleihen.
- Reparieren statt neu kaufen.

VERPFLEGUNG

- Beim Einkauf Bio-Ware, regionale und saisonale Erzeugnisse bevorzugen.
- Hütten und Gasthäuser auswählen, die regionale Produkte verwenden.
- Auf Einwegflaschen und Plastikverpackungen verzichten, stattdessen wiederverwendbare Trinkflaschen und Brotzeitboxen benutzen.

ÜBERNACHTUNG

- Bei lokalen Anbietern buchen, damit Menschen vor Ort profitieren.
- Auf Hütten und in anderen Unterkünften Strom und Wasser sparen.

UNTERWEGS

- Wege benutzen und Abkürzer vermeiden.
- Sperrungen von Wegen und Schutzgebieten respektieren.
- Keine Blumen pflücken und keine Pflanzen entnehmen.
- Waldbrandgefahr beachten.
- Müll wieder mit nach Hause nehmen und dort entsorgen.
- Toilettengänge in freier Natur möglichst vermeiden.
- Lärm vermeiden.
- Hunde an die Leine nehmen.

ZUR REGION

Geografie und Geologie

Der Frankenwald ist Teil des Thüringisch-Fränkischen Mittelgebirges, zu dem auch das nördlich gelegene Thüringer Schiefergebirge und der Thüringer Wald gehören. Die namentliche Abgrenzung zu Letzterem hat sicherlich historische Gründe, die sich mit der späteren Teilung Deutschlands noch verfestigte. Im Osten und Südosten grenzt der Frankenwald an das Hofer Land und das Fichtelgebirge mit der vorgelagerten Münchberger Hochfläche, über die die heutige Autobahn A9 verläuft.

Südlich schließt sich das Obermainische Hügelland mit den beiden größeren Städten Kronach und Kulmbach an. Die Grenze zum Frankenwald wird hier durch die Fränkische Linie gebildet. Diese bedeutende geologische Verwerfungszone ist für uns in Form einer markanten Höhenstufe von bis zu 200 Höhenmetern Unterschied sichtbar. Auf der Fahrt zwischen Kulmbach und Kronach ist sie gut auszumachen. Diese geologische Störungszone reicht bis in eine Tiefe von 30 Kilometern.

Durch die zentrale Lage zwischen den verschiedenen Gebirgskomplexen ist diese Gegend reich an unterschiedlichen Gesteinen. Neben dem allgegenwärtigen Schiefer im Norden, treffen wir auf verschiedene vulkanische Gesteinsarten, z.T. durch tektonische Kräfte verändert oder aus größeren Erdtiefen emporgepresst. In den südlichen Gebieten treffen wir aber auch Kalk und Sandstein an. Das Obermainische Hügelland ist mit einigen Wanderungen (Tour 43, 44, 45) in diesem Wanderführer vertreten.

Blick in den Diabassteinbruch von Kupferberg (Tour 38).

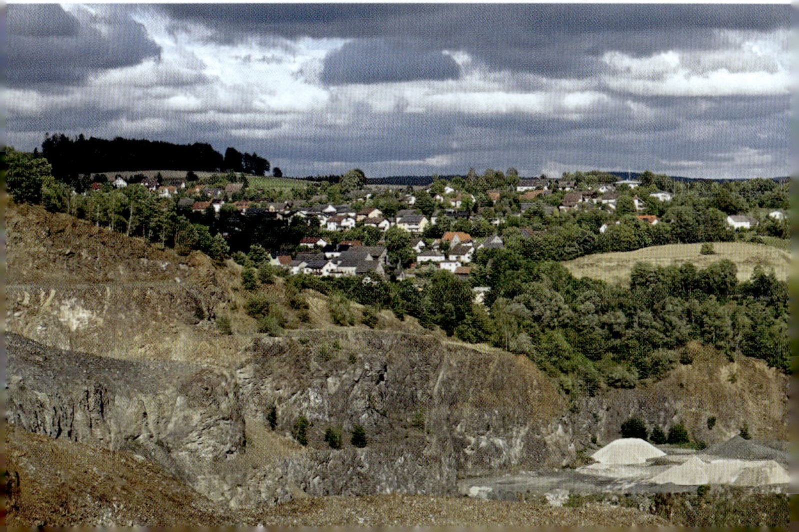

Geschichte

Die Spuren der Besiedlung im nahen Maintal sind bis in die Stein- und Eisenzeit nachweisbar. Eine bedeutende Höhensiedlung befand sich auf dem Staffelberg bei Bad Staffelstein unweit unserer Wanderregion. Die schwer zugängliche Berglandschaft mit ihren ausgedehnten, wilden Wäldern bildete lange Zeit eine natürliche Grenze zwischen fränkischen und thüringischen Stämmen.

Erst im frühen Mittelalter drangen von Westen die Franken in die Gebirgsregion vor und verdrängten die Thüringer, Alemannen und Slawen. Die eigentliche Besiedlung erfolgte sehr zögerlich: Es entstanden kleine Spornburgen am Rande des Frankenwaldes, wie am Ausgang des Steinachtales (Tour 35). Neben den Ruinen der Burg Nordeck zeugt dort heute noch ein gut erhaltener Ringwall einer Fliehburg aus dem 10./11. Jh. von erster Besiedlung. Mit vermehrter Gründung von Klöstern setzte eine weitere Landnahme ein. Flächen wurden gerodet und urbar gemacht. Im Gebirge wurden dafür zunächst die flachen Hochflächen bevorzugt. Auf diese Weise entstanden dort erste Dörfer wie z.B. Birnbaum (Tour 8), Tschirn oder Nordhalben (Tour 9, 12).

Klöster, Kirchen und Kapellen wurden errichtet und über die folgenden Jahrhunderte ausgebaut. Der Wald gewann wirtschaftlich an Bedeutung. Holz wurde als Bau- und Brennstoff geschlagen und auf den Bächen geflößt. Mit der Suche nach Erzen entwickelte sich die Köhlerei. Die Gegenden, die durch Bäche direkt mit dem Main verbunden waren, wurden forstwirtschaftlich intensiv genutzt. Bei Aufforstungen wurde die Fichte bevorzugt. Sie war schnellwüchsig und gut zu flößen. Bis ins 20. Jh. hinein galt sie als der »Brotbaum« des Frankenwaldes. Die nordöstlichen Teile des Frankenwaldes, die keinen Anschluss an den Main als Transportweg hatten, wurden vorwiegend als Jagdgebiet von den Markgrafen genutzt. So

Ruine Nordeck bei Stadtsteinach (Tour 35).

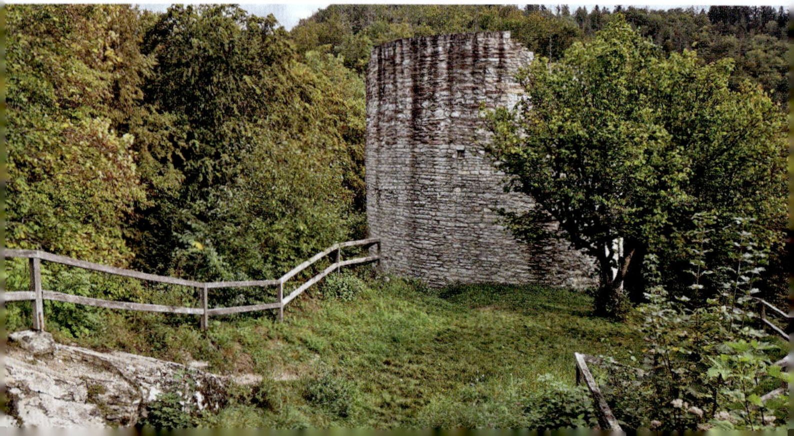

konnte sich hier der ursprüngliche Laubwald noch lange erhalten.
Heute charakterisieren offene Hochflächen mit Feldern und Wiesen, dicht bewaldete Berghänge und enge Wiesentäler mit Bächen und Fischteichen das Bild des Frankenwaldes. Auch eine Vielzahl von Mühlen war und ist typisch für die Region. Oft hatten die Sägemühlen weitere Funktionen z.B. als Getreide- oder Schleifmühle. Während der Erzgewinnung im Mittelalter entstanden Hammermühlen nahe den Bergbaustollen.
Während die Erschließung des Frankenwaldes im Mittelalter voranschritt, entwickelten sich auch die Orte im vorgelagerten Obermainischen Hügelland weiter. Aus Marktorten, die sich meist bei den Burgorten und Pfarrzentren entlang der großen Geleit- und Handelsstraßen herausbildeten, gingen die späteren Städte wie Kronach, Coburg, Kulmbach und Hof hervor. Ein schönes Beispiel einer solchen Entwicklung ist die Stadt Coburg mit ihrer berühmten Veste.

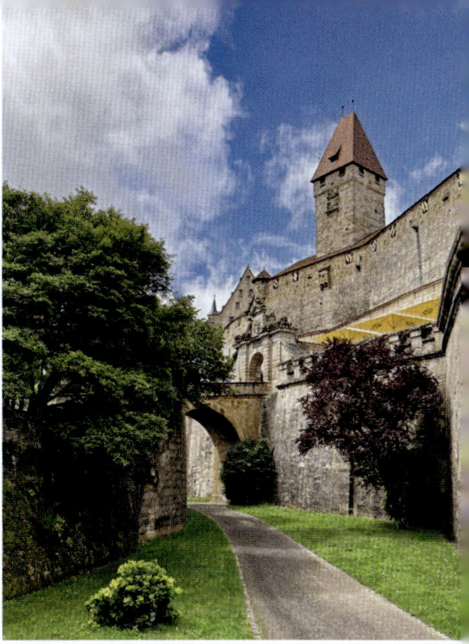

Hinter den mächtigen Mauern der Veste Coburg (Tour 49).

Veste Coburg

Coburg war vom 16. Jh. bis 1918 Regierungssitz des freien Herzogtums Sachsen-Coburg und später des Freistaates Coburg. Erst 1920 wurden Coburg und seine Umgebung durch einen Volksentscheid an Bayern eingegliedert. Rund 160 Meter über dem Stadtzentrum thront die weithin sichtbare mittelalterliche Burganlage der Veste Coburg (Tour 49). Archäologische Funde datieren im 10. Jahrhundert, der Name »Koburk« wurde erstmals 1056 erwähnt. Zu dieser Zeit gab es eine klösterliche Anlage, die später – etwa Anfang des 13. Jh. – zu einer Burg ausgebaut wurde. Der heute noch bestehende »Blaue Turm« gehört zu den ältesten Bauteilen aus dieser Zeit. Im 15. Jahrhundert wurde die Veste weiter verstärkt, im 16. Jh. erhielt die Burganlage den Rang einer Landesfestung. Erst im 19. Jh. verlor sie den Status als Festung und wurde im Stil der Romantik umgestaltet.
Die Herzöge von Sachsen-Coburg und Gotha richteten Kunstsammlungen von Weltrang in der Veste ein. Werke von Lucas Cranach dem Älteren, der sich Anfang des 16. Jahrhunderts häufiger auf der Veste Coburg aufhielt, von Albrecht Dürer oder Martin Schongauer sind neben vielen weiteren

Gemälden, Skulpturen und Kupferstichen in diesen Sammlungen zu sehen. Dazu gibt es ein Münzkabinett, eine Schatzkammer mit Glaskunst sowie eine Sammlung mit Rüstungen, Waffen und Prunkwagen. Auch die raffinierten Verteidigungsanlagen wie Fallgatter, Eisentore, hohe Brücken, Pechgruben und Laufgänge sind sehenswert.
Es lohnt sich unbedingt, an einer der verschiedenen einstündigen Führungen teilzunehmen. Dabei wird man auch erfahren, dass sich im Jahre 1530 Martin Luther für mehrere Monate auf der Veste aufhielt. Hier arbeitete er unermüdlich, verfasste zahlreiche Schriften und schickte nahezu täglich Boten zu Freunden und Unterstützern. Durch seine Nähe zu den Coburger Herzögen und seinen Aufenthalt auf der Veste Coburg prägte der Reformator Martin Luther die Entwicklung Frankens nachhaltig.

Zeit der deutschen Teilung

In der Zeit der deutschen Teilung nach dem Zweiten Weltkrieg führte die Frankenwald-Region, eingerahmt vom »Eisernen Vorhang«, ein Schattendasein. Straßen und Bahnlinien endeten weit vor oder an der innerdeutschen Zonengrenze. Wirtschaftlich hatte die abgelegene Berglandschaft nicht viel beizutragen. Sie wurde jedoch gern als Erholungsgebiet angenommen. Stille, Weite und Einsamkeit genießen – das konnte man hier, und kann das bis heute. Seit 1990 ist »Grenzenlos wandern« als neues Motto hinzugekommen. Wie es in jener Zeit an der innerdeutschen Grenze zuging, wird im Deutsch-Deutschen Museum Mödlareuth (Tour 23) erlebbar. Aber auch auf Wanderungen im Grenzgebiet treffen wir immer wieder auf Kolonnenwege, Gräben und sogar Bunkeranlagen.

Ein Tor im Grenzzaun bei Probstzella diente im Kalten Krieg dem Austausch von Agenten (Tour 3).

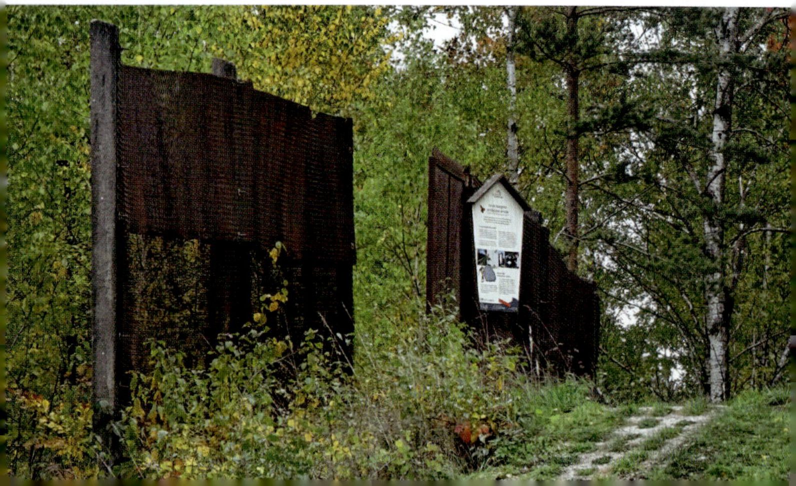

Grünes Band

Heute ist der »Eiserne Vorhang« Geschichte. Stacheldraht, Metallzäune und Wachtürme sind abgebaut, die Minen geräumt. Geblieben ist ein Streifen nahezu unberührter Natur, die sich in den Jahren der Teilung im Sperrgebiet entfalten konnte. Hier konnten sich viele seltene, teils gefährdete Tier- und Pflanzenarten erhalten, die in der intensiv bewirtschafteten Agrarlandschaft selten geworden sind. Der ehemalige Todesstreifen wurde zu einer Lebenslinie, wo sich naturnahe Feuchtgebiete mit Zwergstrauchheiden, Magerrasen und natürlichen Mischwäldern abwechseln.
Ein 1393 Kilometer langer Biotopverbund schlängelt sich heute als »Grünes Band« durch Deutschland und ist als einzigartiger Naturschatz geschützt. Im Oktober 2022 hatte die Umweltministerkonferenz (UMK) einstimmig die Aufnahme des Grünen Bandes als Weltnaturerbe in die deutsche UNESCO-Vorschlagsliste beschlossen. Da der Biotopverbund an der ehemaligen innerdeutschen Grenze jedoch auch von enormer historischer Bedeutung ist, wird nun auch die Kultusministerkonferenz dem Beschluss der UMK folgen und das Gebiet der UNESCO als Welterbestätte vorschlagen. Damit könnte das Grüne Band Deutschlands erstes »gemischtes« Welterbe werden.

Kurorte und Heilbäder

Bereits seit Jahrhunderten nutzt man die heilende Wirkung der Thermalquellen in den Heilbädern im Frankenwald, dem Coburger Land und den angrenzenden Regionen. Kurorte wie Bad Steben, Bad Rodach, Bad Lobenstein, Bad Staffelstein oder Bad Königshofen bieten nicht nur Rehabilitation bei verschiedenen physischen und psychischen Krankheitsbildern, sondern auch Wellness und Erholung. Aber auch in kleineren Kurorten wie Wirsberg, Stadtsteinach oder Heldburg findet man Kur- und Rehakliniken.

Flößerei im Frankenwald

Die lange Flößertradition ist vielerorts im Frankenwald noch heute präsent. In kleineren und größeren Flusstälern findet man Floßteiche, Wehre und Floßgräben. Hautnah kann man man die Flößerei bei einer der spektakulären Fahrten auf der Wilden Rodach bei Wallenfels erleben, die von Mitte Mai bis Mitte September von der Flößergemeinschaft Wallenfels angeboten werden (flossfahrt-wallenfels.de).

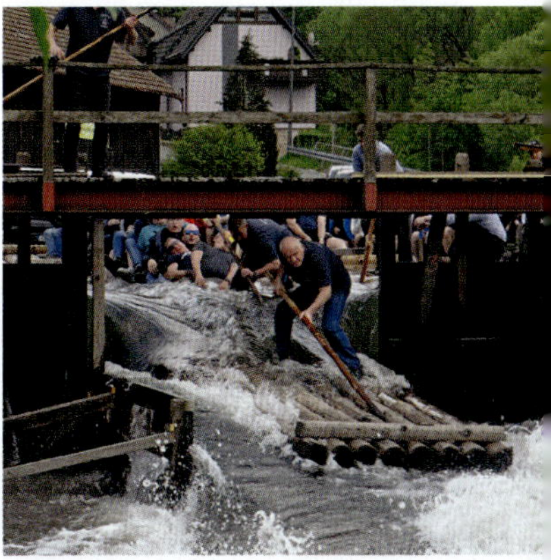

Eine Flößertour verspricht feuchten Spaß für Jung und Alt.

Naturpark Frankenwald

Seit 1973 soll der Naturpark Frankenwald nicht nur die Jahrhunderte alte Kulturlandschaft sowie Lebensräume von Tieren und Pflanzen erhalten, sondern auch den Landschafts- und Naturschutz mit dem Tourismus in Einklang bringen. Auf organisierten Wanderungen bringen Naturpark-Ranger ihren Gästen die heimische Flora und Fauna näher und berichten von ihrer Arbeit im Dienste des Naturschutzes. Der Naturpark betreibt mehrere Informationszentren und Infopunkte und unterhält einige Lehr- und Themenpfade (naturpark-frankenwald.de).

Qualitätsregion Wanderbares Deutschland

Der Frankenwald ist eine aufstrebende Tourismusregion und wurde vom Deutschen Wanderinstitut mit dem Prädikat »Qualitätsregion Wanderbares Deutschland« ausgezeichnet. Viele attraktive Weitwanderwege wie der FrankenwaldSteig, Frankenweg, der Fränkischer Gebirgssteig oder der Qualitätswanderweg Fränkisches Steinreich wurden neu eingerichtet. Regionale Rundwanderwege, Lehrpfade und Themenwege wie der Schieferpfad oder verschiedene Geo-Pfade erschließen dem interessierten Wanderer die Region unter verschiedenen Aspekten.

Viele Wege werden liebevoll und engagiert vom Frankenwaldverein (FWV) sowie von örtlichen Vereins- und Heimatgruppen unterhalten. Besonders reizvoll sind die über das gesamte Gebiet verteilten FrankenwaldSteigla. Sie verlaufen auf »naturnahem Untergrund«, das heißt auf nicht befestigten Wald- und Wiesenwegen, und erfordern meist gute Trittsicherheit.

Der Frankenwald im Wandel

Rotbuchen, Eichen, Weißtannen und Hainbuchen bedeckten ursprünglich weite Teile des Frankenwaldes. Nur auf den höchsten Erhebungen wuchsen Fichten. Erst in den letzten 250 Jahren wurde die Fichte als gut flößbares Holz bis in die Tieflagen eingebracht und forstwirtschaftlich gefördert. Lange Zeit galt sie als »Brotbaum« des Frankenwaldes und bedeckte bis vor wenigen Jahren noch weite Teile der Berghänge. In den letzten Jahrzehnten wurde mit dem Waldumbau hin zu Mischwäldern begonnen und es wurden solch naturferne Monokulturen langsam reduziert. Nur in den unzugänglichsten Bereichen des 925 Quadratkilometer umfassenden

Borkenkäfer-Invasionen machten die Rodung ganzer Waldflächen nötig.

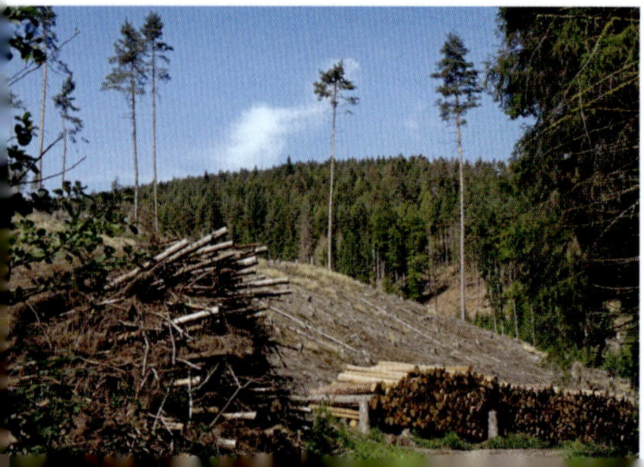

Frankenwaldes, wie etwa an den Steilhängen tiefer Täler und auf exponierten Felsspornen, konnten sich noch natürliche Waldgesellschaften halten. Heute sind solche ursprünglichen Wälder ein Naturschatz und als Naturwaldreservate und Naturschutzgebiete ausgewiesen. Tote Bäume gehören in einem solchen Naturwald dazu. Spechte haben an abgestorbenen Bäumen einiges zu picken. Die entstandenen Baumhöhlungen und Spalten hinter der Rinde bieten anderen Tieren Unterschlupf. Insekten beginnen sich ins Holz zu fressen. Pilze siedeln sich an. Mehr Licht kommt in den Wald. Die Lebensräume verändern sich und neue Lebensgemeinschaften finden sich zusammen. Moose und Flechten besiedeln das vermeintlich tote Holz, welches wie ein Schwamm Wasser aufnehmen kann und anschließend langsam an den Boden abgibt. So schafft Totholz eine gute Grundlage für neues Leben und besitzt eine wichtige Funktion in der natürlichen Entwicklung des Waldes. Deshalb wird in diesen Schutzgebieten nur wenig in diesen Entwicklungsprozess eingegriffen.

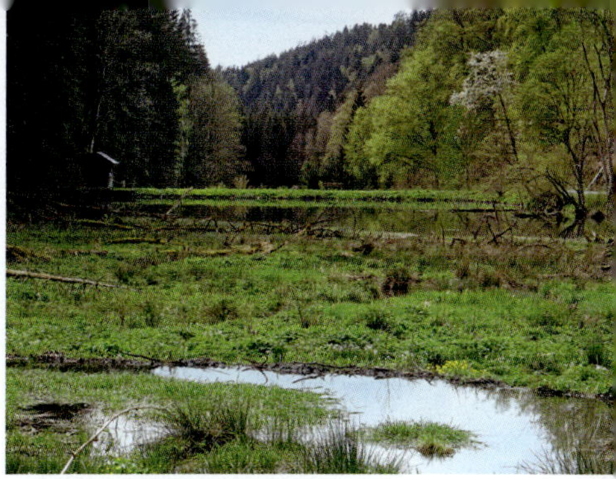

Feuchtbiotop im Lamitztal (Tour 27).

Die heftigen Stürme und die hohe Trockenheit in den Jahren 2016 bis 2022, Folgen des menschengemachten Klimawandels, ermöglichten eine explosionsartige Vermehrung des Fichten-Borkenkäfers. Milliarden geschlüpfter Käfer sorgten für das großflächige Absterben der einstigen Fichtenforste und übernahmen den Waldumbau in Eigenregie. Gegenmaßnahmen der Waldbesitzer in den schwer zugänglichen Waldhängen konnten oft nicht schnell genug erfolgen. So sehen wir nun vielerorts die rotbraunen Fichtenkronen. Deshalb treffen wir selbst in den Sommermonaten hier und da auf Forstarbeiten. Neue Ausblicke entstehen, großflächige Kahlschläge werden bald von Fingerhut, Himbeeren, Brombeeren, Holunder und ersten kleinen Bäumchen wiedererobert.

Für uns Wanderausflügler bedeutet diese Situation aber auch, etwas aufmerksamer im Wald unterwegs zu sein. Unter abgebrochenen Ästen oder Baumspitzen, die noch in den Kronen hängen, sollten wir nicht stehen bleiben oder gar rasten. Bei stärkerem Wind, angekündigtem Starkniederschlag und bei hoher Schneelast sollten wir solche Gebiete meiden. Informieren Sie sich vor Tourbeginn über bestehende Einschränkungen oder Wegverlegungen bei den Tourismusinformationen der Gemeinden und beim Frankenwaldverein (frankenwaldverein.de/wege-einrichtungen/wegsperrungen).

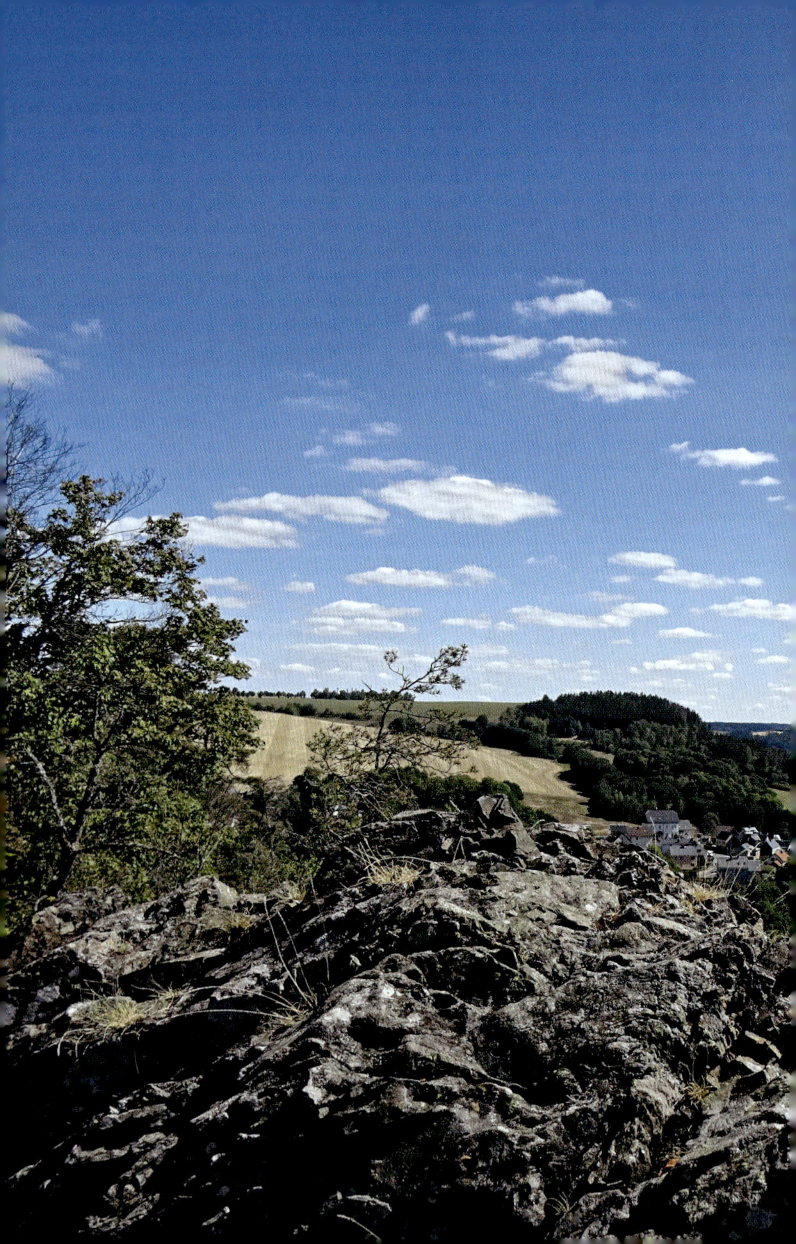

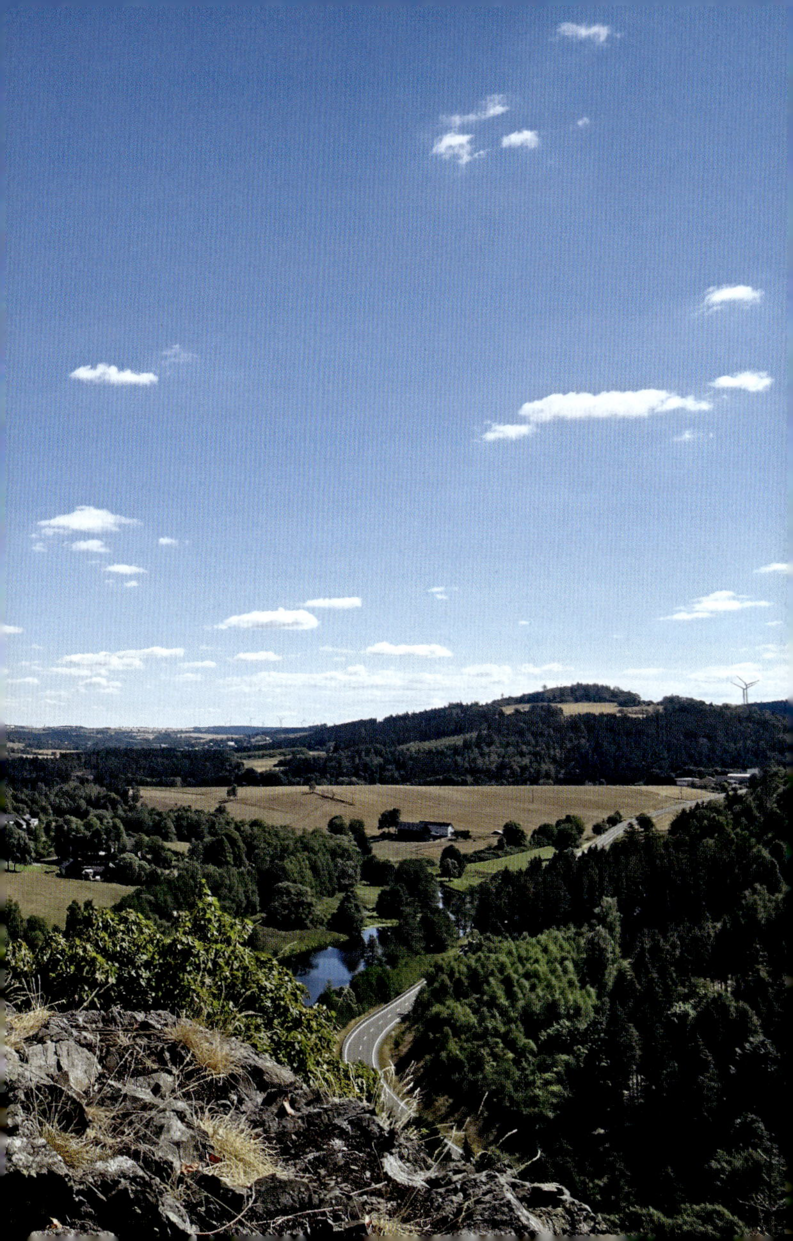

↗ 670 m | ↘ 670 m | 18.5 km

1 Burg Lauenstein, 550 m

6.15 h

Abwechslungsreiche Rundwanderung bei Ludwigsstadt

Einem Märchenschloss gleich thront die sagenumwobene Burg Lauenstein hoch über dem gewundenen Tal der Loquitz. Erstmals urkundlich erwähnt wurde die Höhenburg bereits Mitte des 12. Jahrhunderts. Aufgrund ihrer strategisch bedeutsamen Lage unweit der fränkisch-thüringischen Grenze hat sie eine wechselvolle Geschichte. Oft wechselten ihre Besitzer, bis sie im 19. Jahrhundert beinahe verfiel. 1896 kaufte der Burgromantiker Dr. Ehrhard Meßmer aus Halle an der Saale die marode Anlage und restaurierte sie nach dem Vorbild der Wartburg bei Eisenach grundlegend. 1962 erwarb der Freistaat Bayern die Burg und sanierte in den Folgejahren die gesamte Burganlage umfassend und aufwendig. Heute beherbergt sie ein Museum, das bei einer Burgführung besichtigt werden kann. Der imposante Hauptflügel mit seinen stattlichen vier Türmen, um 1554 erbaut, zählt heute zu den bedeutenden Werken der mitteldeutschen Renaissance.

Ausgangspunkt: Ludwigsstadt, Parkplatz Schützenplatz, 440 m (GPS: 50.4510667N, 11.4095325E).
Anfahrt mit ÖPNV: Zug zwischen Nürnberg und Saalfeld bis Bahnhof »Ludwigsstadt«. Dann auf der Bahnhofsstraße bergab bis zur Bundesstraße, dort nach links zum Ausgangspunkt.
Anforderungen: Leichte, aber lange Wanderung auf überwiegend bequemen Wegen und Pfaden.

Einkehr: Café in der Fischbachsmühle, Tel. +49 9263 945480, lauensteiner.de/de/genuss-vor-ort/fischbachsmuehle; Gasthaus Goldener Löwe (Öffnungszeiten vorher erfragen!), Tel. +49 9263 250, goldner-loewe.net; Windbeutel-Fürst Burg Lauenstein, Tel. +49 9263 215, confiserie-bauer.de/shopware/cafebauer.
Tipp: Besuch der Burg Lauenstein, Tel. +49 9263 400, schloesser.bayern.de.

Immer wieder sind kleinere und größere Renovierungsarbeiten an den alten Burggemäuern notwendig.

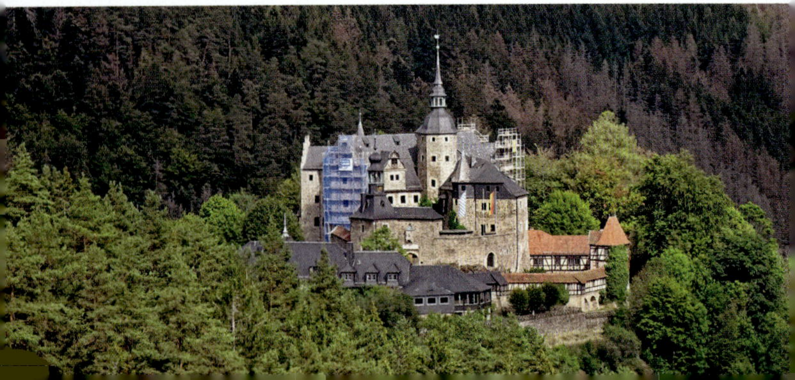

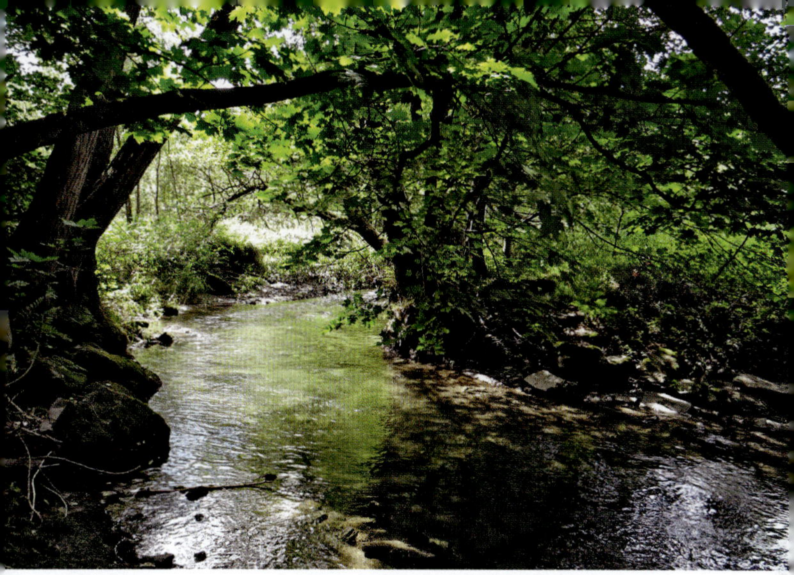

Das beruhigende Plätschern des Flüsschens begleitet uns im Loquitztal.

Vom **Schützenplatz** ❶ in **Ludwigsstadt** wandern wir an der Bundesstraße entlang an der Fabrik vorbei und biegen am Ende des großen Gebäudes nach links in die Straße nach Steinbach an der Haide ab. Gleich danach nehmen wir die Straße »Am Sommerberg«, die nach rechts hinter der kleinen runden Marienkapelle aufwärts führt. Wir folgen nun dem Wanderweg R 46 Richtung Steinbach a. d. Haide. Er bringt uns die schmale Teerstraße aufwärts, und schon bald bietet sich ein schöner Blick über das Tal. Nach einer langgezogenen Linkskurve leitet uns der Wanderweg nach rechts in einen Wiesenweg. Wir folgen diesem hinauf bis auf den Kamm, wo wir auf einen befestigten Forstweg stoßen. Diesen wandern wir nach rechts weiter und halten uns an der nächsten Gabelung links.

Nun geht es immer dem Wegverlauf folgend abwärts und dann an der Landstraße entlang nach **Steinbach an der Haide** ❷. Direkt nach dem Ortseingangsschild biegen wir vor den ersten Häusern nach links ab und nehmen dann die schmale Straße abermals nach links. Aussichtsreich geht es stetig bergab. An der Gabelung wählen wir das linke der beiden Sträßchen und folgen am nächsten Abzweig dem Weg Nr. 12 nach rechts Richtung Fischbachsmühle. Er führt uns durch das idyllische Fischbachtal hinunter bis ins **Loquitztal**, wo die Lauenstein Confisserie in der **Fischbachsmühle** ❸ ihre Besucher in die süße Welt der Schokolade entführt.

Wir biegen vor der Brücke nach links ab und wandern auf dem Weg Nr. 12 immer am Ufer der Loquitz entlang Richtung Lauenstein. Nach etwa

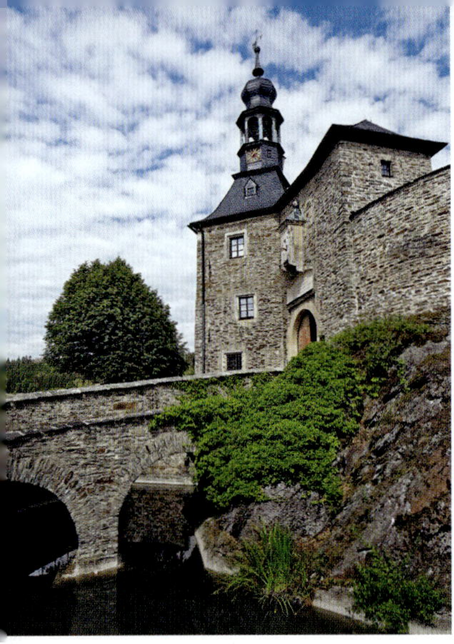

Brücke über den Burggraben von Lauenstein.

1,8 Kilometern leitet uns vor einer Kneippanlage die Markierung nach rechts, überquert den Bach und unterquert die Bahnstrecke und bringt uns anschließend hinauf zur Bundesstraße. Wir überqueren diese, gehen ein kurzes Stück auf dem Fahrweg entlang und folgen dann dem Weg Nr. 12 halb rechts, einem Wiesenweg, hinauf. Oben geht es ein kurzes Stück nach rechts an der Straße entlang, bevor uns der Fußweg nach links weiter bergauf führt. In der Folge queren wir mehrmals die schmale Straße und erreichen schließlich das Portal der **Burg Lauenstein** ❹. Durch das äußere Burgtor betreten wir den Innenhof. Der Wanderweg führt uns nun an der Brücke über den Burggraben geradeaus vorbei und durch ein weiteres Tor wieder hinunter.

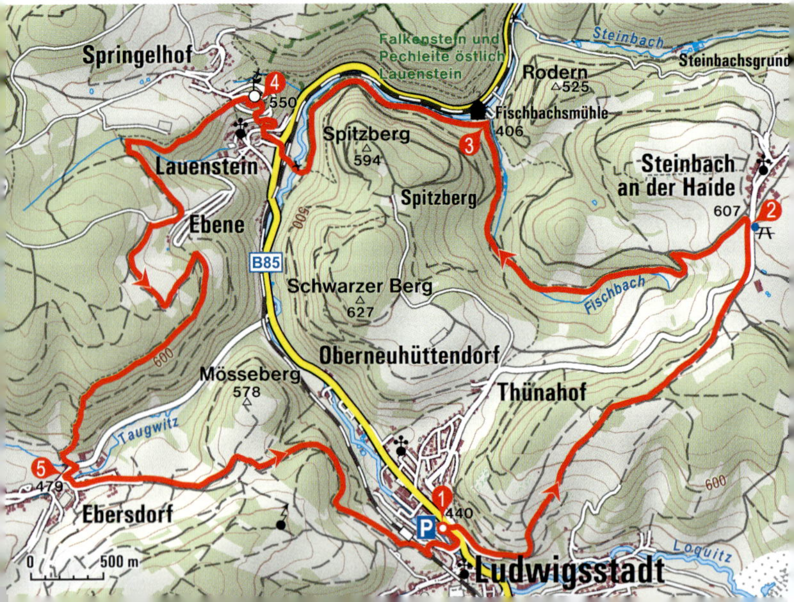

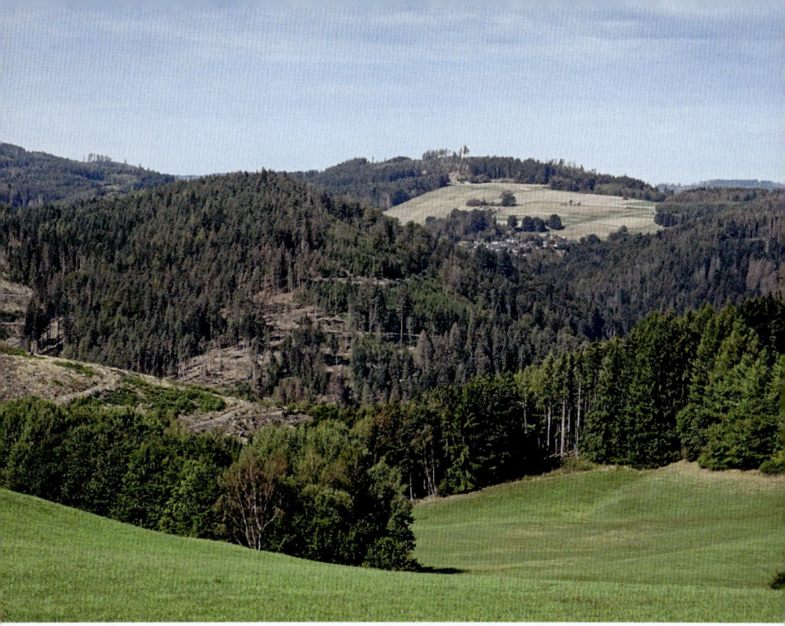

Blick von Steinbach an der Haide hinauf zur Thüringer Warte.

Hier überqueren wir die Straße und folgen der Ausschilderung Richtung Ludwigsstadt. Der Weg führt hinter dem gegenüberliegenden Zaun entlang aufwärts und bringt uns so aus Lauenstein hinaus. Wir befinden uns wieder auf dem Weg Nr. 12. Er leitet uns in ein kleines Tal hinein, überquert bald nach links den Bach und bringt uns dann über aussichtsreiche Höhen hinunter nach **Ebersdorf** ❺. Hier wandern wir auf der Dorfstraße nach rechts und biegen anschließend am Dorfplatz links ab. Danach halten wir uns rechts und folgen immer weiter der Markierung Nr. 12. Sie bringt uns in einer reichlichen halben Stunde an den Ortsrand von **Ludwigsstadt**. Wir überqueren die Bahnstrecke und wandern auf der Bahnhofstraße hinunter bis an die Bundesstraße. In diese biegen wir links ein und erreichen wenig später unseren Ausgangspunkt am **Schützenplatz** ❶.

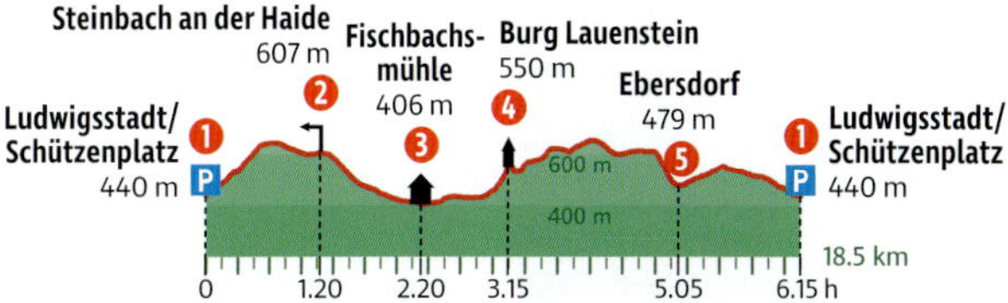

↗ 250 m | ↘ 250 m | 6.5 km

2 Thüringer Warte, 678 m

2.15 h

Aussichtsbalkon im Herzen des Thüringer Schiefergebirges

Die 26,5 Meter hohe Thüringer Warte gilt als das »Fenster nach Thüringen«. Der im Jahre 1963 errichtete Aussichtsturm im Herzen des Thüringer Schiefergebirges steht nur knapp 200 Meter von der einstigen innerdeutschen Grenze entfernt und besaß vor allem bis zur politischen Wende 1989 für viele Besucher eine ganz besondere Bedeutung. Von hier war es möglich, weit in den »Osten« zu schauen. Viele ehemalige Thüringer nutzten diese Gelegenheit, um einen Blick hinüber in ihre alte Heimat zu werfen. Schon im ersten Jahr seiner Eröffnung wurden über 35.000 Turmbesteigungen gezählt. Um den grandiosen Panoramablick über Thüringer Wald und Frankenwald genießen zu können, sind 117 Stufen zu bezwingen. Im Turminneren beleuchtet eine sehenswerte Dauerausstellung die Geschichte rund um die innerdeutsche Grenze. Die kurzweilige Rundwanderung kann gut mit einem Besuch der Burg Lauenstein verbunden werden.

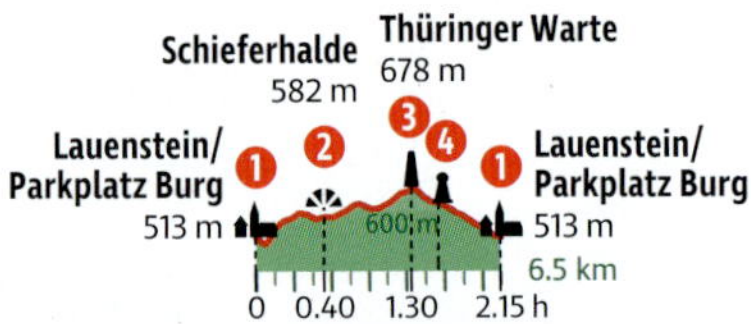

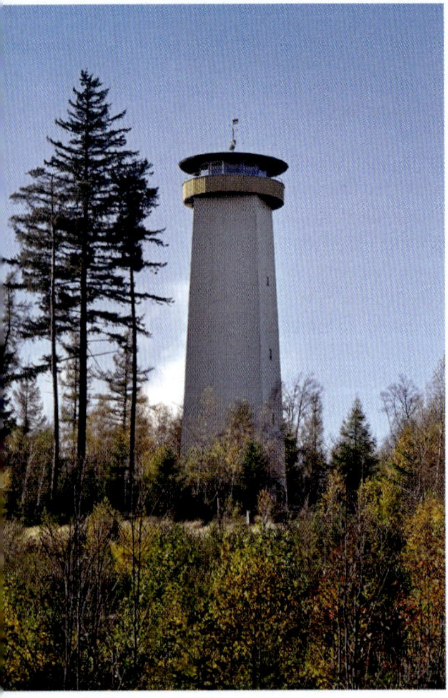

Ausgangspunkt: Lauenstein, Parkplatz an der Burg, 513 m (GPS: 50.5134833N, 11.3674833E). Von B85 zwischen Ludwigsstadt und Probstzella nach Lauenstein abbiegen und hinauf bis zur Burg fahren.
Anfahrt mit ÖPNV: Bus von Steinbach am Wald bis Haltestelle »Lauenstein Oberes Dorf«.
Anforderungen: Überwiegend bequeme Wege und Pfade.
Einkehr: Nur am Ende der Tour Gastronomie in Lauenstein.
Tipp: Besuch der Burg Lauenstein, Tel. +49 9263 400, schloesser.bayern.de.

Der Aussichtsturm Thüringer Warte bietet nicht nur einen einzigartigen Rundblick, sondern beherbergt auch eine Dauerausstellung über die innerdeutsche Grenze.

Am Wegweiser oberhalb des **Parkplatzes** ❶ in **Lauenstein** nehmen wir das Frankenwald-Steigla »Wetzsteinmacher-Weg« Richtung Thüringer Warte. Er führt uns in eine schmale Seitenstraße und zweigt nach etwa 80 Metern als schmaler Pfad halb links ins Tal ab. Am nächsten Abzweig folgen wir weiter dem Wetzsteinmacher-Weg nach links. Wir durchqueren die Senke und gelangen nach etwa zehn Minuten an einen asphaltierten Weg, in den wir nach rechts abbiegen. Er führt uns stetig bergan, und schon bald bietet sich uns ein schöner Blick zur Burg Lauenstein. Schließlich geht die kleine Teerstraße in einen Forstweg und stößt nach einer weiten Linkskurve auf einen querenden Weg, in den wir halb links einbiegen. Kurz darauf erblicken wir rechts des Weges den **Aussichtspunkt Schieferhalde** ❷. Eine Bank lädt zum Rasten und Genießen ein. Im Tal erkennen wir den Grenzbahnhof Probstzella, die Wälder und Hügel auf der gegenüberliegenden Seite waren zu Zeiten des Eisernen Vorhangs Gebiet der DDR und damit in unerreichbarer Ferne. Wir wandern auf dem Wetzsteinmacher-Weg weiter Richtung Thüringer Warte und kommen nach einer knappen halben Stunde an eine schmale Straße. Hier gehen wir, der Ausschilderung folgend, nach rechts und biegen wenig später abermals rechts ab. Nun ist etwas Aufmerksamkeit erforderlich, denn der Weg zur Thüringer Warte zweigt nach etwa 200 Metern nach links vom Hauptweg ab. Wir folgen dem Pfad bergan und gelangen dann über die asphaltierte Zufahrtsstraße direkt zum Aussichtsturm **Thüringer Warte** ❸. Vor dem Turm gehen wir nach links und anschließend hinter dem Turm entlang, wo uns ein Wiesenweg in westliche Richtung führt. Wenig später stoßen wir wieder auf den Wetzsteinmacher-Weg, auf dem wir nun nach links weiterwandern. Nach knapp zehn Minuten biegen wir am sagenumwobenen **Köchinnengrab** ❹ (Infotafel) nach links ab und folgen dem Lutherweg zurück zum **Parkplatz** ❶ bei **Burg Lauenstein**.

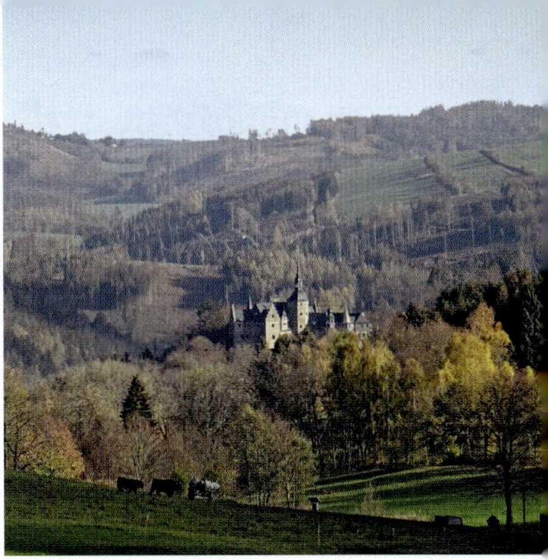

Herbststimmung an der Burg Lauenstein.

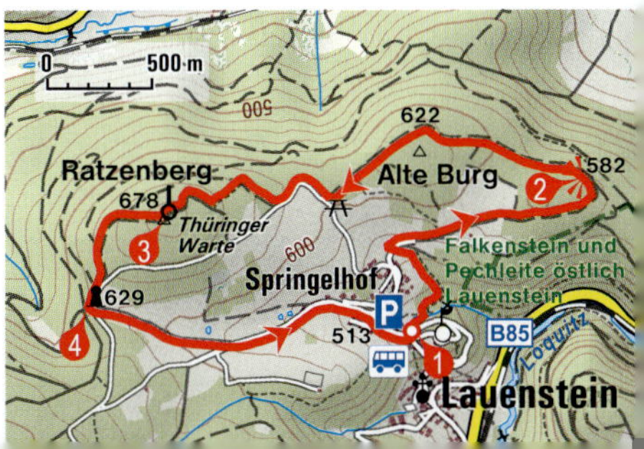

↗ 480 m | ↘ 580 m | 16.3 km

3 Grenzbahnhof Probstzella

5.15 h

Zur Agentenschleuse und dem Beobachtungsturm »Sattel«

Am Grenzbahnhof Probstzella wurden Schicksale besiegelt, wurde Geschichte geschrieben. Während er für viele Bundesbürger eine der wenigen Möglichkeiten darstellte, ihre Verwandten in der DDR zu besuchen, war er für eine Vielzahl ausreisewilliger DDR-Bürger das Tor zur Freiheit. Nach meist jahrelangem Warten auf eine Ausreisegenehmigung passierten sie hier nahe dem kleinen Thüringer Ort die Grenze zur Bundesrepublik Deutschland. Populärster Grenzfall war allerdings zweifellos die Entführung des Jenaer Oppositionellen Roland Jahn, der im Jahre 1983 durch eine Nacht- und Nebel-Aktion der DDR-Staatssicherheit gekidnappt und bei Probstzella in die BRD abgeschoben wurde. Fährt man heute mit dem Zug über die einstige innerdeutsche Grenze und wandert anschließend teilweise an ehemaligen Grenzbefestigungsanlagen vorbei zurück nach Probstzella, erlebt man die deutsch-deutsche Geschichte auf eine ganz besondere Art.

Ehemaliger Patrouillenweg.

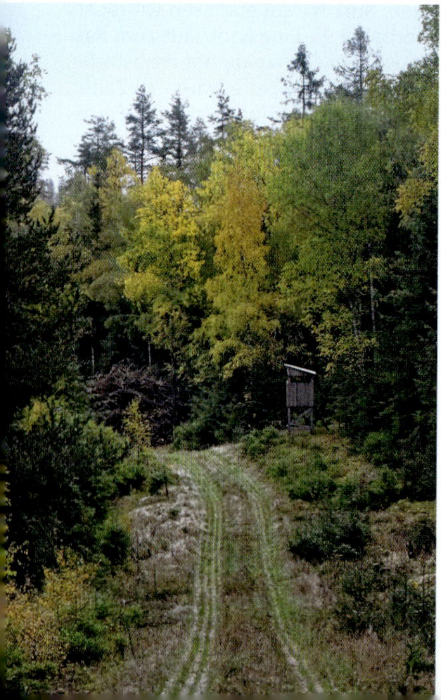

Ausgangspunkt: Ludwigsstadt, Bahnhof, 468 m (GPS: 50.4871203N, 11.3828289E). Parkmöglichkeiten vorhanden.
Anfahrt mit ÖPNV: Zug zwischen Nürnberg und Saalfeld bis Bahnhof »Ludwigsstadt«.
Endpunkt: Probstzella, Bahnhof, 347 m (GPS: 50.5284708N, 11.3839983E). Parkmöglichkeiten vorhanden. Züge verkehren zurück nach Ludwigsstadt.
Anforderungen: Überwiegend bequeme Wege und Pfade.
Einkehr: Unterwegs keine; Bauhaushotel Probstzella am Ende der Streckenwanderung, Tel. +49 36735 46057, bauhaushotel.com.

Vom **Bahnhof Ludwigsstadt** ❶ aus wandern wir auf der Bahnhofstraße abwärts, bis wir an die Bundesstraße kommen. Hier gehen wir nach links und nehmen dann nach der kleinen runden Marienkapelle die nächste Straße »Am Sommerberg« nach rechts.

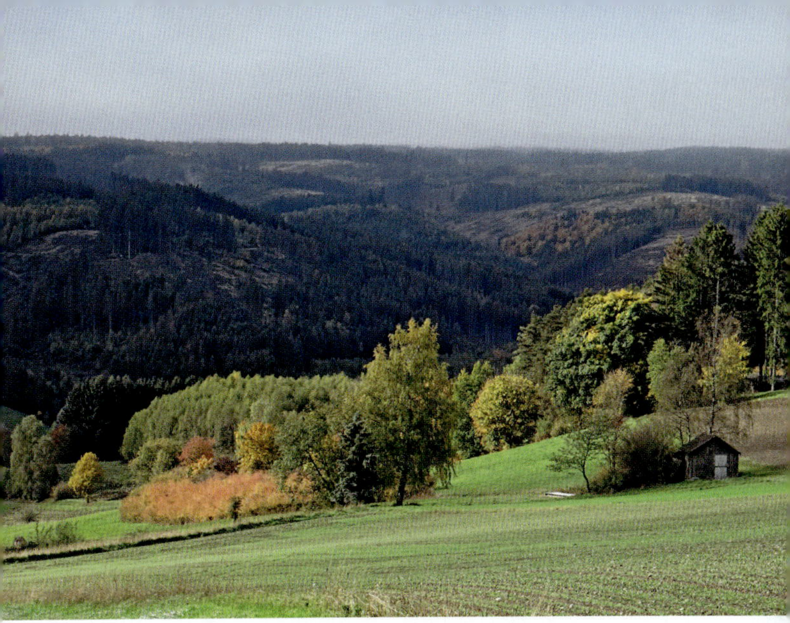

Der Herbst verwandelt den Frankenwald in ein bezauberndes Farbenmeer.

Gleich danach folgen wir dem Wanderweg R 46 Richtung Steinbach a. d. Haide abermals nach rechts. Er führt uns die schmale Teerstraße aufwärts, und schon bald bietet sich ein schöner Blick über das Tal. Nach einer langgezogenen Linkskurve leitet uns der Wanderweg nach rechts in einen Wiesenweg. Wir folgen diesem hinauf bis auf den Kamm, wo wir auf einen befestigten Forstweg stoßen. Diesen wandern wir nach rechts weiter und halten uns an der nächsten Gabelung links. Etwa 150 Meter später nehmen wir dann am nächsten Abzweig den Weg nach rechts.
Der breite, aber unmarkierte Weg führt uns auf einem Bergrücken entlang und stößt schließlich auf einen mit Betongitterplatten gepflasterten Weg, in den wir nach links einbiegen. Es handelt sich um einen ehemaligen **Patrouillenweg** ❷ der DDR-Grenztruppen. Wo heute wilde Natur Heimat zahlreicher Tiere und Pflanzen darstellt, trennte bis 1989 der Todesstreifen die beiden deutschen Staaten. Wir folgen immer dem Plattenweg, der sich bald nach Norden wendet und wenig später steil bergab führt. Bald darauf passieren wir einen Wendeplatz für Forstfahrzeuge und erblicken wenig später rechter Hand eine Schieferhalde. Wir folgen dem Forstweg, der vor der Halde nach rechts führt. Er bringt uns an das östliche Ende der **Rehbachhalde** ❸, wo eine Lehrtafel über die Entstehung der mächtigen Schieferhalde und ihre gefährdeten Bewohner informiert.

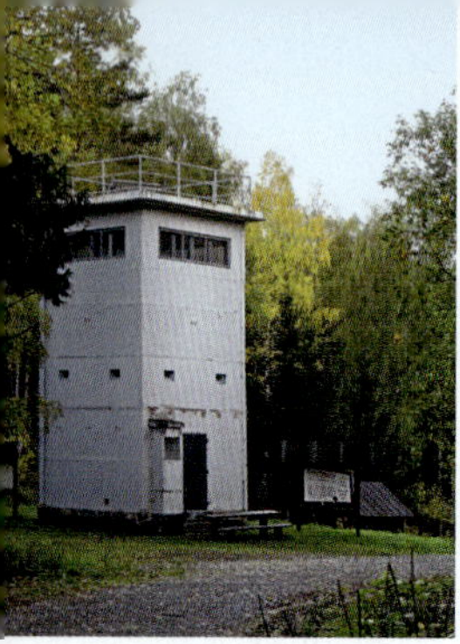

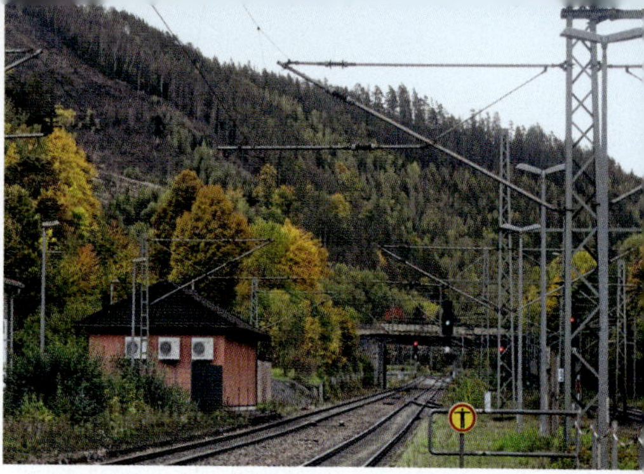

Beobachtungsturm Sattel.

Der Grenzbahnhof Probstzella war für viele DDR-Bürger das Tor in die Freiheit.

Hier gehen wir nach links und wandern auf dem mit zwei gekreuzten Hämmern markierten Schieferpfad talwärts. Dabei bekommen wir noch einmal einen Eindruck von den Dimensionen der gigantischen Abraumhalde. Wenig später stoßen wir wieder auf den Patrouillenweg und erblicken nach etwa zehn Minuten die verrosteten Überreste des ehemaligen Grenzzaunes. Das Tor im Zaun wurde während des Kalten Krieges zum Austausch von Agenten genutzt. Dieser Ort war perfekt für eine **Agentenschleuse** ❹, denn das unübersichtliche und unwegsame Gelände bot Ausreichend Sichtschutz für derartige geheime Aktionen.
Nach etwa einem halben Kilometer stoßen wir an eine schmale Straße, die wir überqueren und dem Schieferpfad bis zur **Steinbachsmühle** ❺ folgen. Im Gegensatz zu vielen anderen Gebäuden im Grenzbereich überstand die 1487 erstmals erwähnte Mühle die Zeit der deutschen Teilung. Wir wandern nun im idyllischen Tal des Steinbaches abwärts. Nach 1,7 Kilometern kommen wir an einen Wegweiser. Hier folgen wir nun dem Schieferpfad nach rechts. An einem kleinen Fischteich ist etwas Aufmerksamkeit erforderlich. Der Schieferpfad führt uns vor dem Teich nach links und dann am hinteren Ufer weiter aufwärts. Wenig später kommen wir zum ehemaligen **Beobachtungsturm Sattel** ❻. Viele informative Tafeln vermitteln einen Eindruck von den ehemaligen Grenzbefestigungen und ein Audioguide

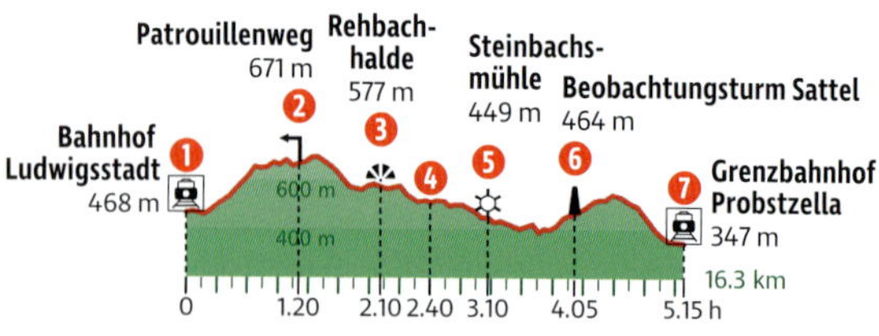

berichtet über die geglückte Flucht zweier Brüder, die hier im Jahre 1988 den Weg in die Freiheit fanden.

Wir verlassen nun den Schieferpfad, gehen auf unserem Weg etwa 30 Meter zurück und nehmen dann den unmarkierten Weg, der halb links den Berg hinauf führt. Nach ungefähr 20 Minuten stoßen wir an einen Querweg, in den wir links abbiegen. Er bringt uns aussichtsreich hinunter an den Ortsrand von **Probstzella**. Wir passieren die kleine Kirche und kommen an die Bundesstraße. Diese gehen wir nun nach links weiter und erreichen schließlich unser Ziel, den **Grenzbahnhof Probstzella** 7.

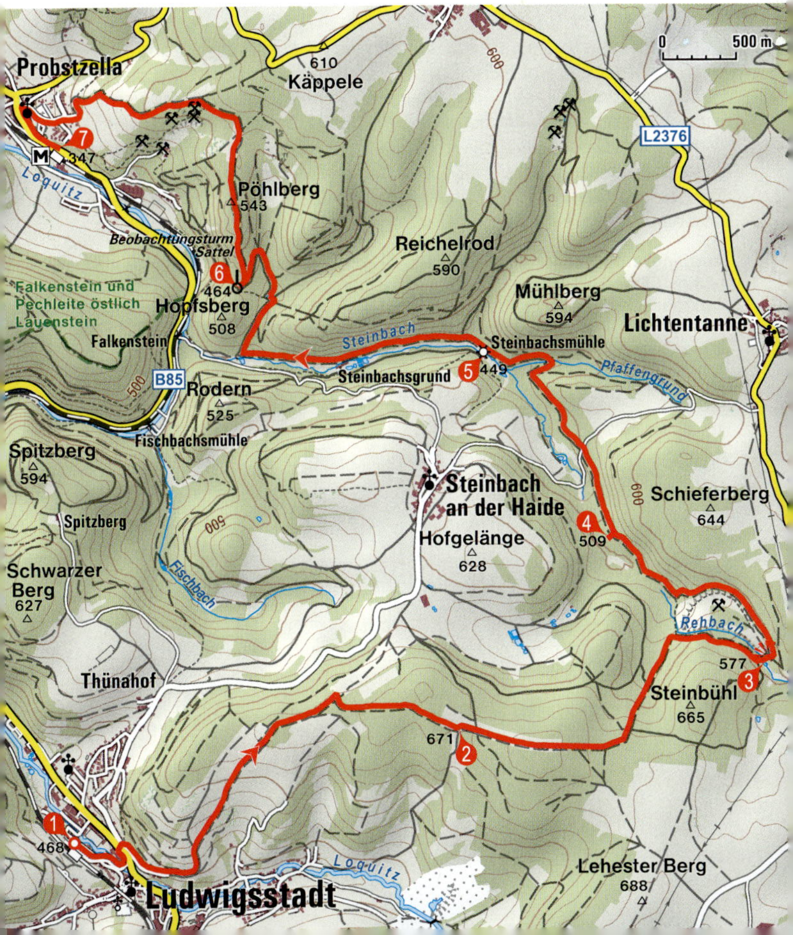

↗ 240 m | ↘ 240 m | 9.2 km

4 Staatsbruch Lehesten

3.00 h

Auf den Spuren des blauen Goldes

Nicht nur unsere Rundwanderung auf einem Teil des Schieferpfades sondern auch der Ort Lehesten selbst stehen ganz im Zeichen des Schiefers. Zwischen 1350 und 1999 wurde im Staatsbruch Lehesten Schiefer, das »blaue Gold«, abgebaut. Dieser wurde zu Schiefertafeln sowie zu Wand- und Dachschiefer weiterverarbeitet. Kein Wunder, dass sich gerade hier das Dachdeckerhandwerk entwickelte und bereits 1910 eine der ältesten Dachdeckerschulen Deutschlands entstand. Überall im Ort sind die kunstvollen Wandverkleidungen zu entdecken. Nach Ende der Schieferproduktion entstand der Schieferpark Lehesten mit einem ausgedehnten Erlebnisareal. Das Technische Denkmal »Historischer Schieferbergbau Lehesten« kann auf Führungen besichtigt werden. Besonders sehenswert ist die im Original erhaltene Göpelschachtanlage. Der einstige Steinbruch, der »Schiefersee«, ist heute geflutet und nun Teil des bedeutenden Naturschutzgebietes »Staatsbruch«. In einer Naturparkausstellung gibt Einblicke in die seltene Flora und Fauna des Gebietes.

Ausgangspunkt: Lehesten, Marktplatz, 640 m (GPS: 50.4756833N, 11.4480844E). Parkmöglichkeiten vorhanden. Anfahrt mit ÖPNV: Bus zwischen Bad Lobenstein und Brennersgrün bis Haltestelle »Lehesten Wartehalle« (nur werktags). Dann der Oberen Markstraße knapp 300 m nach Westen zum Marktplatz folgen.
Anforderungen: Überwiegend bequeme Wege und Pfade.
Einkehr: Unterwegs keine; am Ende der Tour Gasthof »Glück Auf!«, Tel. +49 36653 22216, gasthof-glueckauf.de.

Ländliche Idylle bei Lehesten.

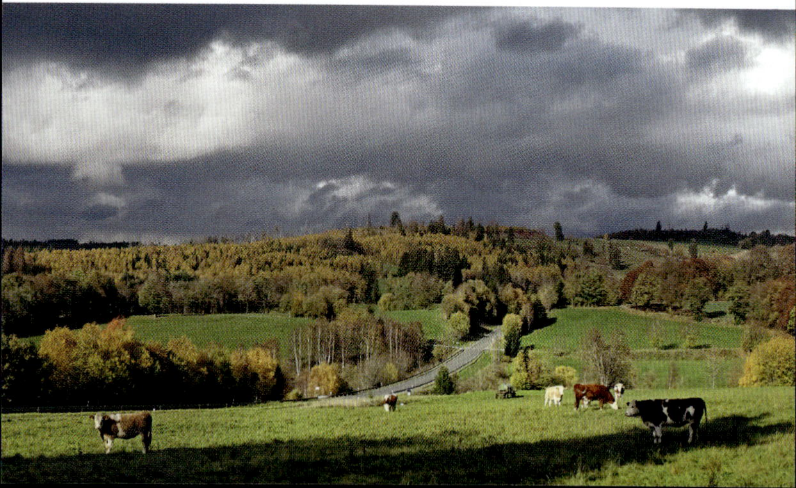

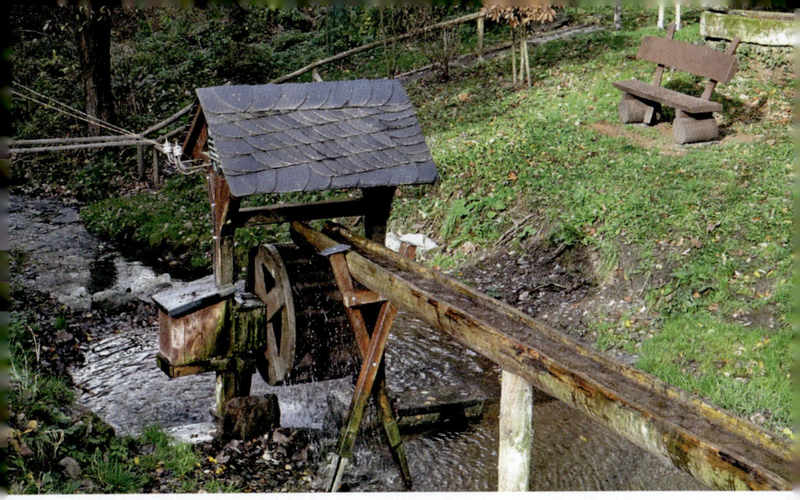

Das kleine Wasserrad steht symbolisch für die zahlreichen Mühlen, die im Rahmen der Grenzbefestigung abgerissen wurden.

Wir starten unsere Wanderung am **Marktplatz** ❶ in **Lehesten** und wandern hinter der Kirche den Berg hinauf. Oben an der Querstraße folgen wir nun der gelben Wegmarkierung nach links weiter aufwärts zur Dachdeckerschule. An der Längsseite des markanten Gebäudes mit dem Turm biegt unser Wanderweg nach links in einen Feldweg ein. Er bringt uns zur Straße, die wir überqueren. Wir wandern nun immer geradeaus bis zum Waldrand, wo wir an eine Kreuzung mit Wegweiser und Notrufstandort kommen. Hier nehmen wir den mittleren der drei Wege, der geradeaus in den Wald hineinführt. Er bringt uns in der Folge stetig abwärts und endet an einem querenden Fahrweg. In diesen biegen wir nach links ab.

Wir befinden uns nun auf einem der einstigen Patrouillenwege der DDR-Grenztruppen. Auf dem Plattenweg gelangen wir in einer Viertelstunde hinunter ins **Loquitztal** ❷. Hier wenden wir uns nach links und folgen dem Fahrweg durch das idyllische Tal. Nach einem reichlichen Kilometer kommen wir zum **Rastplatz Alte Mühle** ❸. Zahlreiche Tafeln erinnern an die Schicksale der Mühlen und ihrer Bewohner, die hier im Loquitztal der innerdeutschen Grenze zum Opfer gefallen waren. Begleitet vom Plätschern des Aubaches kann man bei einer Rast an diesem einzigartigen Ort ganz in die Stille der Natur eintauchen und die Exponate auf sich wirken lassen. Wir wandern auf dem Fahrweg weiter.

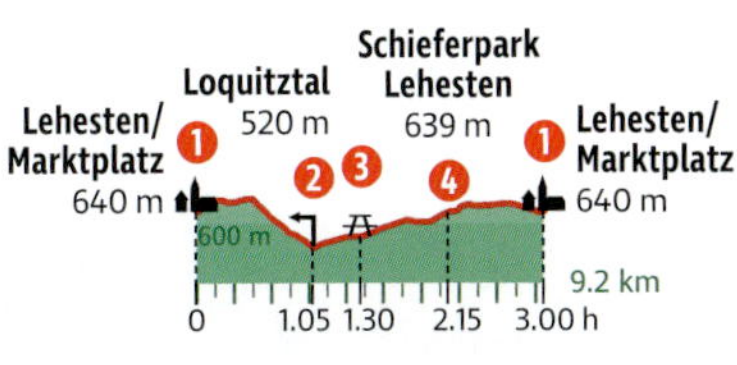

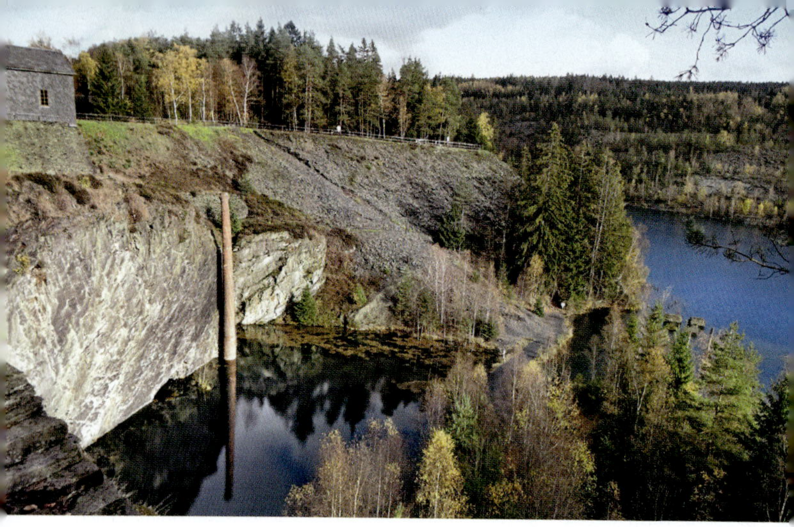

Die historische Göpelschachtanlage mit dem versunkenen Schornstein ist das Wahrzeichen des Schieferparks Lehesten.

Nach einer deutlichen Linkskurve überqueren wir den mit Betonplatten belegten Patrouillenweg und gehen am Waldrand entlang aufwärts. Nach links haben wir bald einen schönen Blick nach Lehesten mit seinen zahlreichen schwarzen Häusern. Schließlich bringt uns der Weg an eine Landstraße, die wir überqueren und anschließend immer der Ausschilderung Richtung Schieferpark folgen. Vor uns erblicken wir bereits die mächtigen Halden, die das Gebiet des Schieferbruches begrenzen. Nach etwa einem Kilometer betreten wir das Gelände des **Schieferparks Lehesten** 4, wo zahlreiche alte Gebäude und Maschinen zum Entdecken einladen.

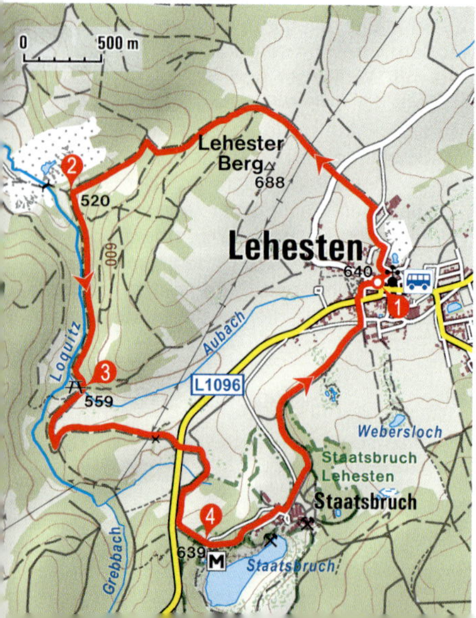

In dem weitläufigen Areal ist nun etwas Aufmerksamkeit bei der Wegfindung erforderlich. Von der Einfahrt aus wandern wir geradeaus am Pferdegöpel mit dem spitzen, achteckigen Dach vorbei, passieren einen Aussichtspunkt mit atemberaubendem Blick auf den See und wenig später das Gärtnerhaus und das herzogliche Dienstgebäude sowie die ehemalige Direktorenvilla.

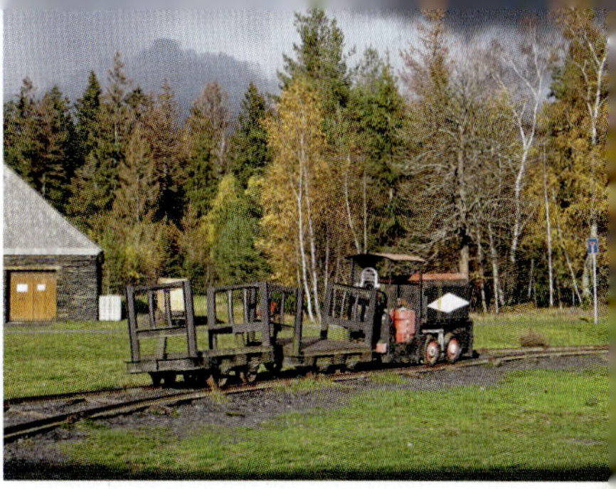

Freiluft-Ausstellung im Schieferpark.

Vor dem Gelände des Reitstalls gehen wir nun nach rechts weiter und folgen dann dem mit zwei gekreuzten Hämmern markierten Schieferpfad Richtung Lehesten. Nach 1,5 Kilometern erreichen wir den Ortsrand von **Lehesten** und wandern auf der kleinen Straße hinunter zur Hauptstraße. Diese gehen wir kurz nach rechts und biegen anschließend gleich links in die Albert-Neumeister-Straße ab. An der nächsten Einmündung bringt uns die Untere Marktstraße nach rechts zurück zum **Marktplatz** ❶.

Der einstige Schieferbruch ist heute Naturschutzgebiet.

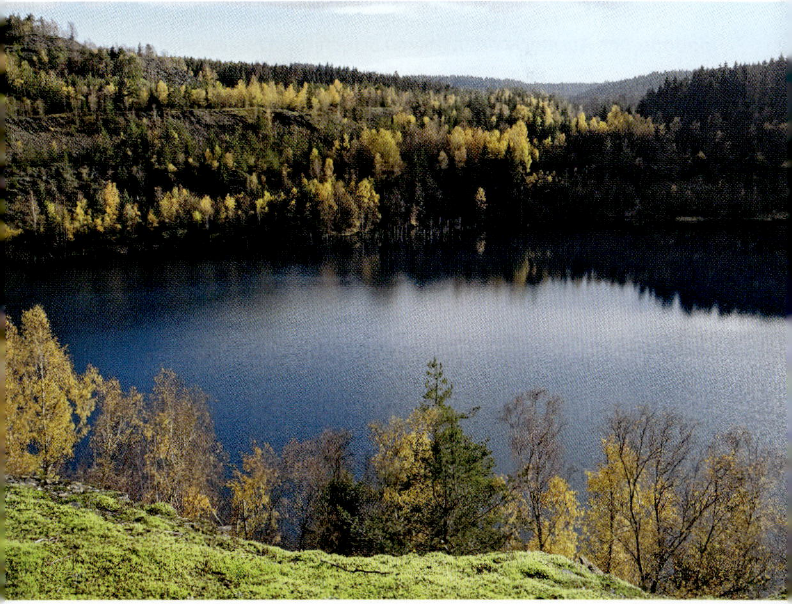

↗ 370 m | ↘ 370 m | 12.6 km

5 Altvaterturm, 792 m

4.00 h

Geschichtsträchtige Wanderung am Wetzstein

Am Übergang des Frankenwaldes zum Thüringer Schiefergebirge erhebt sich der markante Wetzstein mit seinem weithin sichtbaren, steinernen Aussichtsturm. Der 36 Meter hohe »Altvaterturm« wurde hier als Nachbildung der im Jahre 1912 im Altvatergebirge errichteten Habsburgwarte, zuletzt als Altvaterturm bekannt, neu erbaut. Das im Jahre 2004 eröffnete Gebäude dient als Mahnmal für die Vertreibung vieler Millionen Menschen nach dem Zweiten Weltkrieg. Im Turminneren widmen sich museale Ausstellungen diesem kaum aufgearbeiteten Thema deutsch-tschechischer Geschichte. Die herrliche Panoramaaussicht von seiner Spitze ist überwältigend. Wer sich auf diese abwechslungsreiche Rundwanderung begibt, wandert auch ein Stück auf dem wildromantischen Rennsteig im einstigen Todesstreifen der innerdeutschen Grenze. Auf dem Wetzstein zeugen verfallene Überreste einer ehemaligen Abhöranlage der DDR-Staatssicherheit noch heute von diesem dunklen Kapitel deutsch-deutscher Geschichte. Spannend wird es dann noch einmal am Ende der Tour, wo man den ehemaligen Staatsbruch im Schieferpark Lehesten durchquert und sich einen Überblick über die gigantischen Ausmaße des früheren Schieferbruches verschaffen kann.

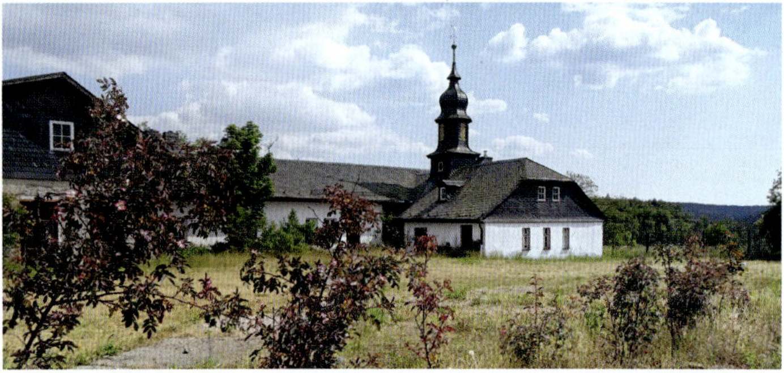

Beim Spaziergang über das weitläufige Ausstellungsgelände kann man sich über die Geschichte des Schieferbergbaus in Lehesten informieren.

Ausgangspunkt: Steinbach am Wald, Wanderparkplatz Ziegelhütte, 685 m (GPS: 50.4510667N, 11.4095325E), an der Staatsstraße zwischen Steinbach und Lehesten.
Anfahrt mit ÖPNV: Keine Verbindung.

Anforderungen: Leichte Wanderung auf überwiegend bequemen Wegen und Pfaden.
Einkehr: Gaststätte im Altvaterturm, Tel. +49 6443 3386, altvaterturm.de; Wetzsteinhütte.

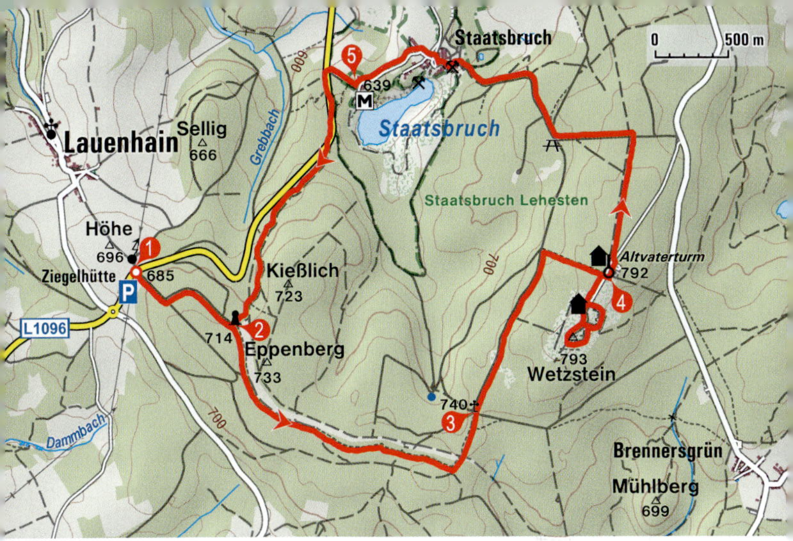

Vom **Wanderparkplatz Ziegelhütte** ❶ geht es zunächst auf dem Rennsteig entlang aufwärts bis zum Abzweig mit Wegweiser. Hier folgen wir der Markierung mit dem gelben Strich nach links Richtung Schönwappenweg. Nach nur fünf Minuten kommen wir zu zwei prächtig verzierten **Grenzsteinen** ❷ aus dem Jahre 1727. Hier beginnt der Schönwappenweg, dem wir nun nach rechts folgen. Er verbindet auf einer Länge von zwei Kilometern zahlreiche historische Grenzsteine. Am Kurfürstenstein, neben dem sich auch eine Informationstafel befindet, halten wir uns links und überqueren die ehemalige innerdeutsche Grenze, an deren Existenz heute noch der betonierte Kolonnenweg erinnert.

Wir überqueren diesen Fahrweg und wandern an der Schutzhütte vorbei. Nun geht es für 300 Meter konsequent geradeaus, bis wir auf die große **Kreuzung »Stern«** ❸, treffen. Ab hier folgen wir nun der Ausschilderung geradeaus Richtung »Rondell, Lehesten, Wetzstein«. Nach etwa

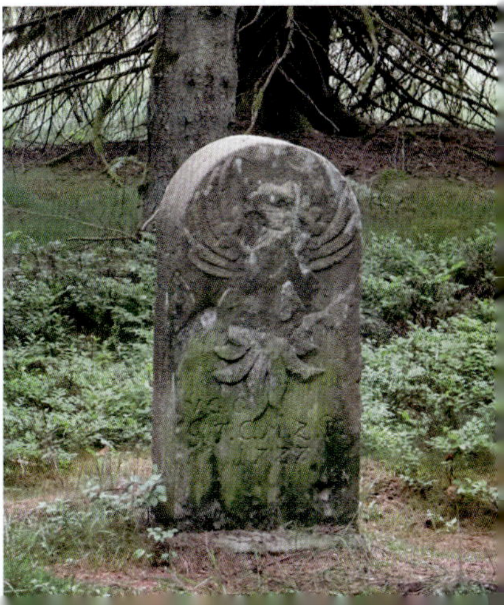

Kunstvoll verzierter Grenzstein am Schönwappenweg.

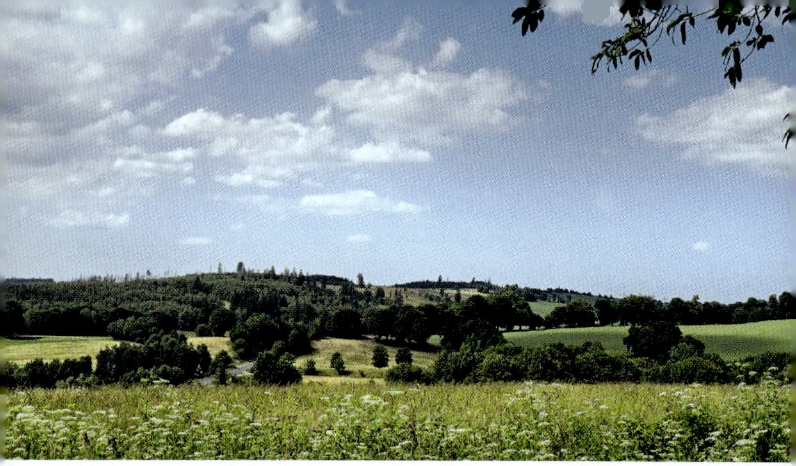

Sommerwiese bei Lehesten.

700 Metern leitet uns am Wegweiser »Heubachstraße« die Ausschilderung nach rechts hinauf zum **Wetzstein** mit dem **Altvaterturm** ❹. Bevor wir an dem markanten Aussichtsturm unsere Wanderung nach links fortsetzen, sollten wir uns einen Abstecher nach rechts zur ehemaligen Abhöranlage mit den verfallenen Bunkern nicht entgehen lassen.
Zurück am **Altvaterturm** ❹, passieren wir diesen auf der schmalen Teerstraße und biegen gleich danach bei der Infotafel halb links in den Waldweg ab. Er bringt uns zu einem Forstweg, den wir nun nach links Richtung Rondell weiterwandern. Wenig später kommen wir zur gleichnamigen großen Kreuzung mit Schutzhütte. Wir überqueren diese Richtung Schieferpark. Von nun an immer der Ausschilderung zum Technischen Denkmal folgend, erreichen wir nach etwa zehn Minuten den Schieferpark Lehesten mit seinen alten Baracken, Häusern und Gleisanlagen. Wir durchqueren das Gelände und halten uns dabei immer an die Ausschilderung »Technisches Denkmal«. Sie leitet uns schließlich zum Freilichtmuseum **Technisches Denkmal Historischer Schieferpark Lehesten – Staatsbruch** ❺.

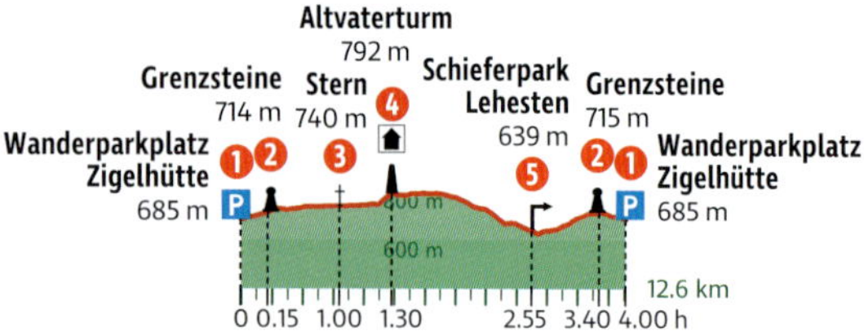

Hier biegen wir rechts ab und wandern auf der Zufahrt hinunter zum Parkplatz, wo wir nach links in die schmale Straße abbiegen, die parallel zur Landstraße verläuft. Bald überqueren wir zwei weitere Parkplätze und halten uns dann an die Ausschilderung Richtung Rennsteig. Sie bringt uns nach 1,5 Kilometern zu den **Grenzsteinen** ❷ am Eingang des Schönwappenweges. Von geht es nun auf bekanntem Wege zurück zum **Parkplatz Ziegelhütte** ❶.

Der Altvaterturm ist eine Nachbildung der ehemaligen Habsburgwarte im tschechischen Altvatergebirge.

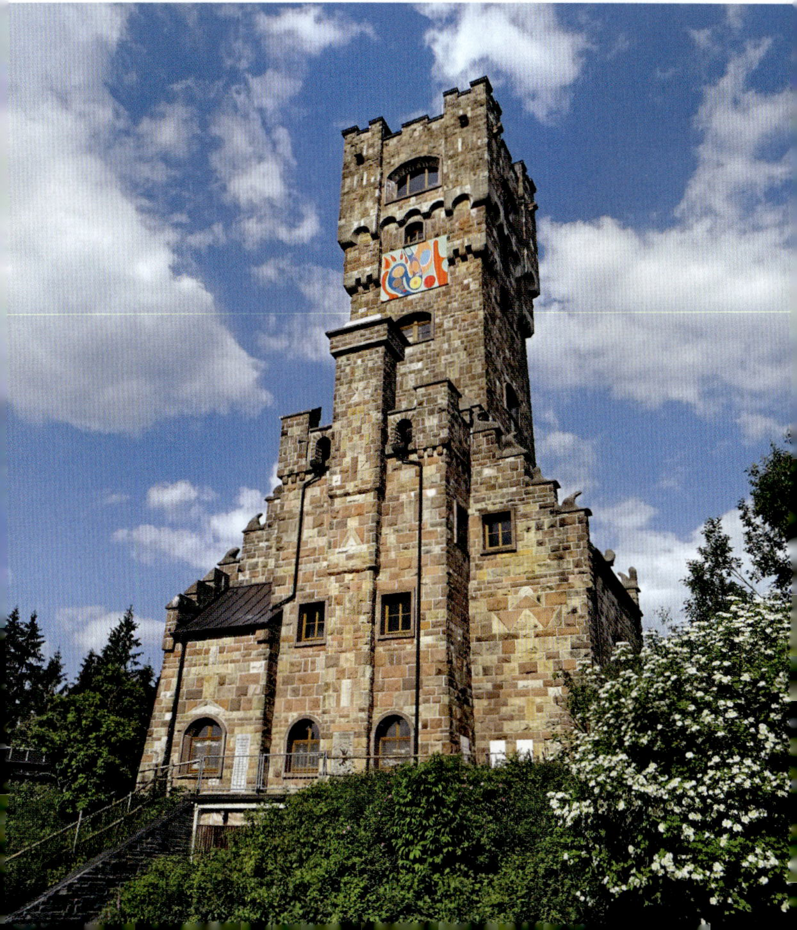

TOP

6

Teuschnitz-Aue

↗ 230 m | ↘ 230 m | 9.5 km

3.00 h

Einzigartiges Naturjuwel im nördlichen Frankenwald

Ein Mosaik aus Wiesenflächen und Feuchtgebieten entlang des noch jungen Teuschnitz-Baches prägt das Bild des Naturschutzgebietes Teuschnitz-Aue. Mit ihren Bergmähwiesen und Borstgrasrasen ist es Heimat zahlreicher, teils vom Aussterben bedrohter Pflanzenarten. Im Sommer verwandeln Bärwurz, Arnika und Perücken-Flockenblume die weite Hochfläche in einen bunten Blütenteppich, in dem sich zahlreiche Insekten tummeln und Wiesenbrüter einen passenden Unterschlupf finden, um ihren Nachwuchs aufzuziehen.

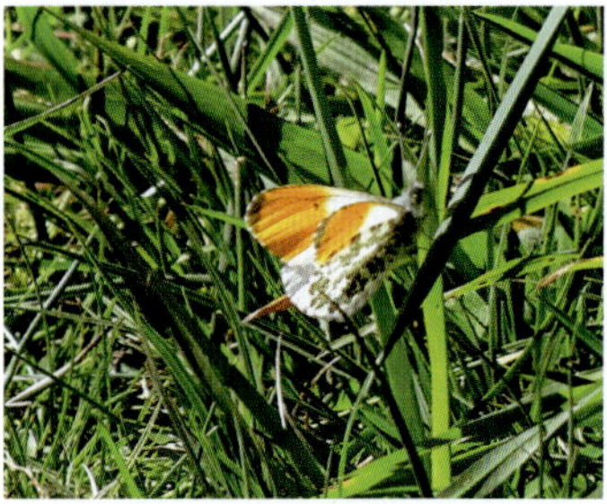

Aurorafalter in der Teuschnitz-Aue (links).

Bächlein an der Bastelsmühle (rechts).

Ausgangspunkt: Teuschnitz, Sportplatz, 640 m (GPS: 50.4062139N, 11.3878181E). Parkplatz am Ausgangspunkt »Wanderbares Deutschland«.
Anfahrt mit ÖPNV: Bus zwischen Tschirn und Pressig bis Haltestelle »Teuschnitz Sparmarkt«. Dann ca. 600 m entlang der Reichenbacher Straße nach Norden zum Ausgangspunkt gehen.
Anforderungen: Bequeme Wege und Pfade.
Einkehr: In Haßlach Landgasthaus Porzelt (nur So. 11–16 Uhr) Tel. +49 9268 991740, landgasthaus-porzelt.de; Bastelsmühle (nur nachmittags), Tel. +49 9268 6279, bastelsmuehle.jimdofree.com.

Auf dem Weg nach Haßlach.

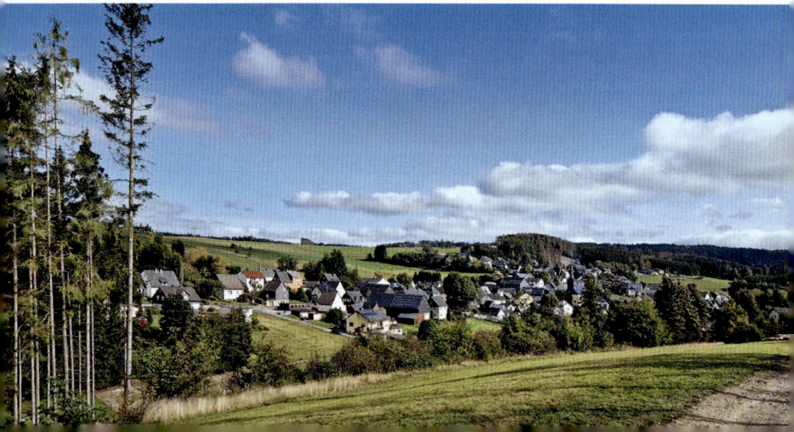

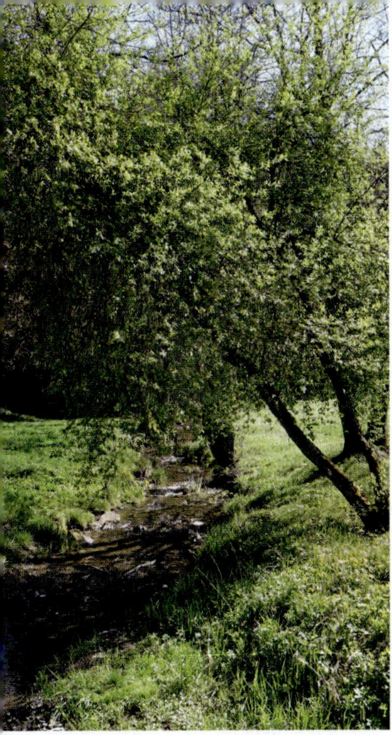

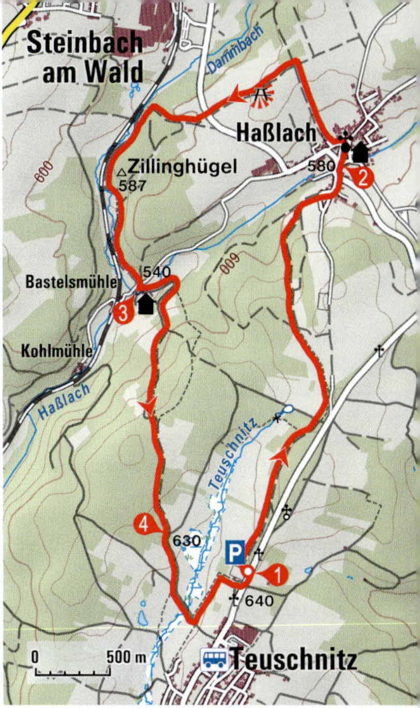

Am **Sportplatz Teuschnitz** ❶ folgen wir dem FrankenwaldSteigla »Arnikaweg« Richtung Haßlach. Vorbei an den ausgedehnten Wiesenflächen der Teuschnitz-Aue und durch stille Wälder bringt er uns in etwa einer Stunde in das idyllisch in einer Senke gelegene Örtchen **Haßlach** ❷. Die Markierung leitet uns durch das Dorf hindurch, und auf der gegenüberliegenden Anhöhe zu einer Wegkreuzung. Hier biegen wir nach links ab und wandern aussichtsreich weiter auf dem Arnikaweg. Immer der Ausschilderung folgend, erreichen wir nach circa einer Dreiviertelstunde die **Bastelsmühle** ❸. Wir nehmen nach dem Gebäude den Fahrweg nach links.

Der noch immer als Arnikaweg markierte Wanderweg bringt uns nun stetig bergan, bis wir schließlich vor uns wieder die weiten Wiesen der **Teuschnitz-Aue** ❹ ausbreiten. Nun geht es auf dem mit einer gelben Arnika-Blüte markierten Lehrpfad »Naturweg Teuschnitzaue« über Wiesen und Wirtschaftswege zurück zum **Sportplatz Teuschnitz** ❶.

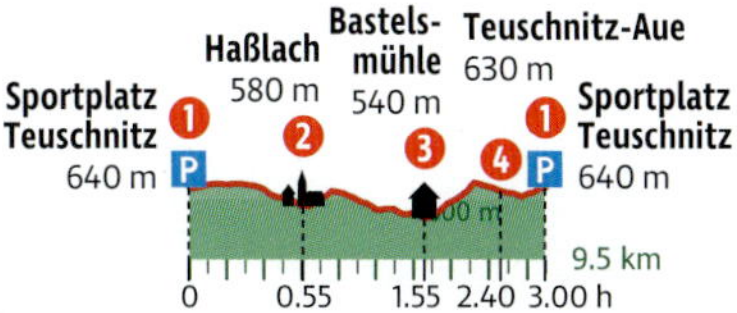

↗ 360 m | ↘ 360 m | 20.3 km

6.00 h

7 Kremnitztal und Teuschnitztal

Durch die Bachtäler von Teuschnitz und Kremnitz bei Gifting

Wer weite Wanderungen in stillen Tälern mit herrlichen Wiesenauen liebt, kommt bei dieser Rundtour voll auf seine Kosten. In weiten Teilen begleitet uns das Plätschern der beiden Bäche, deren Ufer mit blühenden Hochstauden und Gebüsch bewachsen sind. Auch wenn die Tour überwiegend auf breiten Forstwegen verläuft, tauchen wir tief in die Einsamkeit der beiden Bergtäler ein. Kurze Abschnitte auf Wiesenwegen, Bachquerungen auf alten Holzstegen sowie ein knackiger, unwegsamer Schlussanstieg lockern die lange Wanderung auf. Zugleich streifen wir durch eine alte Kulturlandschaft, die stark im Wandel begriffen ist. In den steilen Berghängen sind die Folgen des Klimawandels sichtbar. Durch die vorangegangenen Trockenjahre konnten sich die Fichtenborkenkäfer stark vermehren. Große Teile des Fichtenwaldes sind geschädigt. Da in den steilen Hängen Fällarbeiten schwierig und kostenintensiv sind, kommt die Forstwirtschaft nur langsam mit dem Waldumbau voran. Doch an vielen Berghängen können wir schon frisches junges Grün entdecken. Der Wald der Zukunft steht in den Startlöchern.

Ausgangspunkt: Wickendorf, Kirche Rosenkranzkönigin, 570 m (GPS: 50.379524N, 11.375447E). Parkmöglichkeiten an der Kirche und am Kindergarten, weitere Parkmöglichkeiten in der Fibigstraße, am Sportplatz oder am Dorfplatz.
Anfahrt mit ÖPNV: Keine Verbindung.
Anforderungen: Lange Wanderung überwiegend auf Forstwegen, teils geschottert teils asphaltiert (geteert), abschnittsweise naturbelassene Wald- und Wiesenwege. Gute Grundkondition erforderlich. Abschnitte auf unbefestigten Wald- und Uferwegen erfordern Trittsicherheit und bei feuchter Witterung wasserabweisendes, festes Schuhwerk. Da nicht alle Wegteile beschildert oder markiert sind, wird guter Orientierungssinn benötigt bzw. die Mitnahme des GPS-Tracks empfohlen. Vorsicht auf einigen überalterten, morschen Holzstegen über den Bach!
Einkehr: Keine Möglichkeit.
Hinweise: 1) Im Kremnitztal schlechter Mobilfunkempfang. 2) Kleingeld für die Getränkebar (Kasse des Vertrauens) mitnehmen.

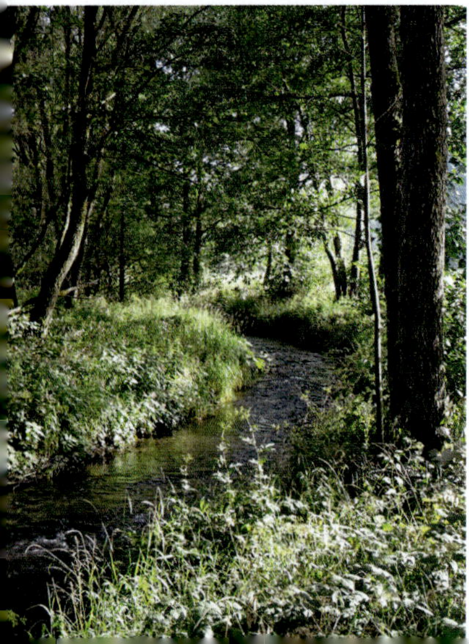

Fröhlich plätschernde Kremnitz.

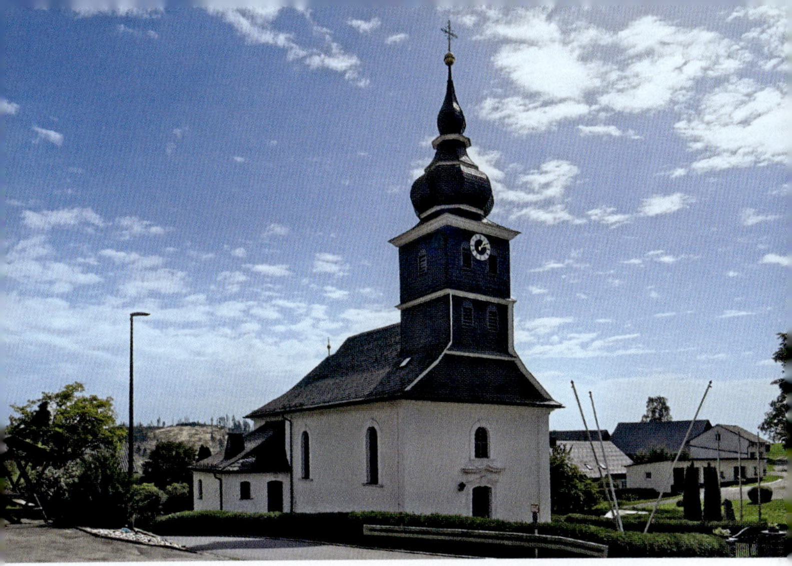

Die hübsche Kirche St. Georg in Marienroth steht 100 Meter die Straße hinauf.

Wir starten an der römisch-katholischen **Kuratiekirche Rosenkranzkönigin** ❶ in **Wickendorf** und gehen auf der Förtschendorfer Straße talwärts zum Dorfplatz. Dort wenden wir uns nach rechts Richtung Marienroth. Wir folgen der Beschilderung R 76 (Marienrother Weg). Nach dem kleinen Klärwerk am Ortsrand geht es an einer Mehrfachverzweigung auf dem mittleren der drei Wege weiter. Wir wandern über die Berghöhe durch Laubmischwälder und über blühende Wiesen bis wir auf einen befestigten Fahrweg stoßen. Hier wenden wir uns mit der Markierung R 76 nach links. Erst geht es auf dem Weg durch den Wald talwärts, dann wieder hinauf zu einer aussichtsreichen Wiese.

Kurz darauf gelangen wir ins Dorf **Marienroth** ❷. Hier biegen wir links ab und folgen mit der Markierung des Burgenweges (blaues Kreuz) der Straße ins Tal hinunter. Dort wenden wir uns nach der Straßenbrücke nach rechts. Der Fahrweg, der bald zu einem geschotterten Forstweg wird, bringt uns entlang des plätschernden Baches **Teuschnitz** in ein weites, aber tief eingeschnittenes Tal hinein. Teils auf Wiesenwegen gelangen wir nach einer halben Stunde an einen idyllischen Fischteich. Kurz danach verlassen wir den »Burgenweg« und wechseln im Tal bleibend auf die Markierung KC 85 Richtung Gifting.

Etwa 800 Meter weiter bleiben wir bei einer Weggabelung auf dem Weg durch die Bachaue/Wiesenaue. Bis nach Gifting quert unser Weg mehrfach mittels kleiner Holzbrücken den Bach. Im langgezogenen Örtchen **Gifting**

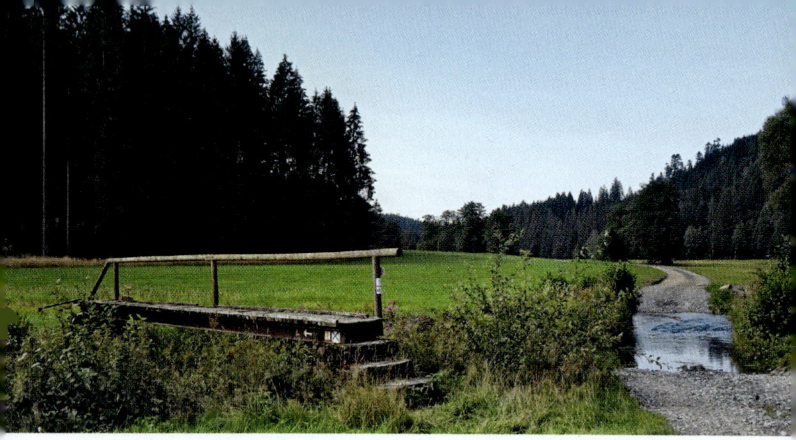

Mehrfach überqueren wir den Kremnitzbach auf solchen schmalen Brücken.

bleiben wir links des Baches bis wir zuletzt an einer Furt über eine schmale **Brücke** ❸ zur Hauptstraße wechseln. 150 Meter weiter folgen wir der Straße nach Geschwend nach links über eine Brücke. Wir lassen uns nun für die nächsten 5 Kilometer von der Markierung blaues »X« der Fernwanderwege E3 und E6 sowie der Beschilderung KC 83 in Richtung Effeltermühle leiten. Eine knappe Viertelstunde wandern wir in das **Kremnitztal** hinein, das sich bald unerwartet weit öffnet. Dann geht es nach links auf einem Fahrweg weiter. Idyllisch und teils im Schatten der Uferbäume führt er uns direkt neben dem Kremnitzbach entlang. Wir bleiben immer rechts des Baches. Es muss keine Furt gequert werden! Erst nach einer Dreiviertelstunde überqueren wir den Bach auf einer schmalen Brücke zu einem **Rastplatz** ❹ mit Getränkebar und »Kasse des Vertrauens«. Wenig später erreichen wir erneut eine weite Wiesenfläche im Tal, wo sich die Markierung verliert.
Entweder weiter am Bach oder den Fahrspuren durch die Wiese folgend, kommen wir wieder auf einen befestigten Fahrweg mit Markierungen. Nun heißt es aufpassen, denn nach der nächsten Bachüberquerung, am **Abzweig »Effeltermühle«** ❺, verlassen wir unsere Markierungen. Wir bleiben auf dem Fahrweg im Tal geradeaus (MTB-Trail-Markierung bis zur nächsten

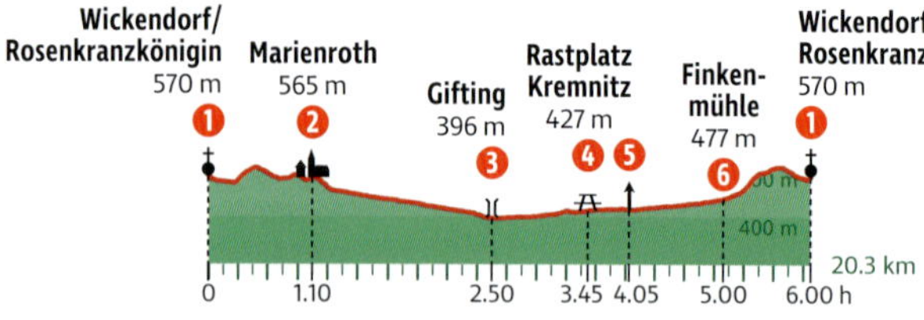

Bachquerung). 200 Meter weiter überqueren wir erneut den Bach. Wir halten uns nun auf dem unmarkierten Weg neben dem Bachlauf. In diesem wundervoll stillen Tälchen erreichen wir nach drei Kilometern die Häuser der **Finkenmühle** 6 mit einer riesigen alten Kirchenglocke links des Weges. Auf der Straße gehen wir etwa 500 Meter bergan und nehmen den zweiten Forstweg nach links. Schon 160 Meter weiter biegen wir nach scharf rechts in einen Forstweg ein, der durch die Fällarbeiten der letzten Jahre ein wenig in Mitleidenschaft gezogen wurde. Viele querliegende Äste und Zweige verlangen erhöhte Aufmerksamkeit. Auf diesem kurzen, steilen Wegstück überwinden wir 70 Höhenmeter. Oben genießen wir die freie Sicht auf die umliegenden Talhänge und halten uns geradeaus.

Der Weg wird bald besser und bringt uns nach etwa 20 Minuten nach **Wickendorf**. Wir folgen der Straße vom Ortseingangsschild hinunter zur »Dorfstraße«, die uns nach links zum Dorfplatz bringt. Auf bekanntem Weg erreichen wir wieder unseren Ausgangspunkt an der **Kirche** 1.

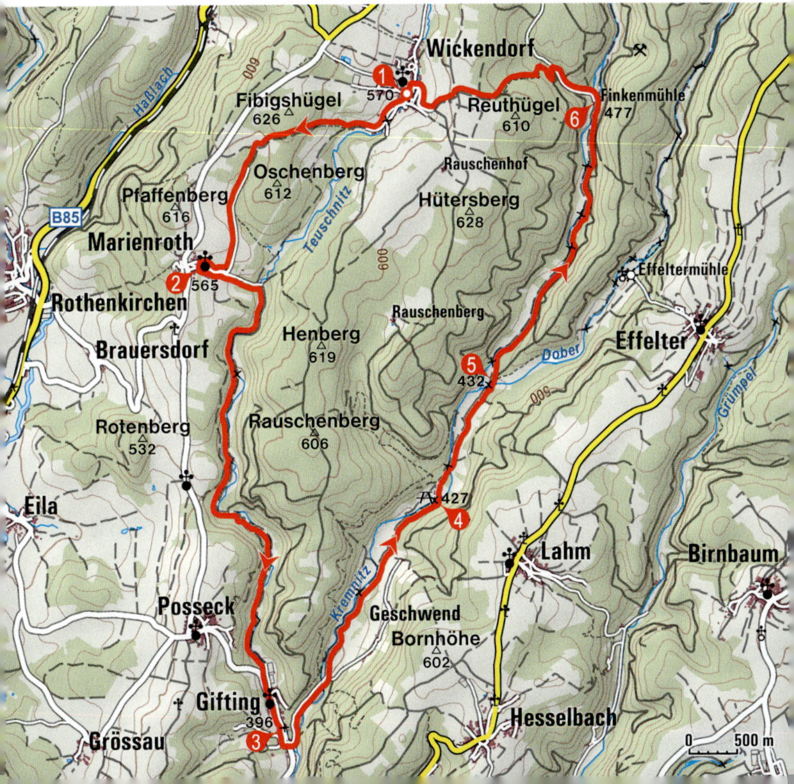

↗ 360 m | ↘ 360 m | 15.8 km

8 Grümpeltal

5.20 h

Zum Wasserturm Birnbaum und ins idyllische Grümpeltal

Auf den Wiesen unweit des Dorfes Birnbaum lädt ein 32 Meter hoher Turm zu einer Besteigung ein. Der 1989 nach einem verheerenden Brand errichtete Wasserhochbehälter wurde aufgrund seiner exponierten Lage auf über 600 Metern Höhe zugleich als Aussichtsturm ausgebaut. Die überdachte Aussichtsplattform, die auf einer außen angebrachten, ebenfalls überdachten Holztreppe erreicht werden kann, ist ein wunderbarer Platz zum Rasten und Genießen. Der grandiose Rundumblick über die waldreiche Umgebung reicht von den Höhen des Thüringer Waldes über den Wetzstein mit dem Altvaterturm bis zum Döbraberg und dem Fichtelgebirge am Horizont. In Birnbaum ist die katholische Pfarrkirche St. Stephan sehenswert, deren älteste Bauteile aus dem 15. Jahrhundert stammen. Mehr als 150 Höhenmeter tiefer lockt in der Abgeschiedenheit des fränkischen Waldes das stille Grümpeltal. In diesem romantischen Wiesental mit Fischteichen, die einst zur Flößerei angelegt wurden, kann man ungestört die Seele baumeln zu lassen.

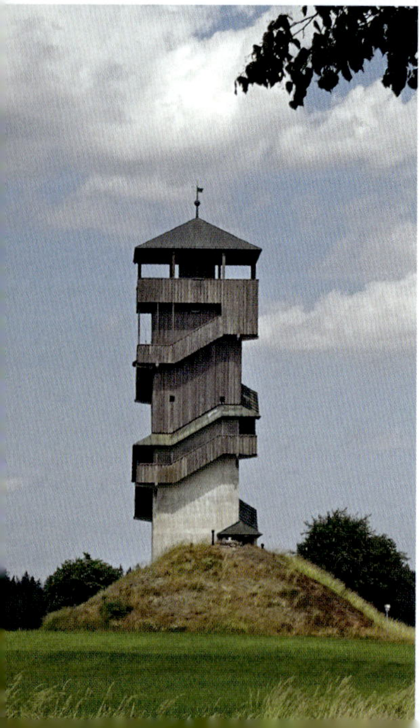

Ausgangspunkt: Steinwiesen, Großparkplatz am Gasthof Hubertushöhe, 595 m (GPS: 50.353586N, 11.472246E).
Anfahrt mit ÖPNV: Bei Nutzung des ÖPNV empfiehlt sich ein Toureinstieg von Effelter aus: Bushaltestelle »Effelter Ortsmitte«, über grüne Markierung KC 82 ins Grümpeltal absteigen (1,1 km hin und zurück bzw. 25 Min. Gehzeit zusätzlich).
Anforderungen: Leichte Wanderung auf Forststraßen und teilweise naturbelassenen Wald- und Wiesenwegen, etwas Kondition erforderlich, rutschige Bachquerungen im Grümpeltal, die nach starkem Regen oder während der Schneeschmelze unpassierbar sein können. In dem Fall ab der Grümpelbach-Brücke weiter der KC 82 folgen
Einkehr: Unterwegs keine; am Ende der Tour Gasthof Hubertushöhe (vorher Öffnungszeiten telefonisch erfragen!), Tel. +49 9267 209; in Effelter Gasthof Löffler (550 m von der Route entfernt), Tel. +49 9260 276.

Die Aussichtsplattform des Wasserturmes von Birnbaum bietet einen herrlichen Rundblick.

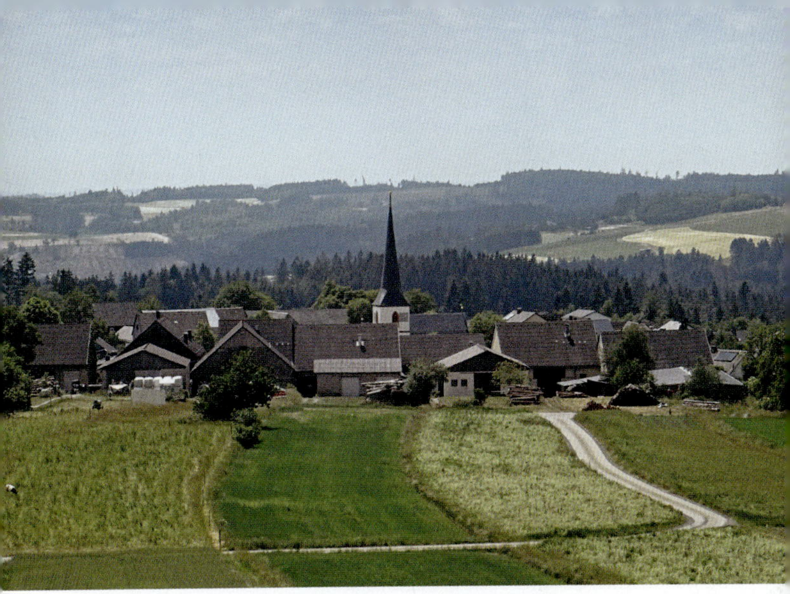

Das kleine Dorf Birnbaum mit der katholischen Pfarrkirche St. Stephan.

Vom Großparkplatz an der **Hubertushöhe** ❶ gehen wir zum gleichnamigen **Gasthof** und biegen dort nach links in die Straße nach Birnbaum ein. Nach 400 Metern verlassen wir den Straßenverlauf und wandern halb rechts in eine Forststraße hinein, die mit einem blauen Schrägstrich (Schanzenbinderweg) markiert ist. Etwa einen halben Kilometer später leitet uns diese Markierung nach links in einen Waldweg. Bald darauf kommen wir noch einmal kurz an die Straße, biegen aber gleich wieder rechts in den Wald ab. In den letzten Jahren verändert sich auch hier das Waldbild durch Borkenkäfer und Holzeinschlag rasant.

Der Schanzenbinderweg bringt uns in etwa einer halben Stunde an eine Landstraße, welcher wir nun nach rechts über die freie Hochfläche zum bereits weithin sichtbaren, markanten **Wasserturm Birnbaum** ❷ folgen.

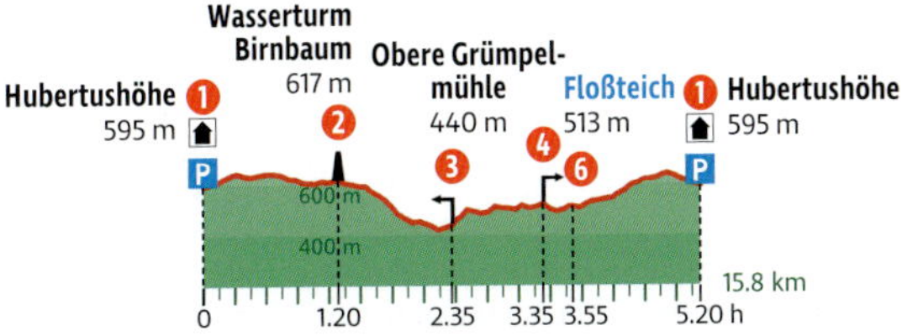

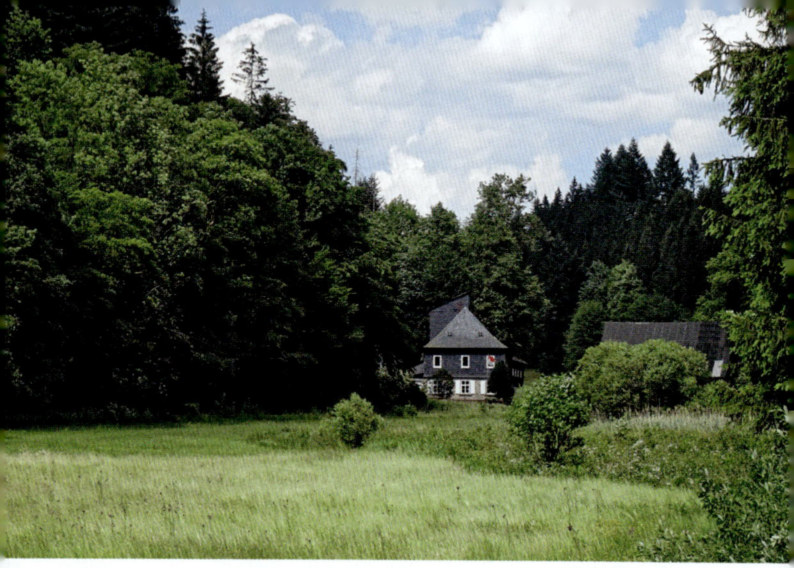

Die wunderschön gelegene Obere Grümpelmühle.

Wir passieren den Aussichtsturm und wandern auf der Straße entlang ins malerische **Dorf Birnbaum**. Nach der Kirche folgen wir der Ausschilderung des Schanzenbinderweges und des Weges KC 82 nach rechts Richtung Unter-Grümpelmühle. Der Wanderweg führt uns bald aus dem Dorf hinaus und steil hinunter ins Tal, wo wir auf einen querenden Fahrweg stoßen. Hier gehen wir nach links weiter. Schon bald treten wir aus dem Wald heraus, und vor uns offenbart sich das malerische Wiesental des Grümpelbaches.
Direkt nachdem wir den Grümpelbach überquert haben, verlassen wir den Schanzenbinderweg und folgen von nun an der Markierung KC 82, die scharf rechts abzweigt. Der Forstweg führt zur **Oberen Grümpelmühle** ❸. Das Anwesen ist in Privatbesitz und nicht bewirtschaftet. Unser Wanderweg zweigt am Zaun vor den Gebäuden nach links ab und führt uns als naturbelassener Waldweg oberhalb des Grundstückes recht steil in den Wald hinauf, wo wir wenig später an einen Fahrweg kommen. In diesen biegen wir nach rechts ein. Im schattigen Laubmischwald geht es nun bequem dahin, und nach etwa 2,5 Kilometern erreichen wir am **Abzweig nach Effelter** ❹ eine schmale Teerstraße.
In diese biegen wir nach rechs ab, verlassen sie jedoch bereits nach 200 Metern wieder und wandern nun, der Markierung KC 82 folgend, geradeaus weiter. Wenig später lassen wir die kleine **Holzbrücke** ❺ über den **Grümpelbach** rechts liegen und folgen der Ausschilderung Richtung Floßteich geradeaus. Der mitunter zugewachsene Pfad quert einige Male den

Bach und führt uns durch das wilde Wiesental zum **Floßteich** ❻, dessen Ufer jedoch etwas abseits des Weges liegt und daher nicht zur Rast geeignet ist. Kurz danach kommen wir jedoch zu einem kleineren Fischteich an dem eine Bank zum Rasten und Entspannen einlädt.

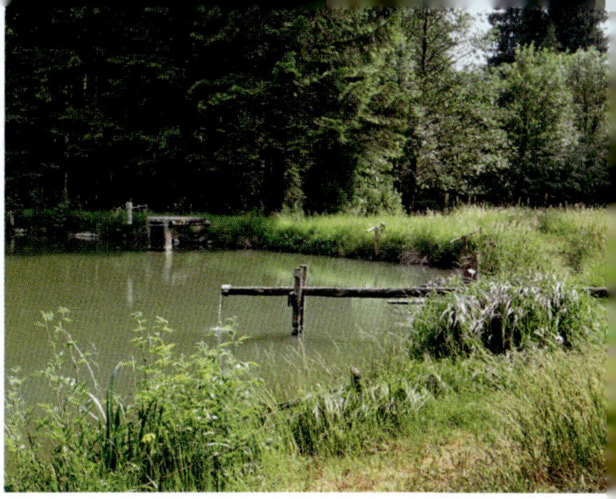

Fischteich im Grümpeltal.

Nach dem Teich nehmen wir den Forstweg nach rechts und biegen anschließend in den querenden Fahrweg nach links ein. Wir befinden uns nun wieder auf dem Weg mit der Markierung KC 82. Von dieser lassen wir uns für etwas mehr als eine Stunde leiten und gelangen so direkt zurück zu unserem Ausgangspunkt, dem Großparkplatz an der **Hubertushöhe** ❶.

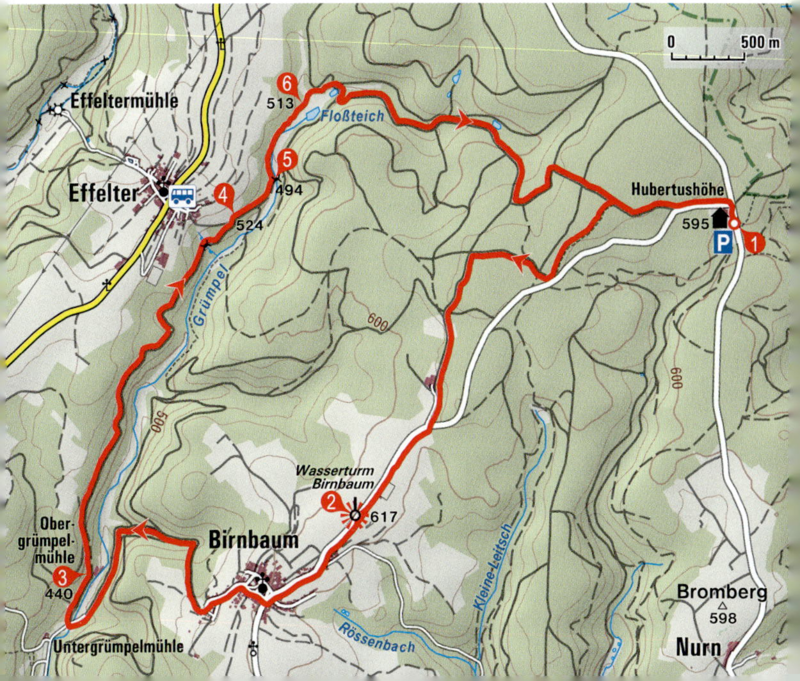

TOP

9 Nordhalbener Ködeltal

↗ 210 m | ↘ 210 m | 8.2 km

2.45 h

Einsame Wanderung für Naturliebhaber

Diese kurze Tour um die Vorsperre der Ködeltalsperre ist ein Highlight für Naturliebhaber. Wie ein Spiegel liegt der See eingebettet in die steilen Wälder des Frankenwaldes. In das einsame, nahezu unberührte Tal der Nordhalbener Ködel verirren sich nur selten Wanderer. Etwas Kondition sollte man allerdings schon mitbringen, um die steilen Anstiege aus dem Tal hinauf auf die aussichtsreichen Hochflächen bei Nordhalben zu bewältigen.

Ausgangspunkt: Nordhalben, Parkplatz Nordwaldhalle, 605 m (GPS: 50.3680033N, 11.5061269E). Anfahrt mit ÖPNV: Bus zwischen Kronach und Bad Steben bis Haltestelle »Nordhalben Karonlinenhöhe«. Dann ca. 100 m an der Kronacher Straße entlang in südliche Richtung zur Nordwaldhalle gehen.
Anforderungen: Überwiegen bequeme Wege und Pfade, die jedoch teilweise recht steile Anstiege aufweisen, etwas Orientierungssinn hilfreich.
Einkehr: Keine Möglichkeit.

Eine Herbstwanderung hat ihren ganz besonderen Reiz.

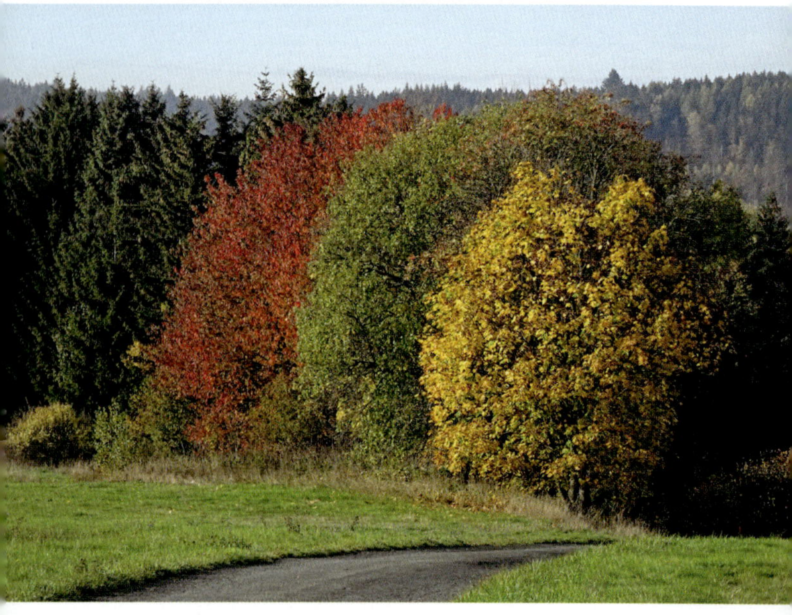

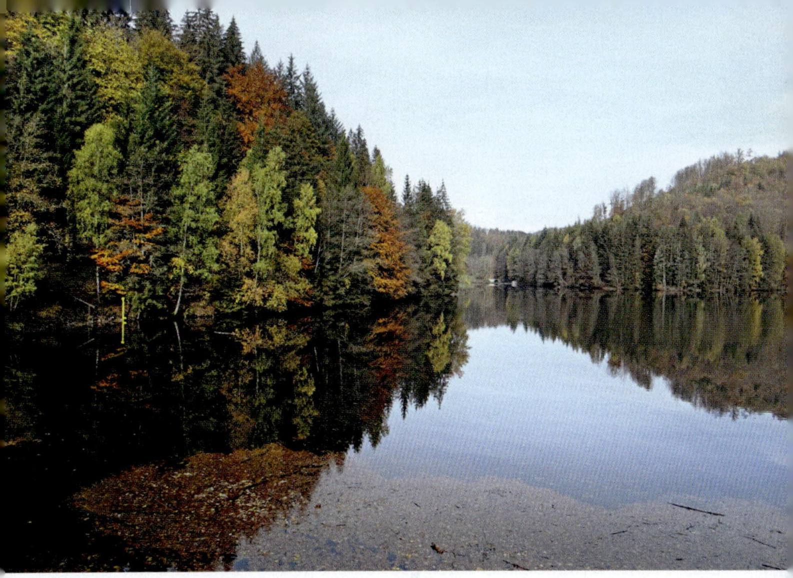

Still ruht der See: die Vorsperre der Ködeltalsperre.

Wir verlassen den Parkplatz an der **Nordwaldhalle** ❶ in **Nordhalben** über die Einfahrt und gehen hinauf zur Landstraße, in die wir nach links abbiegen. Nach etwa 420 Metern nehmen wir den schmalen Teerweg, der nach rechts Richtung Ködeltalsperre abzweigt. Er bringt uns bald in den Wald hinein, und an der Gabelung halten wir uns rechts, der Ausschilderung zur Vorsperre folgend. Nach etwa 700 Metern überqueren wir den kleinen Staudamm, der die **Ködeltalsperre** ❷ von ihrer **Vorsperre** trennt. Auf der gegenüberliegenden Seite wandern wir nach rechts weiter auf dem Uferweg entlang. Am Ende des Sees gehen wir nach rechts weiter, überqueren die Tschirner Ködel, einen der beiden Zuflüsse, und wandern auf der gegenüberliegenden Seite abermals

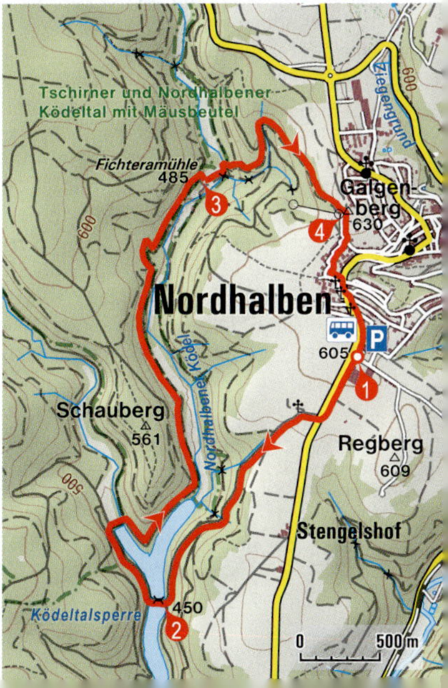

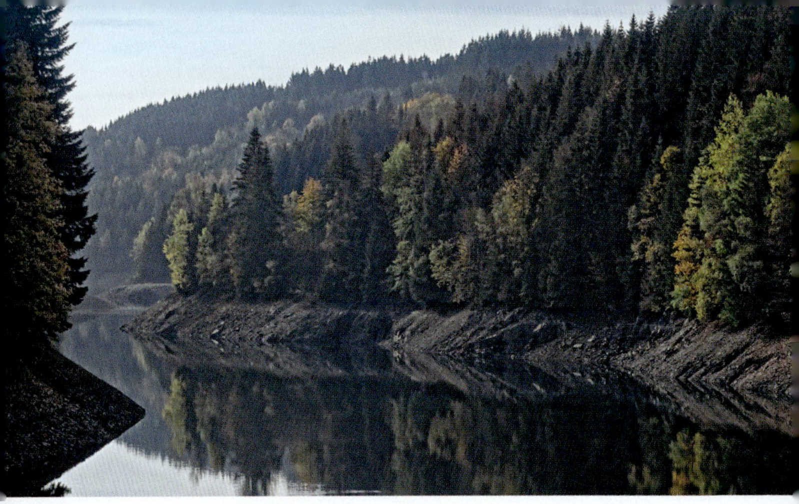

Frühmorgens am Frankenwaldfjord.

nach rechts weiter. Immer noch asphaltiert geht es oberhalb der Talsperre am Hang entlang, bis etwa 200 Meter nach einer deutlichen Linkskurve unser Uferweg halb rechts vom Fahrweg abzweigt.

Wir wandern weiter am Ufer der Vorsperre entlang und kommen bald immer tiefer ins Tal der Nordhalbener Ködel hinein, die den Frankenwaldfjord mit ihrem Wasser speist. Nach etwa einer Dreiviertelstunde, die wir durch das idyllische Tal wandern, kommen wir an eine Gabelung. Hier halten wir uns rechts und stoßen wenig später an einen breiten Querweg, in den wir abermals rechts abbiegen. Eine Infotafel erinnert an die im Jahre 1971 niedergebrannte **Fichteramühle** ❸, von der man heute nur noch Reste der Grundmauern zwischen Bäumen und Sträuchern erahnen kann.

Wir überqueren das Wasser und folgen von nun an der Wegmarkierung RT 31. Diese bringt uns bald steil durch den Wald hinauf zu einer kleinen Schutzhütte, dort auf dem Fahrweg nach rechts weiter, wenig später durch eine kleine Senke hindurch und schließlich stetig bergan bis zum **Skilift** ❹ von **Nordhalben**. Wir wandern an der Hütte vorbei und biegen nach etwa 150 Metern rechts in die Lorenz-Stumpf-Straße ab. Von nun an übernimmt die Wegmarkierung mit dem blauen X. Sie leitet uns durch das Wohngebiet hindurch bis an die Hauptstraße und diese nach rechts zurück zur **Nordwaldhalle** ❶.

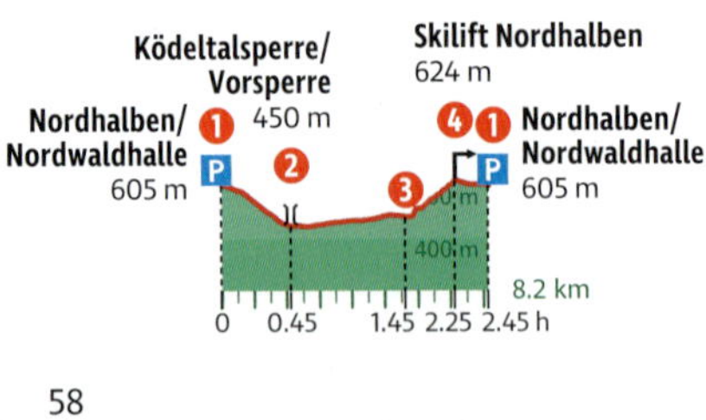

↗ 400 m | ↘ 400 m | 16.4 km

5.10 h

Ködeltalsperre 10

Waldwanderung um den »Frankenwaldfjord«

Wenn sich der grüne Bergwald im Wasser spiegelt und ein Hauch von Nebel an den Berghängen klebt, fühlt man sich an der Ködeltalsperre in einen skandinavischen Fjord versetzt. Die Trinkwassertalsperre Mauthaus, so die offizielle Bezeichnung, wurde 1968–72 gebaut und ist mit 21 Mio. Kubikmetern der größte Trinkwasserspeicher Nordbayerns. Unsere Rundwanderung um den künstlichen See führt durch einsame Laub- und Nadel-Mischwälder hinauf zur Hubertushöhe, wo sich im Winter gut Skilaufen lässt. Der urige Gasthof Hubertushöhe hat leider nicht immer geöffnet, weshalb es ratsam ist, auf dieser langen Rundwanderung eigene Rucksackverpflegung mitzunehmen. Am »Ködelblick« genießen wir die wunderbare Aussicht auf den »Frankenwaldfjord«, bevor wir über den 60 Meter hohen Staudamm unsere Tour beenden.

Ausgangspunkt: Mauthaus, Parkplatz P2 an der Einfahrt zur Dammkrone, 440 m (GPS: 50.3248742N, 11.4925353E).
Anfahrt mit ÖPNV: Bus zwischen Kronach und Nordhalben bis Haltestelle »Mauthaus«. Dann ca. 400 m Richtung Ködeltalsperre zum Ausgangspunkt gehen.
Anforderungen: Leichte, aber lange Wanderung überwiegend auf Forstwegen, im Abstieg vom Ködelblick etwas Trittsicherheit erforderlich, steiler Anstieg zur Hubertushöhe erfordert Kondition.
Einkehr: Gasthof Hubertushöhe (vorher Öffnungszeiten telefonisch erfragen!), Tel. +49 9267 209.

Blick von der Dammkrone auf die Ködeltalsperre.

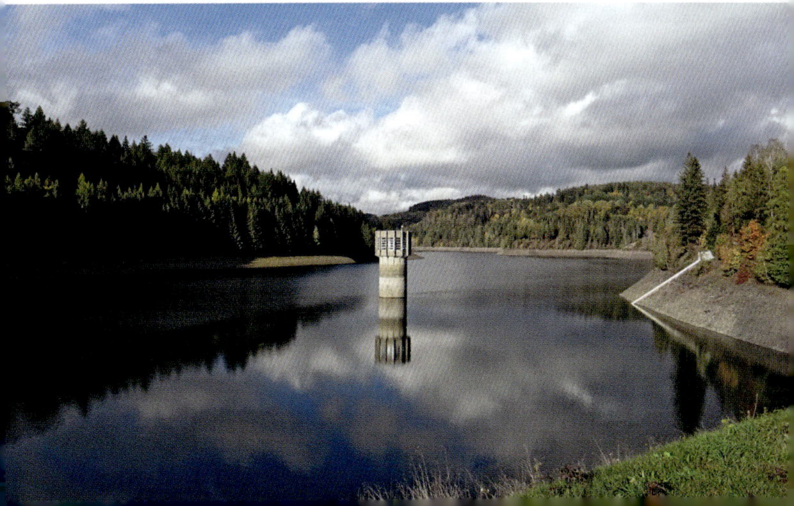

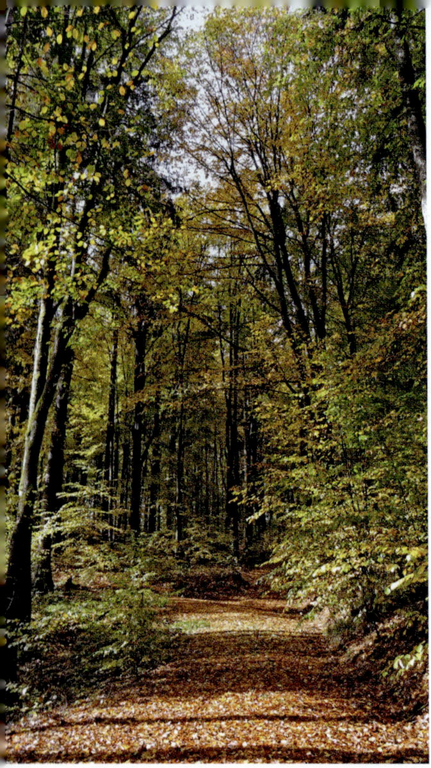

Bunt sind schon die Wälder.

Am **Parkplatz** in **Mauthaus** ❶ passieren wir die Schranke und folgen dem Fahrweg hinauf bis zu den Infotafeln. Hier leitet uns ein Wegweiser Richtung Vorsperre nach rechts in einen Pfad hinein. Wir folgen von nun an immer der Markierung RT 25. Erst auf einem naturbelassenen Pfad, später auf einer befestigten Forststraße bringt sie uns nach knapp sechs Kilometern an die **Vorsperre** ❷ der langgezogenen **Ködeltalsperre**. Auf der kleinen Sperrmauer überqueren wir den Stausee und wandern am anderen Ufer nach links auf dem asphaltierten Rundweg weiter.

Wenig später ist in einer Rechtskurve etwas Aufmerksamkeit erforderlich. Unser mit RT 25 markierter Hubertus-Weg zweigt hier nach rechts vom Fahrweg ab und führt als schmaler Steig in den Wald hinauf. Immer der Markierung RT 25 folgend, geht es nun mal mehr und mal weniger steil aufwärts, bis wir nach etwa einer halben Stunde an einer Landstraße die **Hubertushöhe** ❸ mit dem gleichnamigen kleinen **Gasthof** erreichen. Hier gehen wir nach links weiter und wandern für etwa 670 Meter an der Straße entlang. Dann leitet uns der mit einem blauen Schrägstrich markierte Schanzenbinderweg halb links in einen Forstweg hinein. Für 4,5 Kilometer schlängelt sich der Weg nun durch den Wald oberhalb der Talsperre, bis er schließlich an einem Weg-

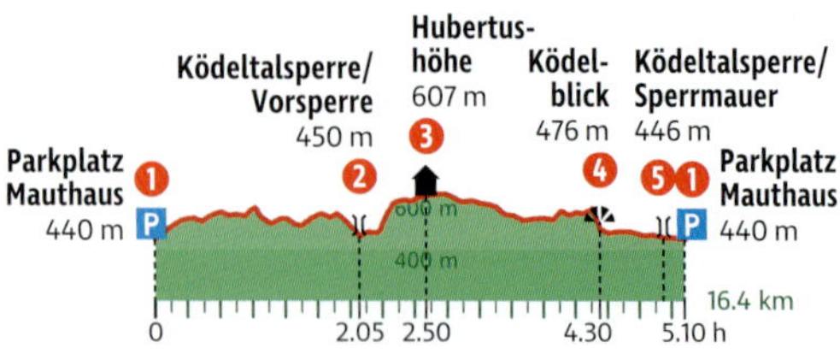

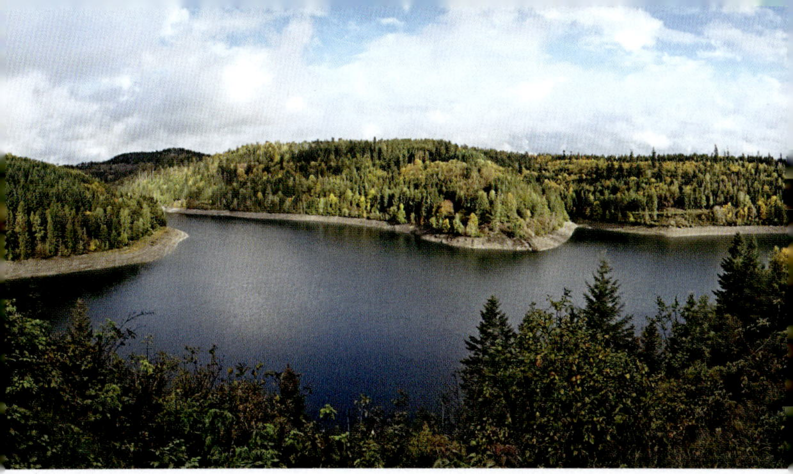

Vom Rastplatz Ködelblick bietet sich eine herrliche Aussicht auf den Stausee.

weiser nach links hinunter zum **Ködelblick** ❹ abzweigt. Der Aussichtspunkt mit mehreren Sitzgelegenheiten und einer kleinen Schutzhütte bietet den einzigen unbewachsenen Blick auf den Frankenwaldfjord, der eingebettet in dichte Wälder unter uns im Ködeltal liegt.

Am Geländer entlang führt uns nun ein schmaler Steig nach rechts hinunter Richtung Talsperre, und wenig später stoßen wir auf den Asphaltweg, der den Stausee umrundet. Hier gehen wir nun abermals nach rechts weiter und folgen dem Fahrweg auf die **Sperrmauer** ❺, wo wir auf der Dammkrone noch einmal einen schönen Blick über die Talsperre erhaschen können. Auf der anderen Seite der Sperrmauer wandern wir dann den Fahrweg hinunter zur Schranke und zu unserem Ausgangspunkt am **Parkplatz** in **Mauthaus** ❶.

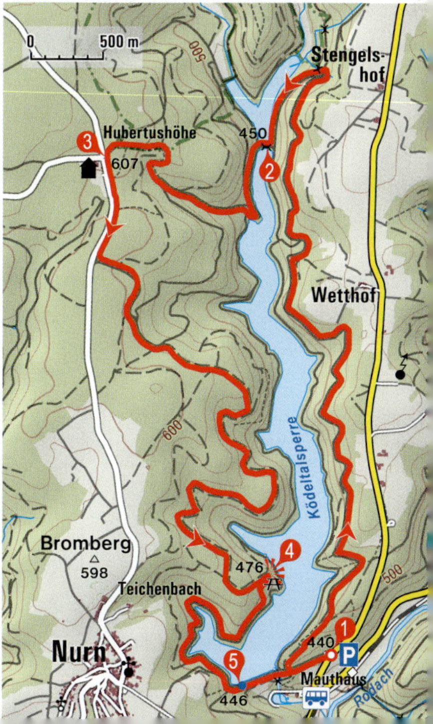

↗ 250 m | ↘ 250 m | 7.5 km

11 Nurner Brocken, 536 m

2.30 h

Panoramaspaziergang über dem Rodachtal zur »Fränkischen Steinwüste«

Der Nurner Brocken südlich der Ködeltalsperre ist ein Aussichtspunkt und Naturparadies der besonderen Art: Als 2010 beim Ausbau der Staatsstraße im Rodachtal riesige Mengen an Gesteinsschutt und Felsgeröll anfielen, wurden diese auf der Hochfläche bei Nurn zu mehreren hohen Steinhaufen aufgeschüttet. Auf diese Weise entstanden viele unterschiedliche Lebensräume – stark besonnte Südhänge mit großen Schotterflächen, deren Steine sich im Sommer bis auf 70 Grad aufheizen können, darin auch dicke Felsbrocken, unter denen sich schattig-kühle Hohlräume befinden. Im Schatten der Nordseiten bildeten sich feuchtere Bereiche. Pilze und Insekten siedelten sich in alten Holzhaufen an. Heute bietet das ausgedehnte Steinbiotop nicht nur einen Platz, wo wir vielleicht eine der wärmeliebenden Eidechsen oder der ungiftigen Schlingnattern entdecken können, sondern es ermöglicht uns auch einen grandiosen Panoramablick über das Rodachtal und die Höhen des Frankenwaldes.

Die Schutthalden bieten zahlreichen Tieren und Pflanzen einen einmaligen Lebensraum.

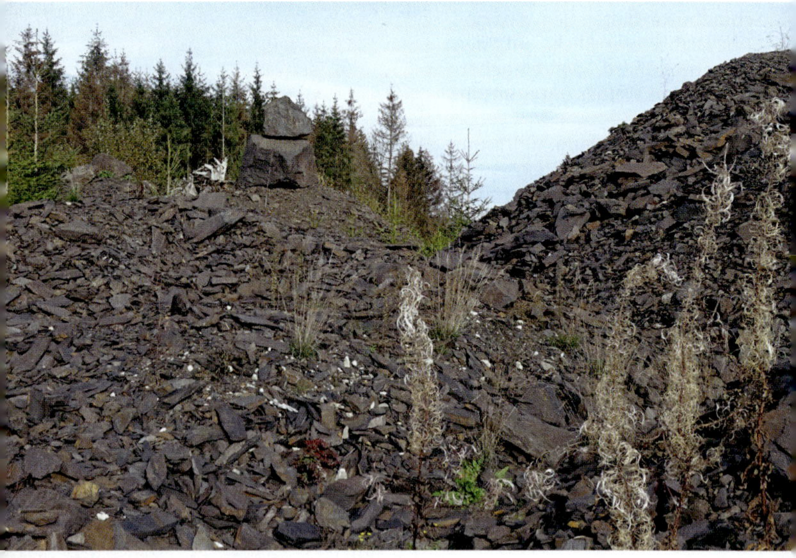

Ausgangspunkt: Mauthaus, Parkplatz P2 an der Einfahrt zur Dammkrone, 440 m (GPS: 50.3248742N, 11.4925353E).
Anfahrt mit ÖPNV: Bus zwischen Kronach und Nordhalben bis Haltestelle »Mauthaus«.
Anforderungen: Leichte Wanderung auf bequemen Wegen, jedoch mit teils steilen Auf- und Abstiegen.
Einkehr: Keine Möglichkeit.

Am **Parkplatz** in **Mauthaus** ❶ passieren wir die Schranke und folgen dem Fahrweg ein Stück aufwärts. Nach etwa 150 Metern nehmen wir den Weg, der halb links abzweigt und stoßen kurz darauf auf einen querenden markierten Wanderweg. Diesen gehen wir nach links und steigen hinunter zum Auslauf der Ködeltalsperre. Auf der kleinen Zufahrtsstraße wandern wir nach links bis zur Hauptstraße und biegen in diese rechts ein. Wir überqueren das Wasser und folgen anschließend dem Fränkischen Marienweg halb rechts den Berg hinauf. Er führt uns bald teilweise aussichtsreich oberhalb des Rodachtales am Hang entlang. Nach etwa 2,5 Kilometern kommt an einem Wegweiser von links der Wanderweg RT 24 aus Steinwiesen herauf.

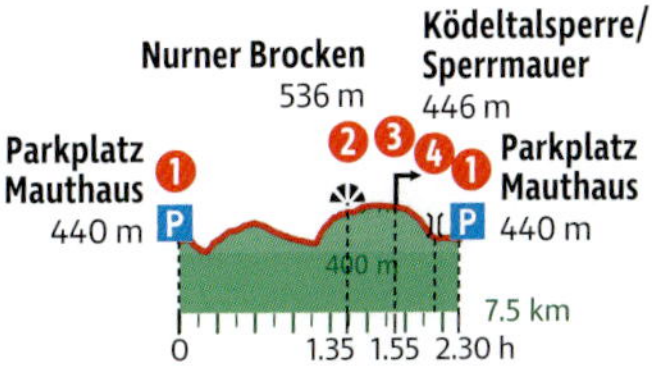

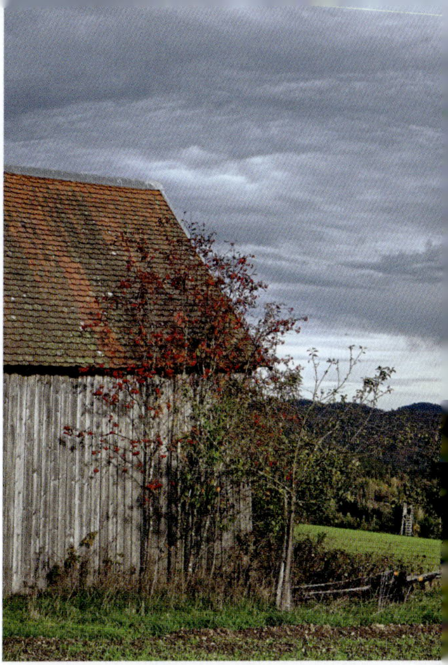

Scheune am Wegesrand.

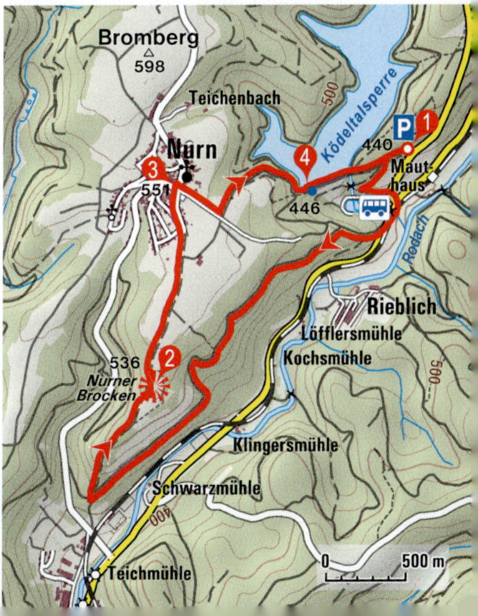

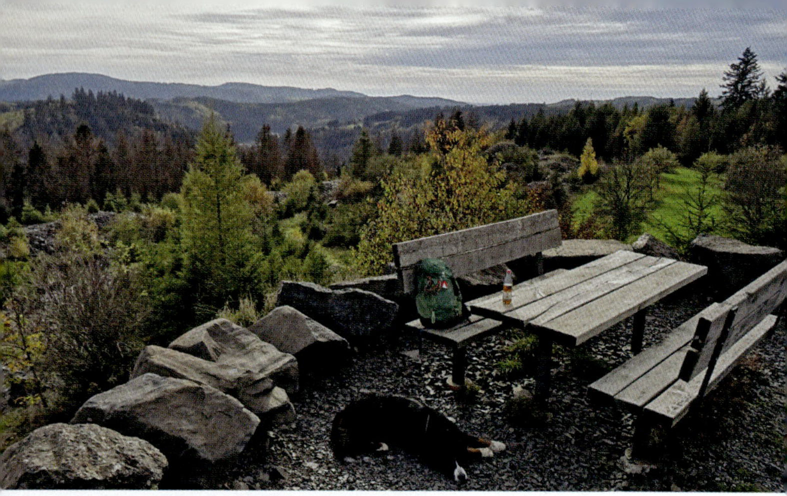

Am Rastplatz Nurner Brocken kann man den Blick über das Rodachtal schweifen lassen.

Hier biegen wir scharf rechts ab und folgen diesem Weg hinauf Richtung Nurn. Wenig später erblicken wir rechts des Weges eine graue Steinhalde. Wir nehmen dem Pfad nach rechts, der uns bald mitten hinein in die steinernen Geröllhaufen führt. Am höchsten Punkt lädt uns der Aussichtspunkt auf den **Nurner Brocken** ❷ zum Verweilen ein. Von hier haben wir einen einzigartigen Blick über das tief unter uns liegende Rodachtal.
Wir durchqueren das Steinbiotop und kommen zurück zum Wanderweg. Auf diesem geht es nun nach rechts weiter bis nach **Nurn** ❸. Im Dorf nehmen wir gleich den ersten Abzweig, der an einer Infotafel mit Wegweiser nach rechts führt. Die Markierung RT 25 leitet uns aus dem Ort hinaus und nach etwa zweihundert Metern nach links. Wenig später geht es durch den Wald hinunter bis zur **Sperrmauer** ❹ der **Ködeltalsperre**. Auf dem Damm gelangen wir auf die andere Seite und wandern dann auf dem Fahrweg zurück zum Ausgangspunkt am **Parkplatz** in **Mauthaus** ❶.

Das Pfarrdorf Nurn.

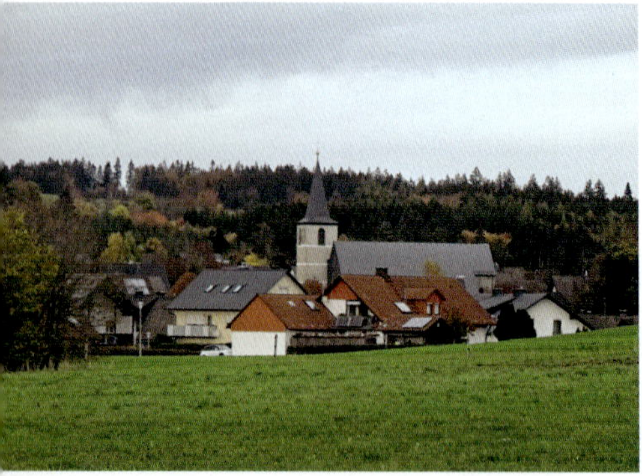

↗ 270 m | ↘ 270 m | 9.1 km

3.00 h

Dreiherrenstein, 475 m

12

Auf dem Dreiherrenweg durch das Grenzland bei Nordhalben

Eine unscheinbarer abgeflachter Stein findet sich in der kleinen Landecke am Zusammenfluss von Rodach und Titschengrundbach. Erstmals als »Dreiherrenstein« namentlich erwähnt im Jahre 1751, stellt sie seit dem Mittelalter einen Grenzpunkt dar. Wo einst das Hochstift Bamberg, die Markgrafschaft Bayreuth und das Fürstentum Reuß aneinandergrenzten, wurde zu Zeiten der deutschen Teilung ein neues Kapitel in der Geschichte des Dreiherrensteins aufgeschlagen. Mit weißer Ölfarbe bestrichen und weithin sichtbar, lag er unmittelbar vor dem verminten Stacheldrahtzaun der innerdeutschen Grenze, unerreichbar sowohl von der DDR, als auch von der BRD. Die Wanderung auf dem Dreiherrenweg stellt so auch eine Reise in die Geschichte der Region dar, denn nicht nur am Dreiherrenstein ist der »Eiserne Vorhang« immer wieder präsent.

Ausgangspunkt: Nordhalben, Ausgangspunkt Wanderbares Deutschland, 580 m (GPS: 50.3752200N, 11.5134439E). Parkmöglichkeiten vorhanden. Anfahrt mit ÖPNV: Bus von Kronach nach Nordhalben bis Haltestelle »Nordhalben Lindenplatz«. Dann der Amlichstraße ca. 100 m nach Osten folgen.
Anforderungen: Leichte Wanderung auf überwiegend bequemen Wegen und Pfaden.
Einkehr: Keine Möglichkeit.

An der ehemaligen innerdeutschen Grenze bei Titschendorf.

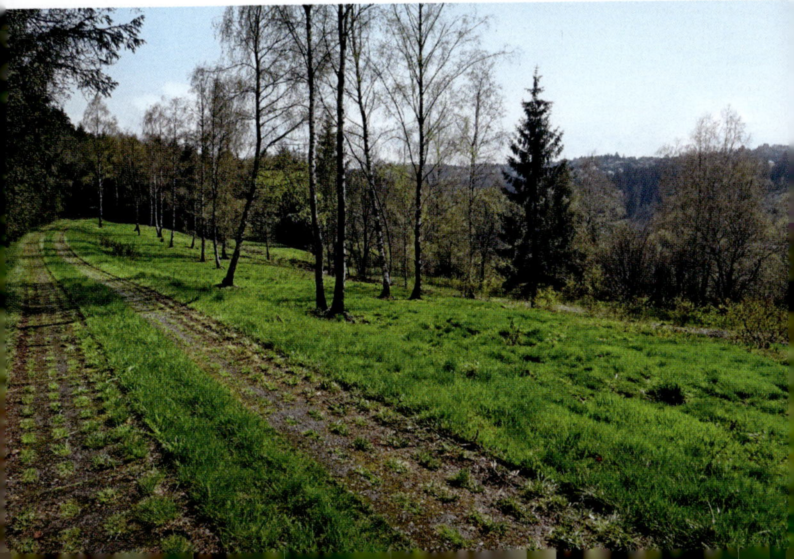

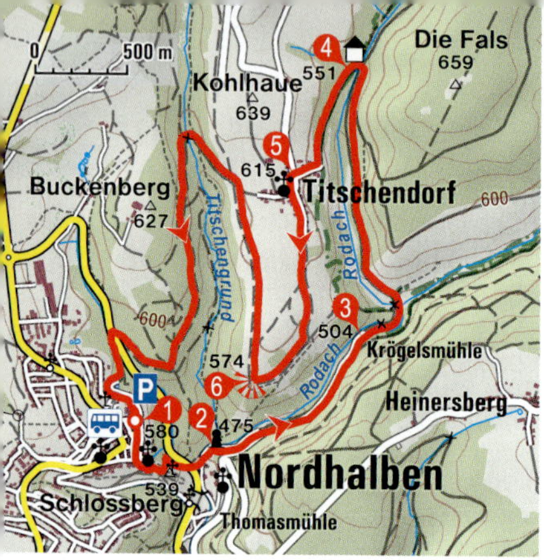

An unserem **Ausgangspunkt** in **Nordhalben** ❶ folgen wir der Ausschilderung Richtung Marienkapelle und Dreiherrenstein. Wenig später kommen wir zu dem kleinen Gotteshaus, an dem wir rechts Richtung Dreiherrenstein vorbeigehen. Anschließend nehmen wir den unscheinbaren, mit der Markierung RT 32 versehenen Pfad, der hinter der Kapelle steil ins Tal hinunter führt. Wir überqueren die Landstraße und anschließend erst den Ziegengrundbach und danach die Rodach und stoßen schließlich an eine schmale Straße. Diese gehen wir nach links weiter und erblicken wenig später auf der linken Seite, direkt an der Bachgabelung gelegen, den **Dreiherrenstein** ❷ an der Grenze zwischen Bayern und Thüringen.

Wir halten uns rechts und wandern, nun mit RT 34 markiert, auf der kleinen Straße immer am Ufer der **Rodach** entlang taleinwärts. Nach etwa 20 Minuten passieren wir die **Krögelsmühle** ❸. In der Folge lassen wir uns weiter von der RT 34 und der Ausschilderung Richtung Titschendorf leiten.

Unscheinbar liegt der Dreiherrenstein an einer Bachgabelung.

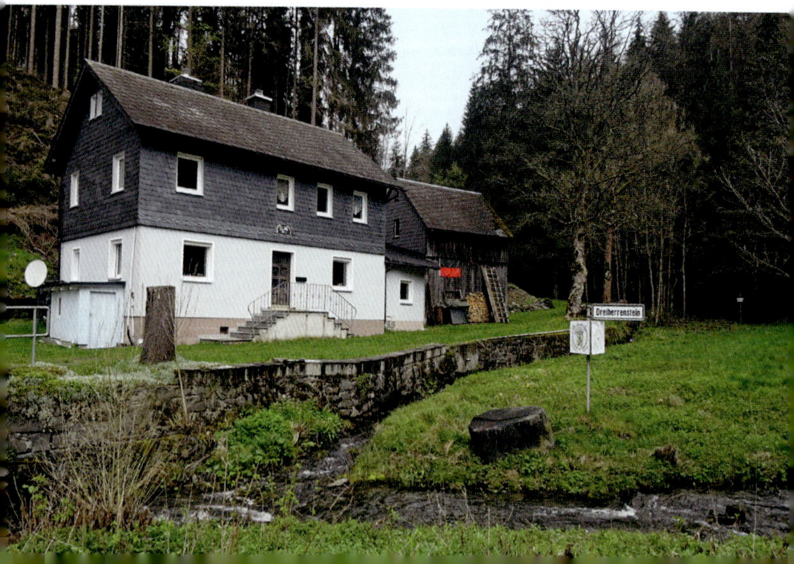

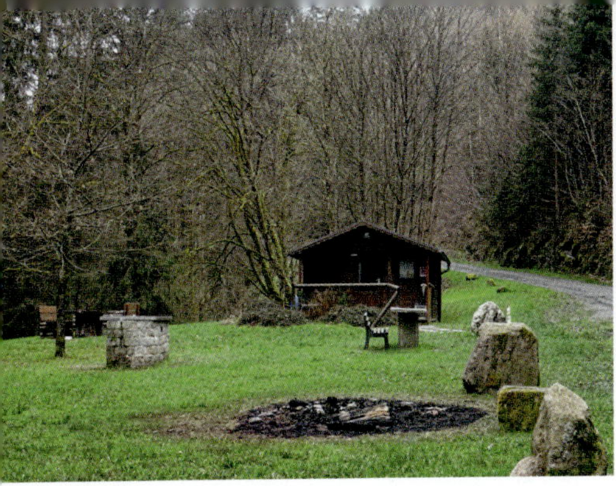

Am Standort der einstigen Titschendorfer Mühle befindet sich heute ein hübscher Rastplatz.

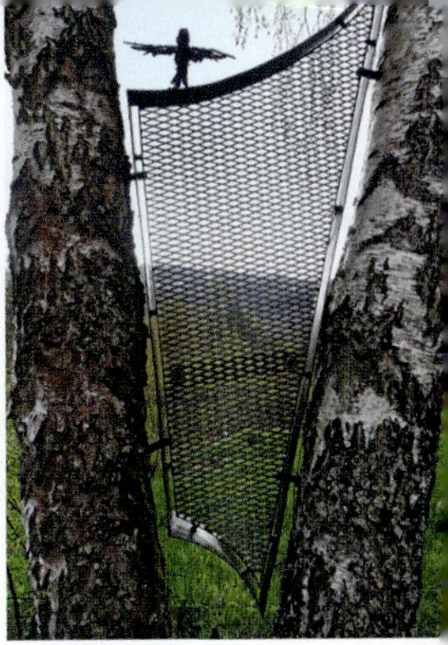

Kunstinstallation »Innerdeutscher Traumfänger«.

Nach etwa 1,5 Kilometern kommen wir an einen größeren Abzweig. Hier gehen wir nach links, überqueren die noch junge Rodach und halten uns anschließend gleich wieder links. Am einstigen Standort der Titschendorfer Mühle lädt heute die liebevoll eingerichtete **Schutzhütte Waldfrieden** 4 zum Rasten und Verweilen ein.

Die Bergstraße bringt uns an der Hütte vorbei hinauf nach **Titschendorf** 5. Im Jahre 1988 wurde von den Behörden der DDR beschlossen, den Ort aufgrund seiner strategisch wichtigen Lage auf einem Bergrücken, der mitten in bayrisches Gebiet hinein ragt, zwangsweise zu evakuieren. Man wollte hier einen Horch- und Beobachtungsposten errichten. Die Wende im Jahre 1989 rettete das Dorf vor diesem Schicksal. Im Ort gehen wir nach links und wandern anschließend immer geradeaus durch das Dorf hindurch. Wir passieren den Echobaum und kommen nach etwa zehn Minuten zum **Aussichtspunkt** 6 am **Plattenweg**. Der Künstler Heiko Surek erinnert hier, an der ehemaligen Grenze mit Blick hinüber zum bayrischen Nordhalben, mit seinem Werk »Innerdeutscher Traumfänger« an den Eisenzaun, der jahrzehntelang die beiden deutschen Staaten teilte.

Wir wandern auf dem Plattenweg weiter und stoßen an einem Wegweiser auf einen Querweg. Hier gehen wir nach links Richtung Nordhalben. Die Markierung RT 32 bringt uns ins Tal und anschließend an der Flanke des Titschengrundes entlang, bis wir nach etwa einer halben Stunde an die Landstraße kommen. Wir überqueren diese und lassen uns gegenüber weiter von der RT 32 leiten. Sie bringt uns direkt zurück zum **Ausgangspunkt** in **Nordhalben** 1.

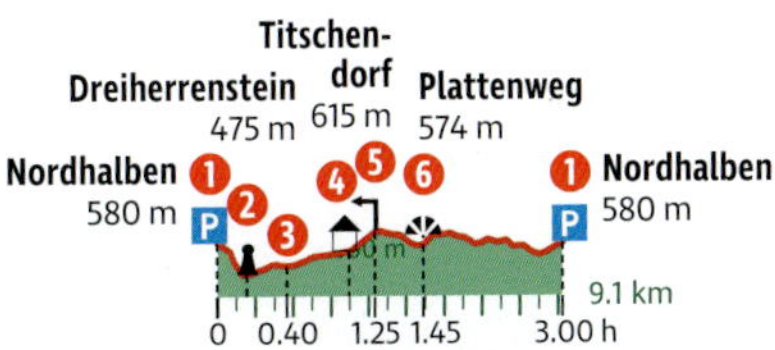

TOP

13 Zwölf Apostel

↗ 510 m | ↘ 510 m | 17.1 km

5.40 h

Auf stillen Steigen zum »Stonehenge des Frankenwaldes«

Abwechslung ist auf dem Zwölf-Apostel-Weg garantiert. Dieses FrankenwaldSteigla gehört zu den schönsten der Region. Immer wieder entdecken wir Überraschendes: plötzliche traumhafte Ausblicke wie am »Schiefertisch« oder vom Aussichtsturm Langesbühl, moosbedeckte Felsen in der Stille des Waldes, beeindruckende Schieferhalden unweit des letzten aktiven Schieferbergwerks Bayerns oder die originelle »Getränkehöhle«, wo willkommene Erfrischungen im kühlen Bergwerksstollen auf durstige Wanderer warten. Unbestrittenes Highlight sind jedoch die Zwölf-Apostel-Steine – das »Stonehenge des Frankenwaldes«. Zwölf dicke, geheimnisumwobene Diabassteine stehen aufgereiht neben dem Wanderweg. Welche Bedeutung haben sie? Wann kamen sie dorthin? Man weiß es nicht. In der einsamen Stille der Natur bleibt uns Zeit und Muße, über die Herkunft der rätselhaften Monolithen zu philosophieren.

Ausgangspunkt: Geroldsgrün, Wanderparkplatz Rothmaiseltal. 493 m (GPS: 50.3566756N, 11.5479842E).
Anfahrt mit ÖPNV: Bus zwischen Kronach und Bad Steben bis Haltestelle »Dürrenwaiderhammer«.
Anforderungen: Lange Wanderung auf überwiegend bequemen Wegen und Pfaden, zwischen Schwabs Ruh und Schieferhalde Trittsicherheit und stellenweise Schwindelfreiheit erforderlich.
Einkehr: Keine Möglichkeit; Getränkestützpunkt mit »Kasse des Vertrauens« am Clubhaus des MRC Langenbach, am Wanderheim Hermesgrün und in der Getränkehöhle an der Schieferhalde.

Blick vom Aussichtstürmchen Langesbühl.

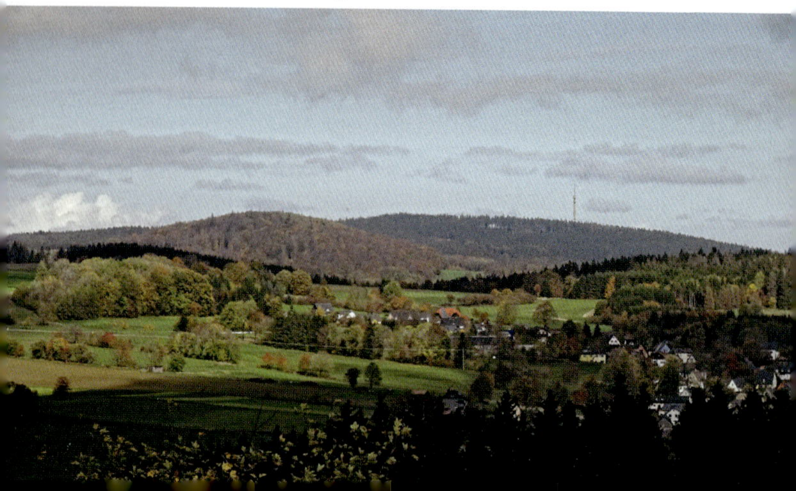

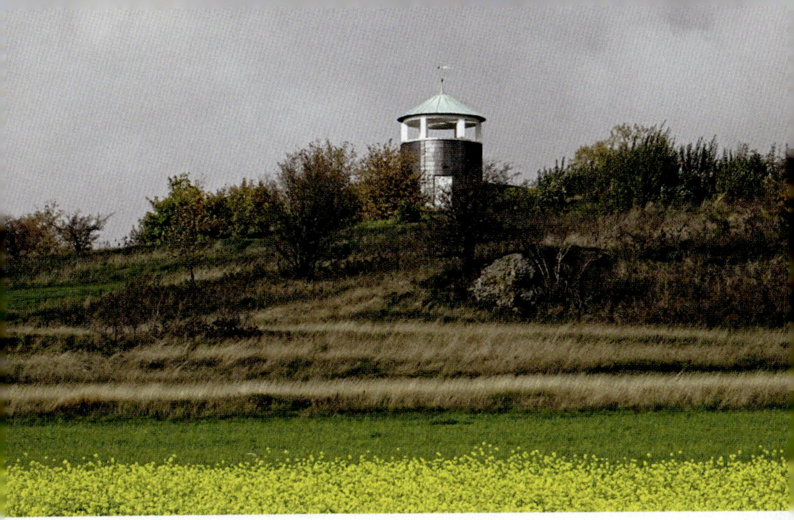

Die kleine Wasserwarte Langesbühl.

Wir starten am **Wanderparkplatz Rothmaiseltal** ❶ und folgen dem Wiesenpfad, der vor der Brücke nach rechts bachaufwärts führt. Die Wegmarkierung des FrankenwaldSteigla »12-Apostel-Weg« leitet uns die gesamte Wanderung. Schon bald überqueren wir in **Dürrenwaiderhammer** die Straße und wandern auf der anderen Talseite immer am Hang entlang. Nach ca. 2,5 Kilometern erreichen wir die Siedlung **Silberstein** ❷. Am Sportplatz leitet uns die Markierung nach links und schon bald wieder in den Wald hinein. Gegenüber einem Wasserhäuschen führt ein Pfad links in den Wald hinein zum **Brendelfelsen** ❸. Diesen Abstecher sollten wir uns nicht entgehen lassen, bietet er doch einen atemberaubenden Tiefblick in das enge Tal der Ölsnitz.

Zurück am Wasserhäuschen folgen wir dem 12-Apostel-Weg weiter nach **Geroldsgrün** ❹, wo wir die Straße überqueren. Wir wandern auf der schmalen Straße, die links vom Teich bergan führt, weiter und kommen bald auf einen aussichtsreichen Feldweg, der uns in etwa einer Viertelstunde nach **Steinbach** ❺ bringt. An der Hauptstraße gehen wir nach rechts und biegen nach etwa 50 Metern gegenüber dem Wegweiser mit Infotafel nach links in eine schmale Straße ein. Diese bringt uns direkt zur kleinen **Wasserwarte Langesbühl** ❻. Das Türmchen bietet nicht nur einen einzigartigen Rundblick, sondern es eignet sich auch gut für eine Wanderrast.

Nun leitet uns die Wegmarkierung in nördliche Richtung weiter. Wir steigen über weite Wiesen allmählich ab und erreichen nach zwei Kilometern den Ortsrand von **Langenbach** ❼. Auf der Straße gehen wir nach rechts weiter in den Ort hinein und folgen nach etwa einem halben Kilometer der

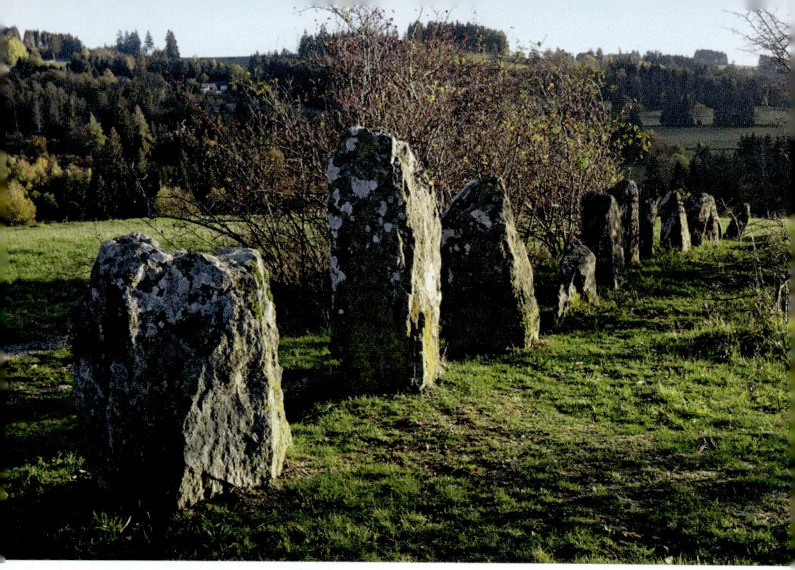

Das Stonehenge des Frankenwaldes.

Markierung nach links. Auf einem Wiesenweg geht es bergan, bis wir wenig später die exakt ausgerichteten **Zwölf Apostel** 8 erblicken. Wir passieren diesen magischen Ort und wandern auf dem gleichnamigen Frankenwald-Steigla nach **Hermesgrün** 9, wo wir nach links in die Straße einbiegen. Am Ende der Straße befindet sich links des Weges ein Wanderheim. Direkt danach nehmen wir nun den Feldweg nach links. Er führt den Berg hinauf und zunächst am Rand der Wiese entlang, bis wir schließlich in den Wald gelangen. Immer dem Wegverlauf folgend, durchstreifen wir den Wald und stoßen nach zehn Minuten an eine Forststraße, in die wir nach links einbiegen. Sie bringt uns nach weiteren 20 Minuten an einen Wegweiser. Hier folgen wir dem schmalen Pfad nach links und steigen ab zum Aussichtspunkt **Schwaabesruh** 10. Eine Sitzgruppe in exponierter Lage lädt zum Rasten und Verweilen ein.

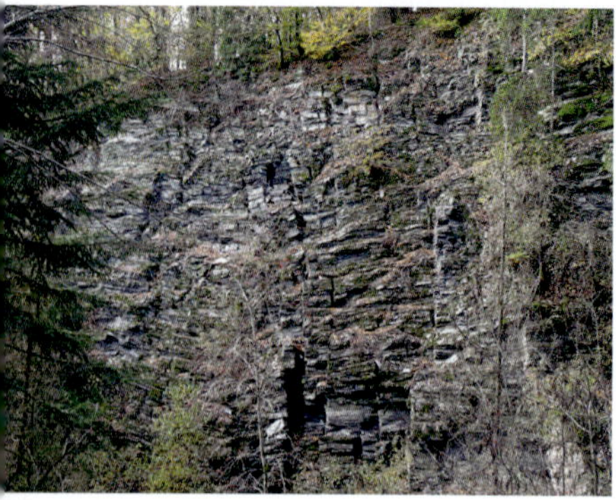

Ehemaliger Schieferbruch.

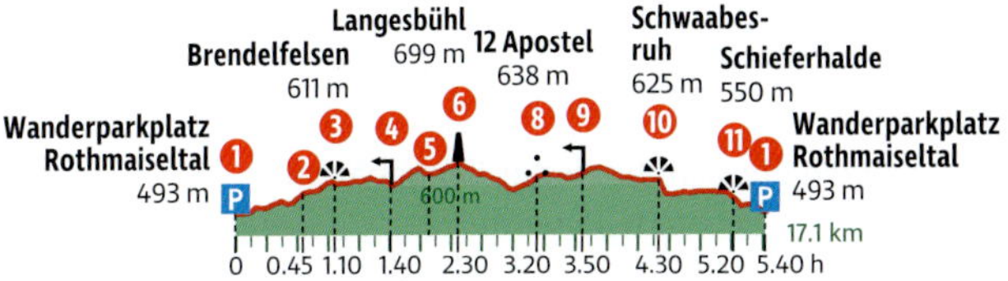

Nun windet sich der Pfad steil abwärts und führt wenig später auf halber Höhe am Hang entlang. Schon bald mündet der spannende Steig in einen befestigten Forstweg, auf dem wir nach rechts bis zur spektakulären Aussicht auf der **Schieferhalde** ⑪ wandern. Jetzt biegen wir scharf links ab und folgen dem 12-Apostel-Weg an der Getränkehöhle vorbei hinunter zum **Wanderparkplatz Rothmaiseltal** ① in **Dürrenwaiderhammer**.

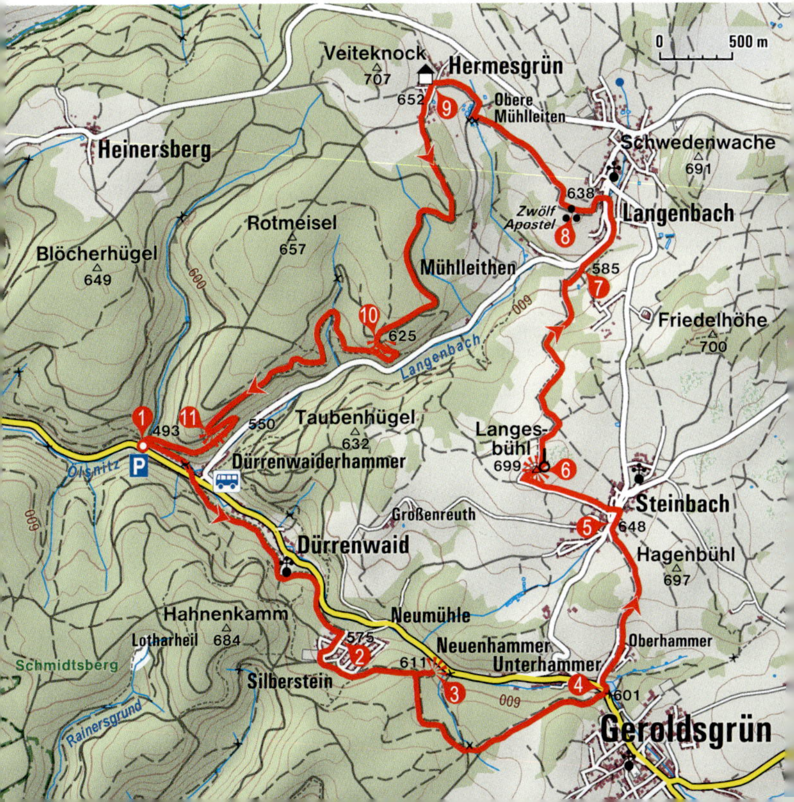

TOP

14

Auf Jägersteigen

↗ 240 m | ↘ 240 m | 6.0 km

2.15 h

Auf verwegenen Steigen durch das Langenautal

Diese kurze, aber spannende Rundwanderung führt über schmale Pfade, auf denen einst Jäger durch die dichten Fichten- und Buchenmischwälder rund um das obere Langenauer Tal streiften. Wir tauchen in eine reizende, wildromantische Landschaft ein, in die der Bach ein tiefes Tal gegraben hat. Auf dem steilen Kämmleinsfelsen und am geschichtsträchtigen Burgstein erwarten uns luftige Aus- und Tiefblicke. Rastbänke laden zum Schauen und Genießen ein! Am Ende der Tour erfrischt uns die Max-Marien-Heilquelle mit gesundem Mineralwasser, das auf Knopfdruck entnommen werden kann. Es ist reich an Calcium, Magnesium und Eisen.

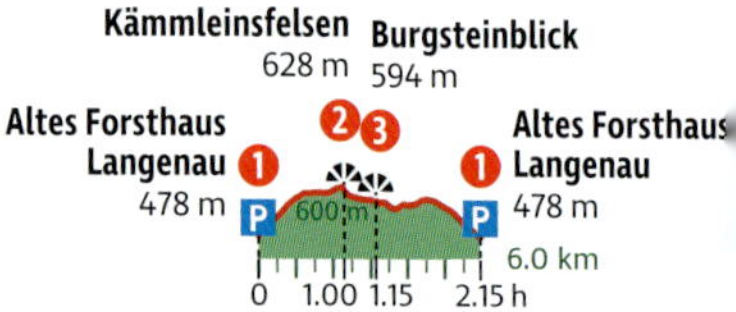

Ausgangspunkt: Langenau, Altes Forsthaus, 478 m (GPS: 50.3295167N, 11.5564333E), an der Straße zwischen Geroldsgrün und dem Rodachtal. Kleiner Parkplatz neben dem Forsthaus.

Anfahrt mit ÖPNV: Keine Verbindung.
Anforderungen: Schmale Steige erfordern Schwindelfreiheit und Trittsicherheit.
Einkehr: Keine Möglichkeit.

Rechts neben dem **Alten Forsthaus Langenau** ❶ startet an einem Tor in der Grundstücksmauer das FrankenwaldSteigla »Auf Jägersteigen«. Die Markierung DÖ 94 wird uns die gesamte Tour über leiten. Wir gehen durch

Auf dem Kämmleinsfelsen über dem Langenautal.

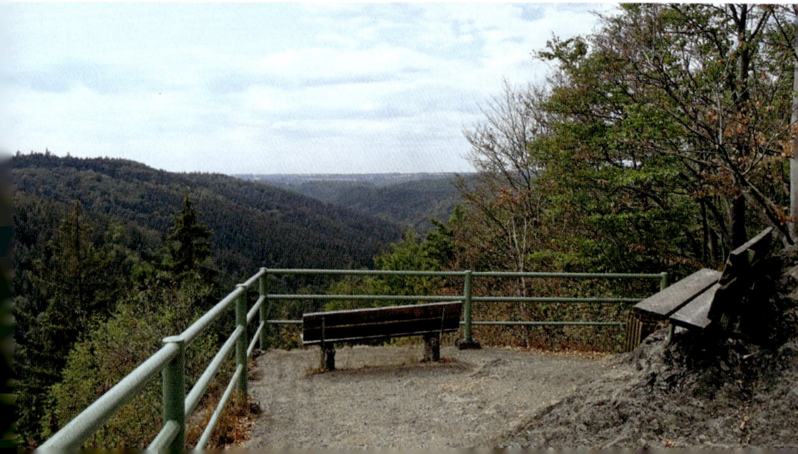

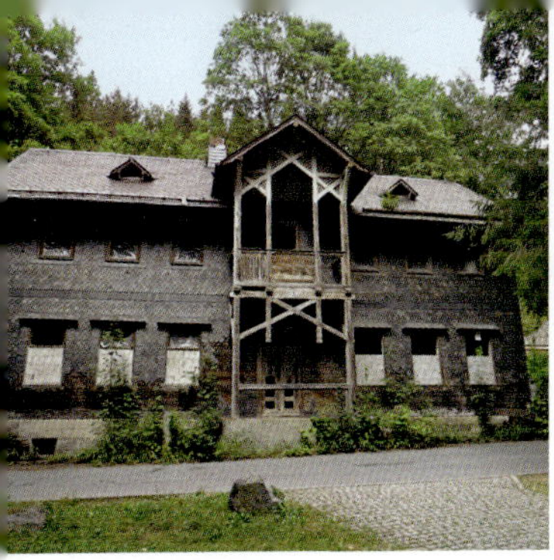

Das Alte Forsthaus Langenau.

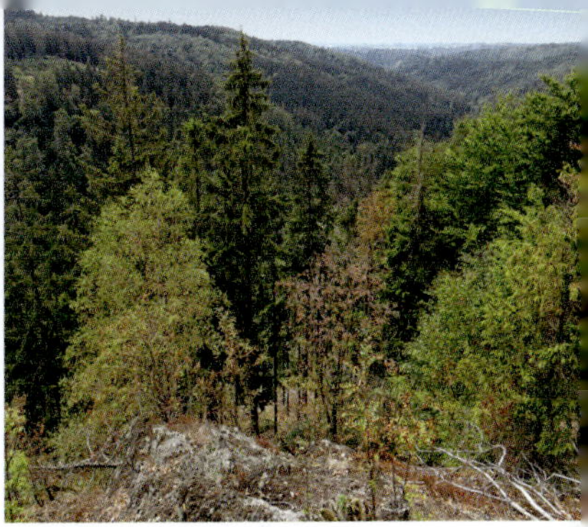

Atemberaubende Tiefblicke.

das Tor auf das Gelände. Verfallene Gemäuer, die nach und nach von der Natur zurückerobert werden, geben dem Ort eine ganz besondere, mystische Stimmung. Hinter dem Grundstück geht es bald steil hinauf zum ersten Aussichtspunkt dieser Wanderung. Von einem Felsenriff mit einer Aussichtsbank bietet sich ein spannender Tiefblick. Der Wanderweg führt uns jetzt überwiegend als schmaler Pfad im Hang entlang bis zum **Kämmleinsfelsen** ❷. Seine exponierte Lage hoch über dem Langenautal ermöglicht eine faszinierende Aussicht.

Der Pfad führt uns weiter am Hang entlang. Wenig später überqueren wir die Straße und kommen bald darauf zu einer kleinen Schutzhütte mit Infotafel. Hier leitet uns ein Wegweiser nach rechts zum **Burgsteinblick** ❸. Der Aussichtspunkt befindet sich auf dem **Burgstall Wallenrode**. Reste der ehemaligen Befestigungsanlage kann man noch heute im Wald erkennen. Wir gehen zurück zum Hauptweg und wandern an der Schutzhütte nun nach rechts weiter.

Am nächsten Wegweiser folgen wir der Ausschilderung nach rechts und steigen nun entlang des plätschernden **Langenaubaches** talwärts. Wir folgen immer der Markierung DÖ 94, die schon bald den Bach überquert und uns an eine Forststraße bringt. Nach einem knappen halben Kilometer leitet uns dann ein Wegweiser wieder nach rechts vom Forstweg ab, und wir wandern auf dem schmalen Steig am Hang entlang talwärts. Unten gehen wir auf dem Fahrweg nach links weiter und kommen wenig später, vorbei an der **Max-Marien-Heilquelle**, zurück zum **Alten Forsthaus Langenau** ❶.

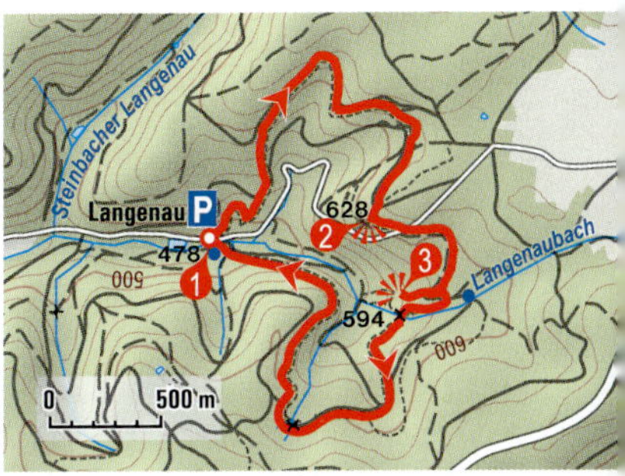

↗ 340 m | ↘ 340 m | 16.0 km

15 Grenzer-Weg

5.15 h

Naturerlebnisse dies- und jenseits des Muschwitztales

Der Grenzer-Weg, ein typisches FrankenwaldSteigla, lockt mit weiten Ausblicken auf die malerische Landschaft nördlich von Bad Steben. Durch das Tal der Thüringischen Muschwitz, welches Thüringen und Franken trennt, führte einst die Grenze zwischen DDR und BRD. Der befestige Kolonnenweg zeugt noch heute von diesen düsteren Zeiten. Auf unserer Rundwanderung durch die verträumte Region entdecken wir die zwei hübschen Dörfchen Seibis und Schlegel auf thüringischer Seite, ein kurzes Stück des Rennsteigs und im fränkischen Carlsgrün das älteste Wirtshaus im Frankenwald. Wer hier einkehren möchte, sollte vorher reservieren.

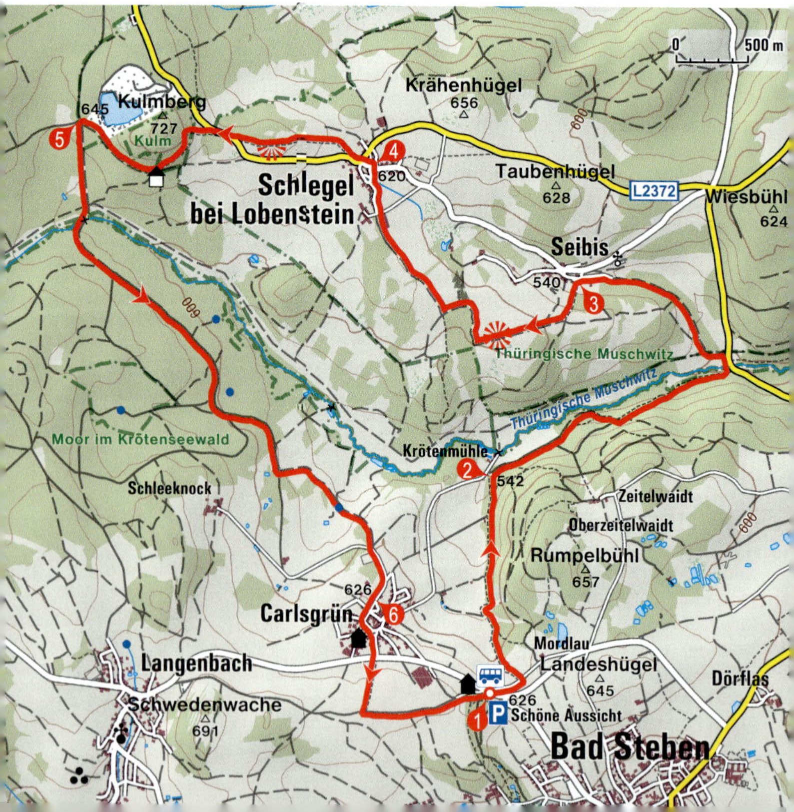

Ausgangspunkt: Bad Steben, Wanderparkplatz schräg gegenüber dem Gasthof Schöne Aussicht, 626 m (GPS: 50.3737667N, 11.6303833E), an der Kreisstraße zwischen Bad Steben und Langenbach.
Anfahrt mit ÖPNV: Bus zwischen Bad Steben und Langenbach bis Haltestelle »Bad Steben Gh. Schöne Aussicht«.
Anforderungen: Leichte Wanderung auf überwiegend bequemen Wegen und Pfaden.
Einkehr: In Carlsgrün Gasthof Adelskammer, Tel. +49 9288 8440, gasthof-adelskammer.de; am Ende der Tour Landgasthof Schöne Aussicht, Tel. +49 9288 9703330, landgasthofschoene aussicht.de.

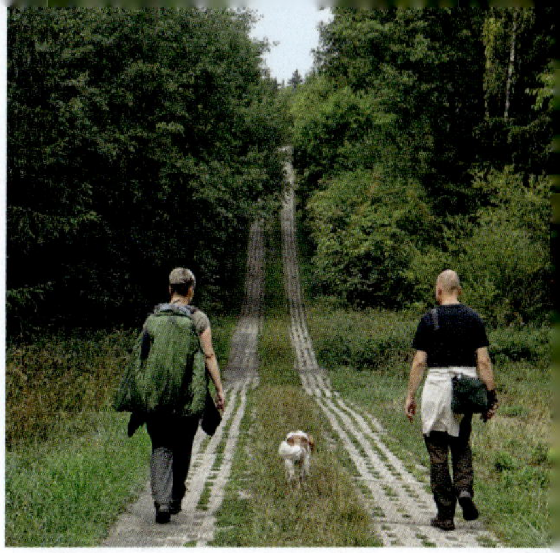

Wandern auf dem befestigten ehemaligen Patrouillenweg.

Am **Wanderparkplatz Schöne Aussicht** ❶ bei **Bad Steben** erblicken wir bereits die Markierung des FrankenwaldSteigla »Grenzer-Weg«, die uns auf dieser Wanderung leiten wird. Wir folgen der Ausschilderung Richtung Krötenmühle. Der Weg führt uns ein kurzes Stück auf der schmalen Teerstraße entlang und biegt nach etwa 200 Metern links in einen Wiesenweg ab. Am Kneipp-Tretbecken gehen wir abermals links und wandern kurz darauf nach rechts weiter. Wir passieren das Gelände der ehemaligen Frankenwaldschanze. Mehr als 80 Jahre lang wurden hier sportliche Wettkämpfe ausgetragen, bevor die Ära der letzten Sprungschanze des Frankenwaldes im Jahr 2010 zu Ende ging.
Unser Grenzer-Weg führt uns schließlich zum ehemaligen Gasthaus **Krötenmühle**, das heute leider keine Einkehr mehr bietet. Wir biegen am kleinen **Fischteich** ❷ rechts ab und folgen dem FrankenwaldSteigla durch das Tal der Thüringischen Muschwitz bis zur Landstraße. Hier gehen wir nach links und überqueren den Bach auf einem unscheinbaren, aber nach wie vor als Grenzer-Weg markierten Pfad links neben der Straße. Auf der anderen Seite stoßen wir auf einen mit Betonplatten belegten ehemaligen Patrouillenweg der DDR-Grenztruppen, den wir nach links weitergehen.

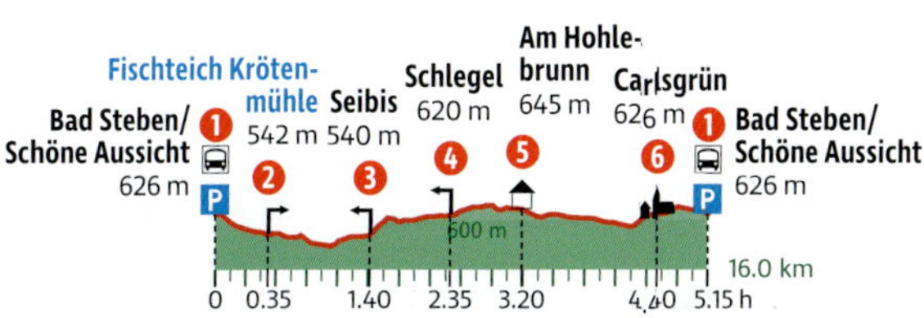

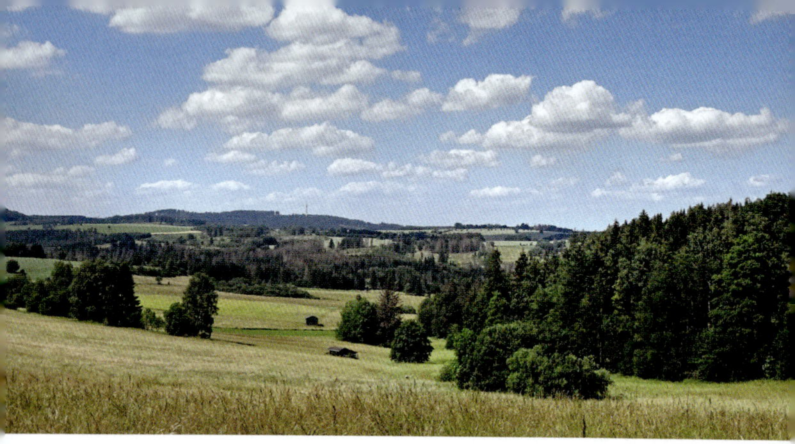

Einst verlief durch diese wunderschöne Wald- und Wiesenlandschaft die innerdeutsche Grenze.

Etwa 900 Meter später verlässt unser Wanderweg die Plattenstraße nach rechts und bringt uns in den kleinen Weiler **Seibis** ❸. Die grünen Wegweiser lassen uns erkennen, dass wir jetzt in Thüringen wandern. Wir folgen der Ausschilderung Richtung Marienberg und erreichen nach einem knappen halben Kilometer den gleichnamigen Aussichtspunkt, der uns einen Blick über das Muschwitztal, das vierzig Jahre lang die Grenze zwischen der DDR und der BRD bildete, hinüber nach Franken. Aussichtsreich führt uns der Weg nun weiter bis nach **Schlegel** ❹.

In der Ortsmitte treffen wir auf den Rennsteig, den bekannten Weitwanderweg, der auch ein Stück des Frankenwaldes tangiert und uns für die nächsten 2,5 Kilometer begleiten wird. Die Markierung des »Grenzer-Weges« führt uns durch Schlegel hindurch und anschließend zum **Kulm**, einem bewaldeten Hügel, der durch einen naturnahen Laubmischwald aus Buchen, Eschen und Bergahorn gekennzeichnet ist. Am Fuße des Kulms führt uns unser Wanderweg nach links um den Berg herum und hinunter zur Schutzhütte am Pferdeweg. Hier biegen wir halb rechts in den Fahrweg ein. Wenig später verlassen wir am **Wegweiser »Am Hohlebrunn«** ❺ den Rennsteig und biegen, dem Verlauf des »Grenzer-Weges« folgend, scharf links ab.

Bald darauf überschreiten wir die ehemalige innerdeutsche Grenze und erreichen nach etwa vier Kilometern das fränkische Dorf **Carlsgrün** ❻. In der Ortsmitte lädt, direkt am Wanderweg gelegen, mit dem **Gasthof Adelskammer** das älteste Wirtshaus im Frankenwald zu einer Rast ein. Wir wandern auf der schmalen Straße links am Gasthof vorbei den Berg hinauf und überqueren oben die Landstraße. Wenig später kommen wir an eine Allee, in die wir nach links abbiegen und die uns aussichtsreich zurück zum Ausgangspunkt am **Wanderparkplatz Schöne Aussicht** ❶ führt.

↗ 210 m | ↘ 210 m | 10.5 km

3.20 h

Frankenwarte, 679 m

16

Über die offenen Wiesenlandschaften bei Bad Steben

Der Frühsommer, wenn auf den Wiesen die Wildblumen in voller Blüte stehen, ist die vielleicht schönste Wanderzeit für diese Rundtour westlich von Bad Steben. Ziel der eher gemütlichen Wanderung, auf der man die Seele baumeln lassen kann, ist der kleine, runde Aussichtsturm »Frankenwarte« auf dem Hirschhügel zwischen Bad Steben und Geroldsgrün. Der nur 8,5 Meter hohe Steinturm wurde 1951 vom Frankenwaldverein erbaut. Ein Mager- und Trockenrasenbiotop mit kleinen Bäumen und Sträuchern überzieht die kleine Anhöhe aus vulkanischer Diabasbrekzie. Im nahen Seifengrund bietet sich ein ganz anderes Bild: Auf ausgedehnten Wiesen- und Hochstaudenflächen mit idyllischen Fischteichen tummeln sich Insekten, zwitschern Vögel und ertönt das Quaken der Frösche.

Ausgangspunkt: Bad Steben, Wanderparkplatz gegenüber dem Gasthof Schönen Aussicht, 626 m (GPS: 50.3737192N, 11.6303025E), an der Straße zwischen Bad Steben und Langenbach.
Anfahrt mit ÖPNV: Bus zwischen Bad Steben und Langenbach bis Haltestelle »Bad Steben Gh. Schöne Aussicht«.
Anforderungen: Leichte Wanderung auf überwiegend bequemen Wegen und Pfaden.
Einkehr: Gastronomie in Bad Steben; am Ende der Tour Landgasthof Schöne Aussicht, Tel. +49 9288 9703330, landgasthofschoeneaussicht.de.
Hinweis: Der Turm ist von 1. April bis 1. November zugänglich, In den Wintermonaten ist er verschlossen.

Die Frankenwarte bei Hirschberglein.

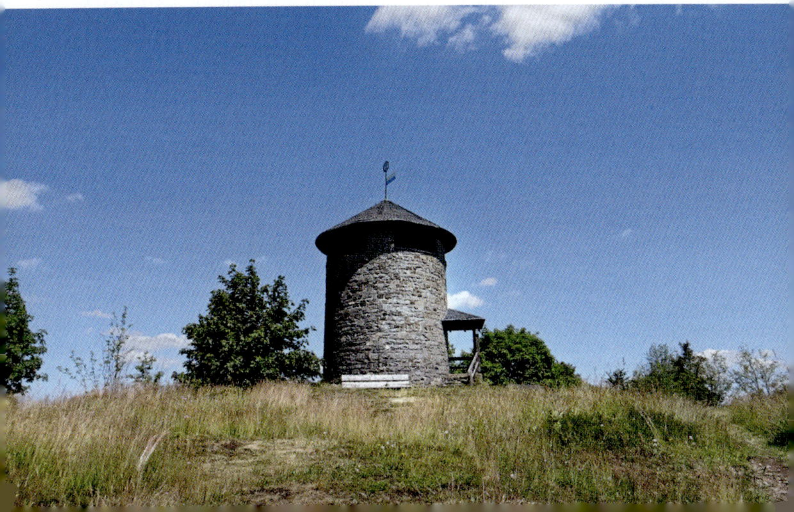

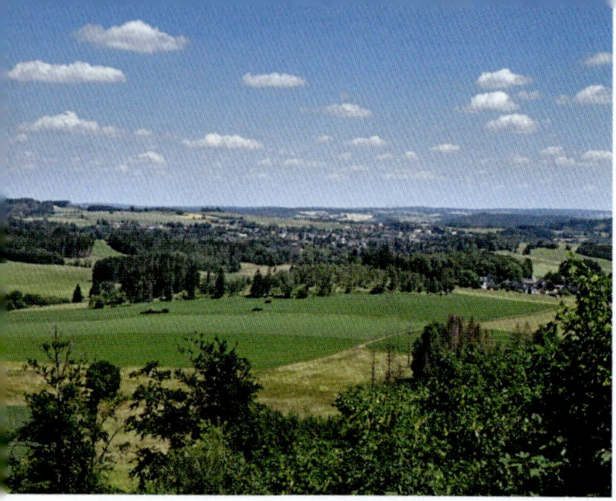

Ausblick von der Frankenwarte.

Am **Wanderparkplatz Schöne Aussicht** ❶ oberhalb von **Bad Steben** überqueren wir die Landstraße und wandern dann hinter dem **Gasthof Schöne Aussicht** nach rechts weiter. Danach übernimmt die Wegmarkierung DÖ 96. Sie führt uns entlang der aussichtsreichen Allee mit alten Laubbäumen westwärts. Nach etwas mehr als einem halben Kilometer biegen wir am Wegweiser nach links Richtung Friedelhöhe ab. Der Weg verläuft in sanftem auf und ab über die weiten Wiesen und Felder und schließlich durch einen Wald hindurch, wo wir zu einem Wegweiser kommen. Hier übernimmt nun die Markierung US 32 Richtung Hirschberglein. Wir wandern auf unserem Feldweg geradeaus weiter und kommen nach einem knappen Kilometer nach **Steinbach** ❷. Hier folgen wir der Straße am Sportplatz nach rechts und biegen an der nächsten Einmündung links in die Straße nach Hirschberglein ab.

Nach dem Ortsausgangsschild führt unser Wanderweg nach links auf einem Feldweg weiter. Wir befinden uns hier an einem geografisch sehr interessanten Ort, der Wasserscheide zwischen Elbe und Rhein. Der Weg US 32 bringt uns in etwa 20 Minuten nach **Hirschberglein**. Auf der Straße wandern wir in den Ort hinein, bis wir am linken Straßenrand den Wegweiser Richtung »Aussichtsturm Frankenwarte« entdecken. Hier biegen wir scharf links ab, folgen dem Wiesenweg aufwärts und kommen wenig später an den Abzweig des Gipfelaufstieges. Nun gehen wir nach rechts und steigen hinauf auf den Gipfel des **Hirschhügels** mit dem markanten Aussichtsturm **Frankenwarte** ❸. Der Grashügel eignet sich hervorragend für eine Rast.

Unser Rückweg führt wieder hinunter zum Abzweig des Gipfelaufstieges und dann nach rechts weiter. Zunächst unmarkiert geht es unterhalb der Bergflanke entlang, bis der Pfad bald darauf auf den mit DÖ 96 und US 32 markierten Feldweg stößt, den wir halb rechts weiterwandern. An einer Gabelung einige Meter vor einem Baum führt unser markierter Wanderweg halb links hinunter in den **Seifengrund** ❹. Neben einer Sitzgruppe mit Lehrtafeln erblicken wir ein ganz besonderes Kuriosum – den

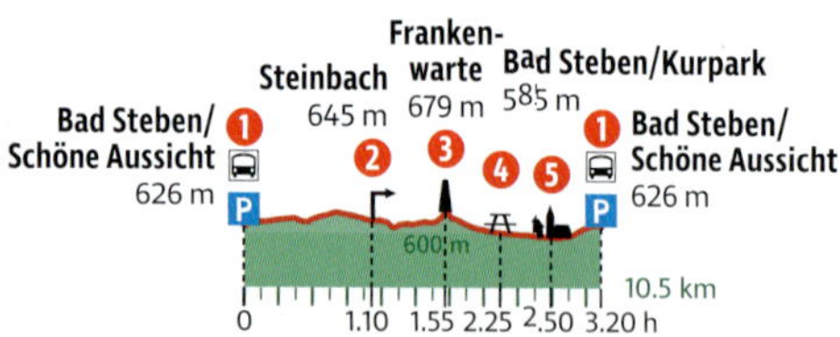

sogenannte »Schuhbaum«. Patienten der nahen Rehaklinik hängen hier ihre alten Schuhe auf, um so symbolisch ihr »altes Leben« abzuschließen.

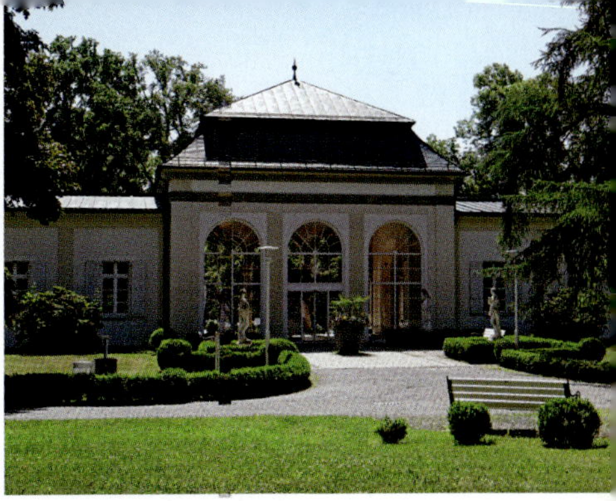

Im Kurpark von Bad Steben.

An der Lehrtafel über Wiesenbrüter im Seifengrund nehmen wir den Pfad nach rechts, der uns zum **Seifenteich** am Ortsrand von **Bad Steben** bringt. Am Ende des kleinen Sees wandern wir auf der Berliner Straße bis zum **Kurpark** 5. Wir überqueren die Straße, passieren die Therme und den historischen Klenzebau. Anschließend halten wir uns hinter der Wandelhalle bzw. vor dem Kurhaus links und folgen dem Weg DÖ 96, der immer am linken Rand des Kurparks in nordwestliche Richtung führt. Er bringt uns direkt hinauf zur **Schönen Aussicht**, unserem Ausgangspunkt am **Wanderparkplatz** 1 bei dem gleichnamigen Landgasthof.

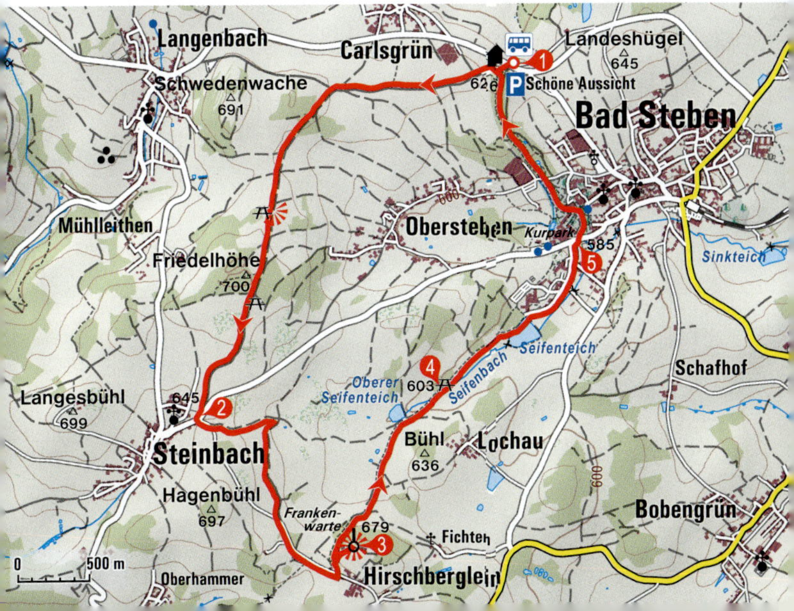

↗ 230 m | ↘ 230 m | 8.0 km

17 Rumpelbühl, 657 m

2.45 h

Panoramawanderung nördlich von Bad Steben

Die aussichtsreiche Wanderung führt durch Wiesen, Felder und abwechslungsreichen Mischwald über den nördlich von Bad Steben gelegenen Landeshügel (645 m) zum Rumpelbühl (657 m). Vom Aussichtspavillon inmitten einer ausgedehnten Bienen- und Insektenwiese ergibt sich ein schöner Blick auf den Kurort und seine Umgebung. Auf stillen Pfaden umrunden wir den Berg Rumpelbühl (657 m). Am Westhang des Berges befand sich einst die »Frankenwaldschanze«. Bei internationalen Wettkämpfen wurden Sprungweiten bis 62,5 Meter erreicht. Seit der Sprengung der zuletzt baufälligen Anlage erinnern nur noch die alte Skihütte und die Schneise des steilen Sprunghanges an diese glorreiche Zeit. Unser Wandertag endet mit einem Spaziergang durch den Kurpark und Bad Steben.

Blick über Bad Steben mit der Lutherkirche.

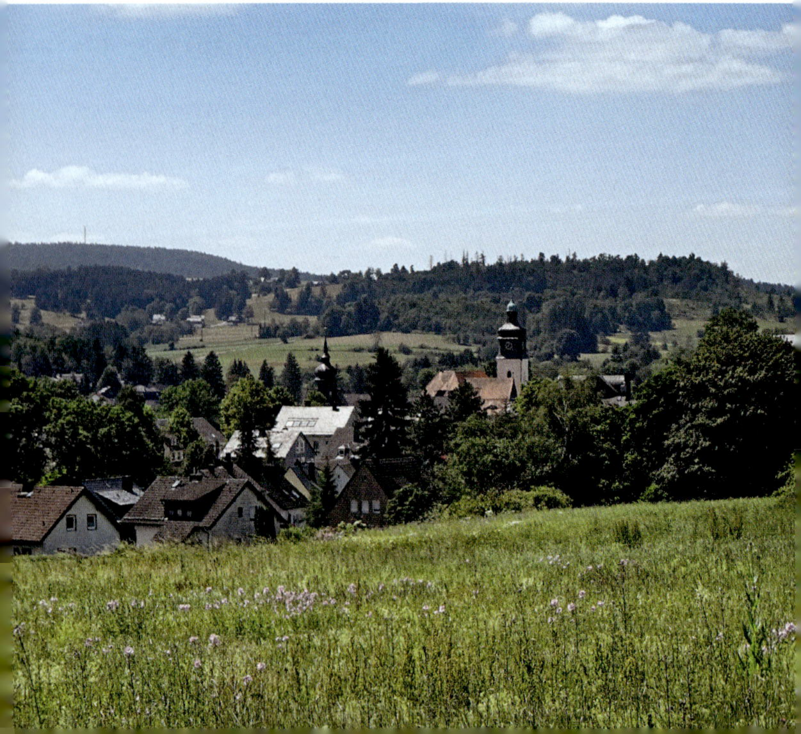

Ausgangspunkt: Bahnhof Bad Steben, Bahnhofsvorplatz mit Infotafeln »Wandern im Frankenwald«, 565 m (GPS: 50.3653369N, 11.6470681E). Parkplatz Höllerstraße zwischen Edeka und Bahnhof (GPS: 50.364940N, 11.646384E). Anfahrt mit ÖPNV: Zug von Bayreuth oder Münchberg bis Bahnhof »Bad Steben«. Der Ausgangspunkt befindet sich hinter dem Bahnhof.
Anforderungen: Leichte Wanderung auf überwiegend naturbelassenen Wald- und Wiesenwegen, etwas Kondition erforderlich.
Einkehr: Landgasthof Schöne Aussicht (Abstecher ca. 150 m), Tel. +49 9288 9703330, landgasthofschoeneaussicht.de; Gastronomie in Bad Steben.

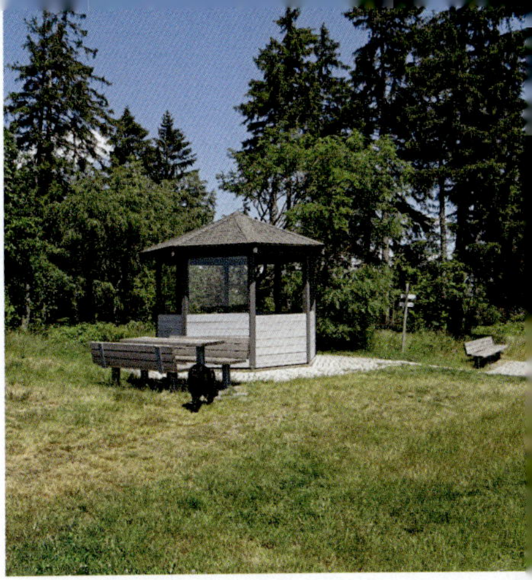

Pavillon auf dem Landeshügel.

Von den Wander-Infotafeln neben dem **Bahnhof Bad Steben** ❶ folgen wir zunächst der Markierung blaues »I« des Humboldtweges nach links zur Hauptstraße. Dort gehen wir die Bahnhofstraße bergan, an Raiffeisenbank und Rathaus vorbei und sogleich rechts den Pfaffensteig weiter. Nach wenigen Minuten verlässt unser Weg den Straßenverlauf nach links. Durch Gärten gelangen wir auf die Felder am Ortsrand. An einem Wegweiser mit Bank verlassen wir den Humboldtweg und steigen nun gemütlich zum **Aussichtspavillon** ❷ auf dem **Landeshügel** hinauf. Uns erwartet von dort ein ausgedehnter Panoramablick über Bad Steben.
Ab hier orientieren wir uns an der Markierung blaue »1« (Jungbrunnenweg) in Richtung Krötenmühle. Kurz führt uns der Wanderweg nahe der Straße entlang. Wenig später wandern wir dann schon auf das Waldgebiet am **Rumpelbühl** zu. Am höchsten Punkt unserer Wanderung ergibt sich ein hübscher Ausblick über die weite Berglandschaft gen Osten. Einige Minuten danach erreichen wir die **Obere Zeitelwaidt** ❸, ein einsam gelegenes Grundstück. Vor dem Häuschen halten wir uns rechts, am Rand des Gartens entlang und am Waldrand abwärts. Kurz auf einem Fahrweg links, wandern wir dann weiter auf Waldwegen talwärts. Über abgeholzte Borkenkäferflächen, die uns den Blick nach Thüringen freigeben, gelangen wir zu einem **Fischteich** ❹ nahe der **Krötenmühle**, die heute ein

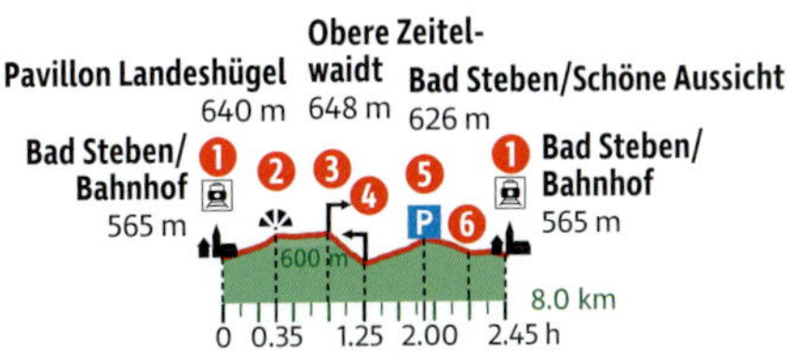

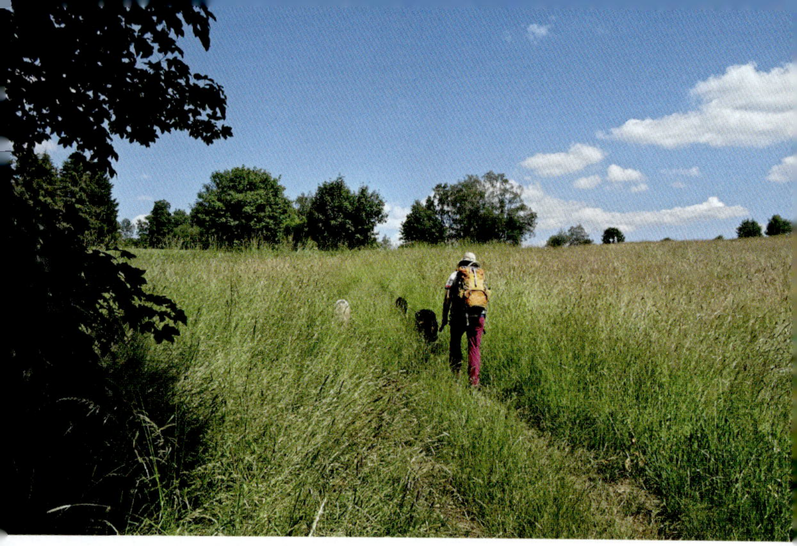

Wir tauchen ein in eine wunderbare Wiesenlandschaft.

Zuhause für Ponys, Gänse, Hunde und anderes Getier bietet. An dem Teich biegen wir nach links ab und wandern, zusammen mit dem Frankenwald-Steigla »Grenzer-Weg«, oberhalb eines Bächleins mal auf schmalen Pfad, dann auf breitem Forstweg zur ehemaligen Sprungschanze. Kurz davor weist uns ein Schild auf den höchstgelegenen Weinberg Frankens hin.

Der Wanderweg umgeht die Schanzenanlage. An einem Wegweiser in der Wiese verlassen wir die Markierung 1 und wandern auf dem Frankenwald-Steigla Grenzer-Weg weiter Richtung Bad Steben. Weiter auf der Wiese am Waldrand aufwärts lädt unter einem alten Ahornbaum ein idyllisch gelegenes **Kneipp-Tretbecken** zu einer erfrischenden Pause ein. Wenig später gelangen wir an einen Fahrweg, folgen ihm nach rechts zu einem kleinen **Parkplatz 5** an der **Schönen Aussicht**. Hier überqueren wir die Landstraße (nach rechts ist ein Abstecher zum Land-

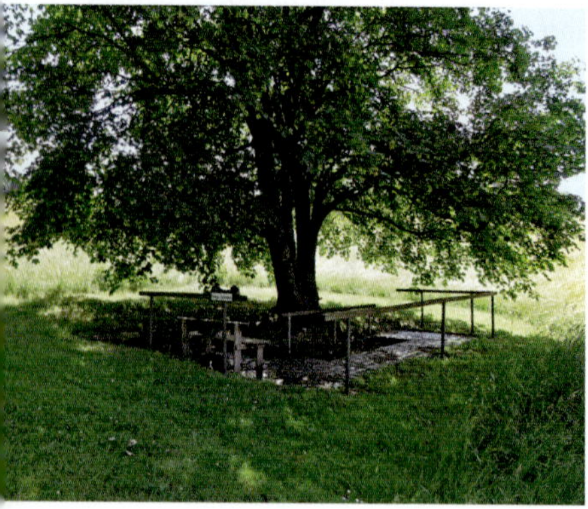

Erfrischende Rast am Kneippbecken.

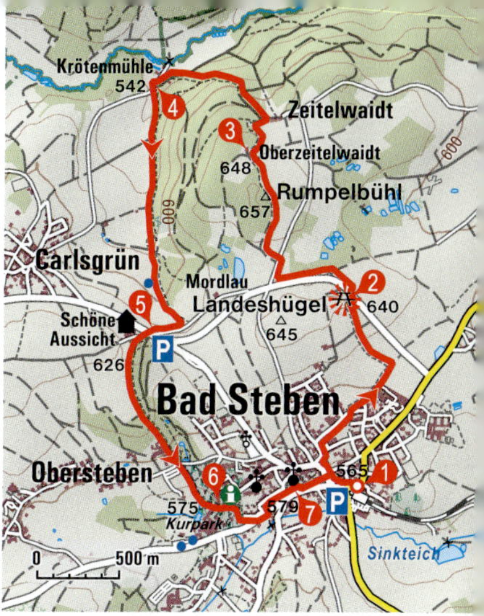

gasthof Schöne Aussicht möglich) und laufen mit der Markierung US 52 in den Wald hinein.

Kurz darauf verlassen wir die Markierung des FrankenwaldSteigla und wechseln auf das blaue »S« des Seenweges. Dieser bringt uns in den **Kurpark** der Therme **Bad Steben**. Wer möchte, kann ein wenig durch die Anlagen des Kurbetriebs schlendern. An der Wandertafel neben der **Touristinformation** 6 folgen wir weiter dem blauen »S«. Wer sich auf den Parkwegen verlaufen sollte, orientiert sich am besten an der Ausschilderung Richtung Höllerstraße. Vorbei an der riesigen **Lutherkirche** 7 und der alten Wehrkirche St. Walburga aus dem 14. Jahrhundert kommen wir wieder zurück zur Bahnhofstraße und zu unserem Ausgangspunkt am **Bahnhof Bad Steben** 1.

In der denkmalgeschützten Säulenwandelhalle finden wir die Touristinformation.

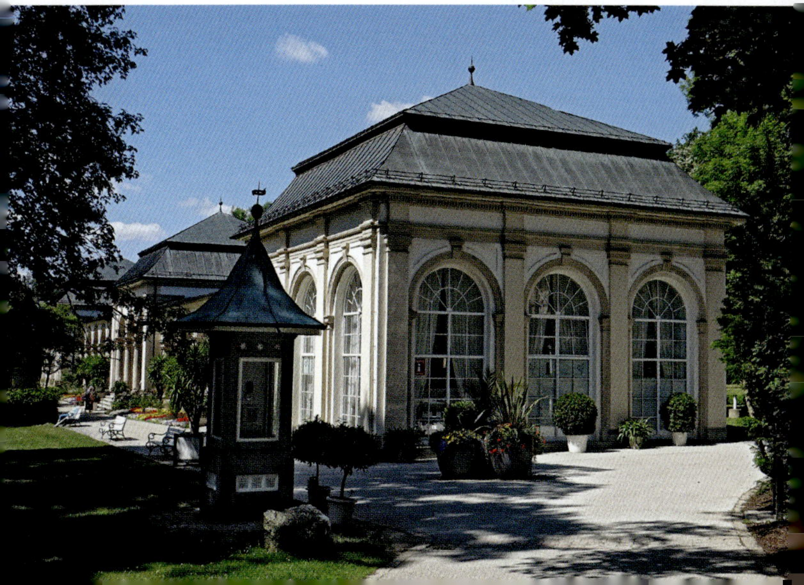

TOP

18

Felsenpfad im Höllental

↗ 410 m | ↘ 410 m | 12.5 km

4.15 h

Ins Tal der Selbitz und zur Burgruine Lichtenberg

Östlich von Bad Steben lockt das wildromantische Höllental, eines der schönsten Täler des Frankenwaldes. Auf einem schmalen Steig wandern wir vorbei an eindrucksvollen Diabasfelsen. Von wilden Aussichten lassen wir den Blick über das tief eingeschnittene Tal der Selbitz zur König-David-Aussicht und dem Hirschsprung schweifen. Stationen des Erlebnispfades Bergbau geben Einblicke in die Bergbaugeschichte und die Geologie der Region. Nach dem Besuch der restaurierten Burgruine Lichtenberg, deren Geschichte bis ins Jahr 814 zurückreicht, können wir auf einem aussichtsreichen Höhenweg die Seele baumeln lassen. Für diese landschaftlich äußerst reizvolle Rundwanderung mit einigen steileren Wegabschnitten, Stufen und Treppen sollte man trittsicher sein.

Ausgangspunkt: Bad Steben, Parkplatz Höller Straße zwischen Edeka und Bahnhof, 560 m (GPS: 50.3648494N, 11.6464189E).
Anfahrt mit ÖPNV: Zug von Bayreuth oder Münchberg bis Bahnhof »Bad Steben«. Der Ausgangspunkt befindet sich hinter dem Bahnhof.
Anforderungen: Mittellange Wanderung auf überwiegend naturbelassenen Wald- und Wiesenwegen. Trittsicherheit und Schwindelfeiheit sind auf dem schmalen, steinigen und unbefestigten Wegabschnitt des Felsenpfades Voraussetzung; dort sind auch etwas Orientierungsvermögen sowie Kondition für die steilen Auf- und Abstiege erforderlich.
Hinweis: Für den frei zugänglichen Stollen Taschenlampe mitnehmen.
Einkehr: Gastronomie in Lichtenberg und in Bad Steben.

Blick von der Burgruine Lichtenberg nach Norden.

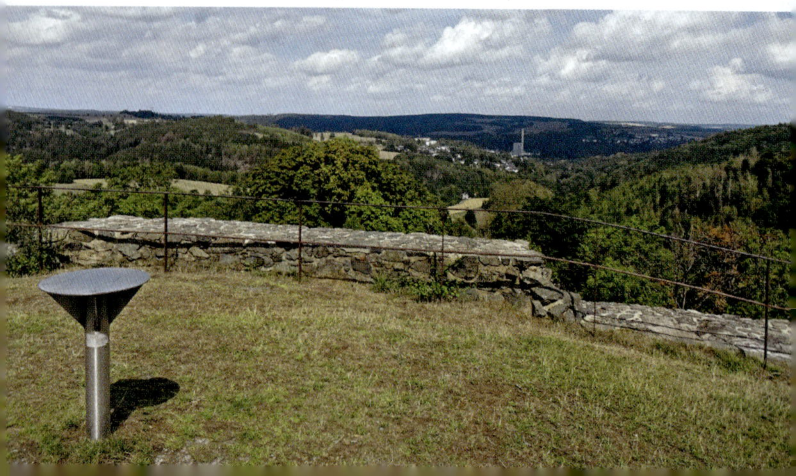

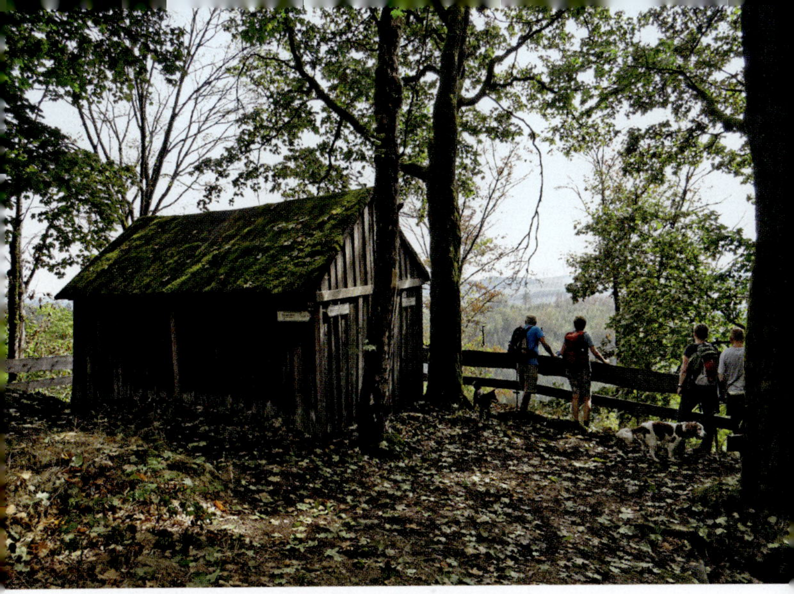

Ein erster Tiefblick bietet sich an der Schutzhütte Wolfsbauer.

Am **Parkplatz Höller Straße** ❶ in **Bad Steben** nehmen wir den gepflasterten Fußweg, der hinter dem markanten Toilettenhäuschen mit den Wandbildern in östliche Richtung führt. Der mit einem blauen »l« markierte Humboldtweg Richtung Hölle wird uns für die nächsten Kilometer leiten. Zunächst geht es auf einer schmalen Fahrstraße entlang, auf der wir bald die Bahngleise überqueren.
Wenig später ist etwas Aufmerksamkeit erforderlich, denn die Markierung leitet uns nach links in einen Wiesenweg. Schon bald geht es in den Wald hinein, und nach etwa 1,5 Kilometern kommen wir an eine Landstraße. Hier verlassen wir den Humboldtweg. Wir überqueren die Straße und wandern gegenüber in den Forstweg hinein, wo nun die Markierung US 35 übernimmt. Sie bringt uns zur kleinen **Schutzhütte Wolfsbauer** ❷. Von hier können wir einen ersten Blick über das Höllental erhaschen.

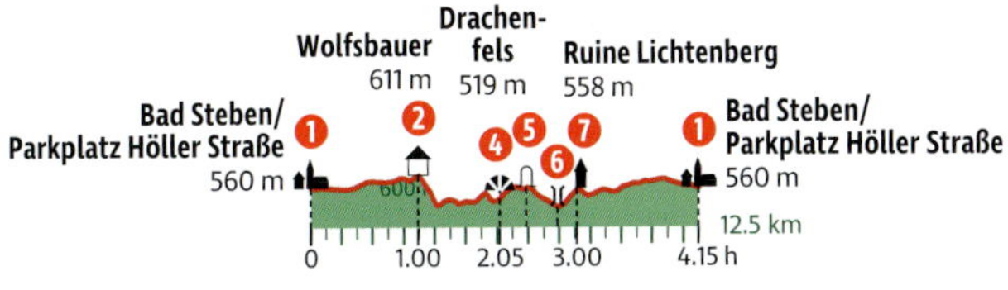

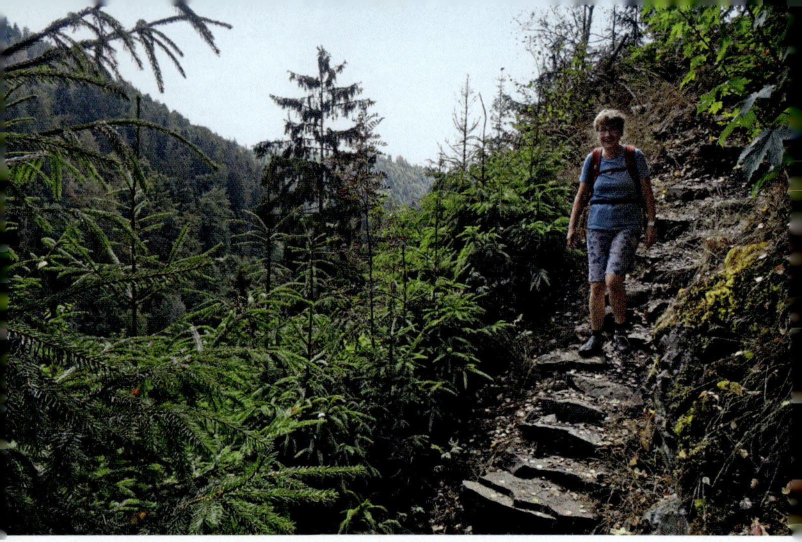

Für Trittsichere: Steinstufen am Felsenpfad über dem Höllental.

Neben der Schutzhütte führt uns nun der Pfad steil hinunter ins Tal. Unten angekommen, gehen wir jedoch nicht bis zum Fahrweg, sondern biegen direkt davor gleich wieder links in den mit US 14 markierten **Felsenpfad** ❸ ab. Über Gittertreppen, Steinstufen und schmale, steinige Pfade geht es bald in ständigem Auf und Ab hoch über dem Höllental nordwärts. Immer wieder bieten sich atemberaubende Aus- und Tiefblicke, Lehrtafeln informieren über die Geologie des Höllentales. Schließlich geht unser Wanderweg in einen Fahrweg über, und an einem Wegweiser stößt von rechts der Wanderweg Nummer US 53 zu uns. Diesem folgen wir geradeaus und kommen nach etwa 300 Metern zum **Drachenfels** ❹, einem exponierten Aussichtspunkt hoch über dem Ausgang des Höllentales.

Hier macht unser Wanderweg eine weite Kehre nach links, führt über den Bergrücken zurück und stößt an einer großen Kreuzung auf einen Fahrweg. Bevor wir nun auf der US 53 absteigen, biegen wir zunächst noch einmal links in den Fahrweg ein, um einen Abstecher zum nur 150 Meter entfernten **Stollen »Blauer Löw«** ❺ zu machen. Anschließend geht es wieder zurück zur großen Kreuzung, wo wir den Fahrweg wieder verlassen und der US 53 hinunter in das idyllische **Lohbachtal** ❻ folgen. Wir überqueren den Bach und bald darauf die Straße und steigen steil hinauf zur **Burgruine Lichtenberg** ❼.

Nun befinden wir uns auch wieder auf dem mit dem blauen »I« markierten Humboldtweg. Er führt uns durch das malerische Städtchen **Lichtenberg** hindurch und schließlich über aussichtsreiche Wiesen bis zum Ortsrand von **Bad Steben**. Ein schmaler Pfad leitet uns zwischen den Grundstücken hindurch an eine Siedlungsstraße. Wir überqueren diese und folgen der Ausschilderung Richtung Bahnhof geradeaus. Nach einiger Zeit geht unser Weg in die schmale Straße »Zollweg« über, der wir bis zu ihrem Ende an einer Querstraße folgen. Hier gehen wir nun nach rechts weiter und wandern auf der Lichtenberger Straße bis zur großen Kreuzung an der Bahnhofstraße. In diese biegen wir links ein und befinden uns nun wieder auf dem mit dem blauen »I« markierten Humboldtweg, der uns in wenigen Minuten zum **Bahnhof** und unserem dahinter gelegenen Ausgangspunkt am **Parkplatz Höller Straße** ❶ führt.

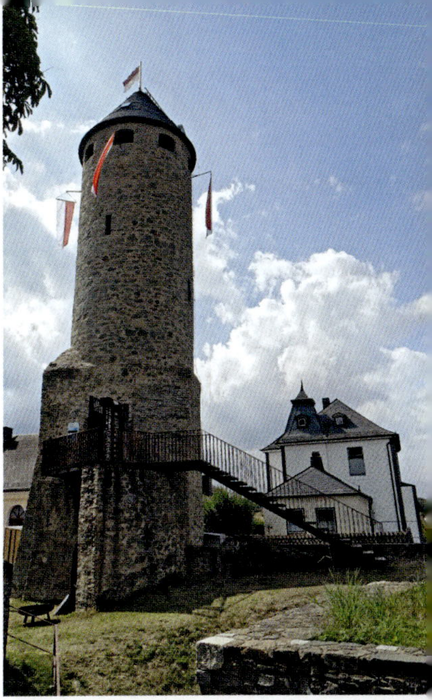

Der Schlossbergturm wurde 1936 auf den Mauern des ehemaligen Burgfriedes errichtet.

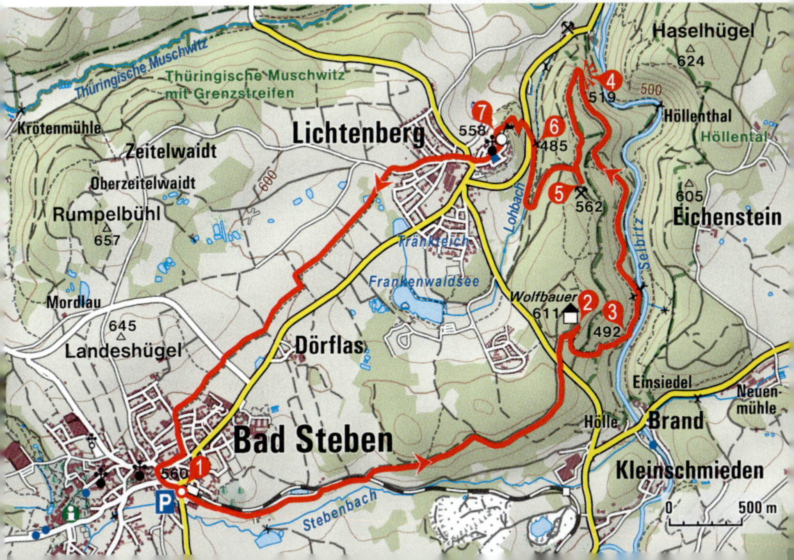

↗ 330 m | ↘ 330 m | 8.6 km

19 König David, 593 m

3.10 h

Bergwanderung zum Hirschsprung und durchs Höllental

Tief hat sich das Flüsschen Selbitz zwischen Blechschmidtenhammer und Hölle in das harte Diabasgestein eingesägt. Im Laufe von Jahrmillionen ist eine bis zu 170 Meter tiefe Schlucht, das malerische Höllental, entstanden. Deren Höhepunkt ist ohne Zweifel der Aussichtsfelsen König David, wo Bänke zur geruhsamen Rast einladen, um den schönen Blick auf Lichtenberg, das Muschwitztal und das Thüringer Land zu genießen. Der zweite Teil unserer kurzweiligen Wanderung bringt uns im Schatten des Blätterdaches eines jungen Laubmischwaldes ins feuchtkühle Tal der Selbitz hinunter. Dort wartet eine imposante, über 30 Meter hohe Wasserfontäne am Kraftwerk Höllental auf unseren Besuch.

Ausgangspunkt: Lichtenberg, Wanderparkplatz Blechschmidtenhammer, 430 m (GPS: 50.3934458N, 11.6889119E), am Informationszentrum Naturpark Frankenwald im ehem. Bahnhof. Anfahrt mit ÖPNV: Zug bis Bahnhof »Blankenstein (Saale)«. Dann mit den Markierungen US13/Rennsteig nach Süden bis zum Dorf Blechschmidtenhammer (verlängert die Tour um etwa 2 km).

Anforderungen: Rundwanderung auf befestigten und naturbelassenen, steinigen Waldwegen, beim Abstecher zum Hirschsprung, auf dem Naturlehrpfad und im Abstieg ins Höllental Trittsicherheit und stellenweise Schwindelfreiheit erforderlich.

Einkehr: An der Hauptstraße in Hölle (Abstecher ca. 200 m) Cafe Alte Liebe (leckere Kuchen und Torten, nur Sa./So. 13–18 Uhr geöffnet), Tel. +49 175 7922412, facebook.com/alteliebehoelle; am Ende der Tour Gasthof Blechschmiedenhammer, Tel. +49 9288 487, blechschmiedenhammer.de.

Tipps: 1) Besuch des Naturparkinformationszentrums im ehemaligen Bahnhof Blechschmidtenhammer, naturpark-frankenwald.de/einrichtungen. 2) Führung im Besucherbergwerk »Friedrich-Wilhelm-Stollen« (350 m vom Ausgangspunkt), friedrich-wilhelm-stollen.de.

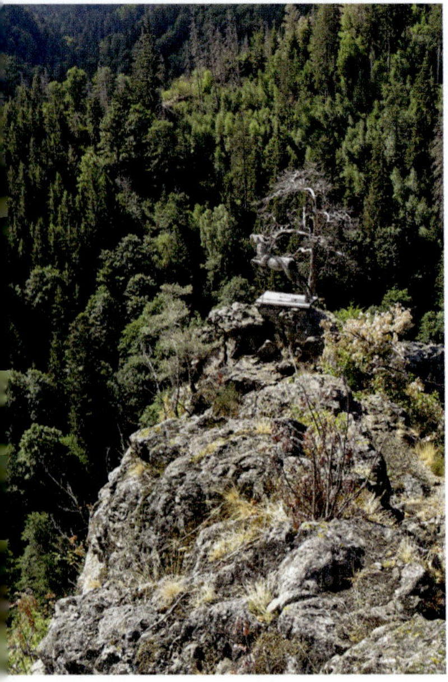

Der springende Hirsch war das Wahrzeichen des Höllentals – bis die Skulptur im Jahre 2024 Vandalismus zum Opfer fiel.

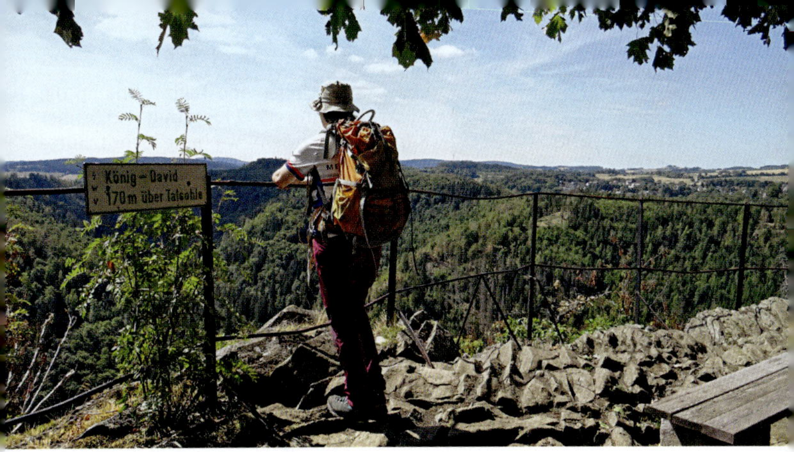

Vom König David kann man den Blick weit über das Land schweifen lassen.

Vom Parkplatz am ehemaligen Bahnhof **Blechschmidtenhammer** **1** unterhalb von Lichtenberg wandern wir an der Straße entlang am gleichnamigen Gasthof vorbei und überqueren den Fluss. Anschließend folgen wir der Ausschilderung Richtung »König David« nach rechts. Wenig später zweigt unser Wanderweg als schmaler Steig halb links vom Fahrweg ab und führt von nun an stetig bergan. In vielen Windungen schlängelt er sich steil durch den Wald hinauf und bringt uns nach einer knappen halben Stunde zu einem exponierten Aussichtspunkt, wo uns ein Wegweiser hinunter zum **Hirschsprung** **2** leitet. Der Felsvorsprung bietet einen atemberaubenden Blick ins Höllental. Wir steigen wieder auf zum Wanderweg und folgen diesem zum nur wenige Minuten entfernten **König David** **3**, einer der berühmtesten Felsenaussichten des Frankenwaldes, wo Bänke zum Rasten und Genießen einladen.

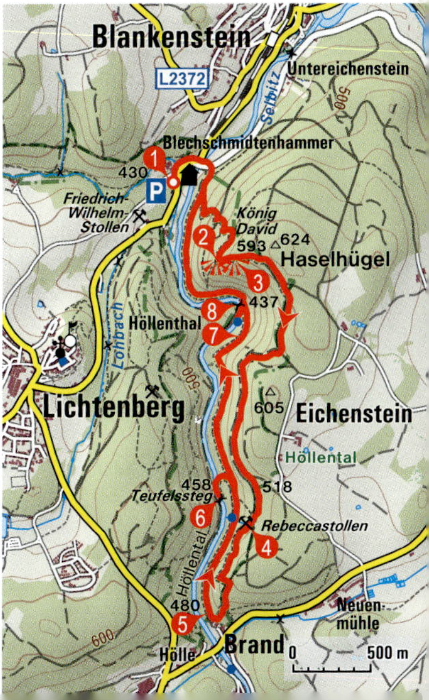

Unser Wanderweg bringt uns wenig später an einen Fahrweg, in den wir nach rechts einbiegen. Diesen verlassen wir jedoch sogleich in einer

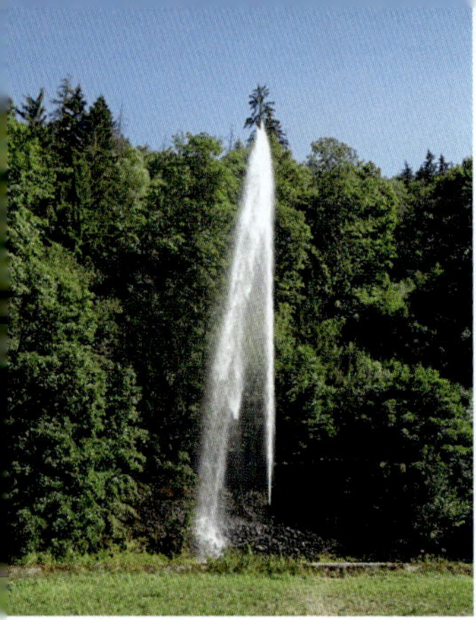

Wasserfontäne am Kraftwerk Höllental.

Linkskurve wieder und halten uns an die Ausschilderung US 12 Richtung »Hölle über Kanzel«. Nachdem wir eine Schutzhütte passiert haben, leitet uns ein Wegweiser nach rechts zum **Rebeccastollen** ❹. Bis um 1800 wurde hier noch nach Eisenerz und Kupfer gegraben. Heute ist der alte Bergwerksstollen aufgelassen und bietet Fledermäusen Unterschlupf.

Direkt nach der Anlage beginnt nun das anspruchsvollste Stück unserer Wanderung, der felsige Lehrpfad hoch über dem Höllental. In ständigem Auf und Ab windet sich der Steig am Hang entlang und bietet immer wieder spannende Aus- und Tiefblicke. Nach etwa einem halben Kilometer stoßen wir schließlich an einen Fahrweg, dem wir nach rechts folgen. Wenig später geht es nach einer kleinen Hütte mit Lehrtafeln abermals rechts und bald über Treppen steil hinunter ins **Höllental** ❺. Hier wandern wir nun nach rechts weiter. Schon bald führt unser Wanderweg mit der Markierung US 21 entlang der heute noch erkennbaren Trasse der einstigen Höllentalbahn. Nach etwa einer Viertelstunde bietet sich die Möglichkeit zu einem Abstecher ans Ufer der rauschenden Selbitz. Hierzu nehmen wir den Abzweig des mit einem »O« gekennzeichneten Ozünder-Weges nach links und folgen diesem bis zur hölzernen Brücke, dem **Teufelssteg** ❻.

Hier kehren wir nun wieder um und gehen zurück zu unserem Wanderweg, den wir nach links weiterwandern. Unter dem Weg befindet sich eine gigantische Rohrleitung mit einem Innendurchmesser von bis zu 1,70 Meter. Sie wurde bereits im Jahre 1888 angelegt, um auf 1,7 Kilometern Länge das Wasser zum nahen Wasserkraftwerk zu befördern. Wenig später passieren wir den historischen **Wasserturm** ❼. Am **Jungfernstieg** ❽, einer kleinen überdachten Holzbrücke, haben wir die Möglichkeit, die 36 Meter hohe Wasserfontäne zu besichtigen, die im Sommer und bei ausreichend Wasser in der Selbitz am Kraftwerk Höllental in die Höhe schießt.

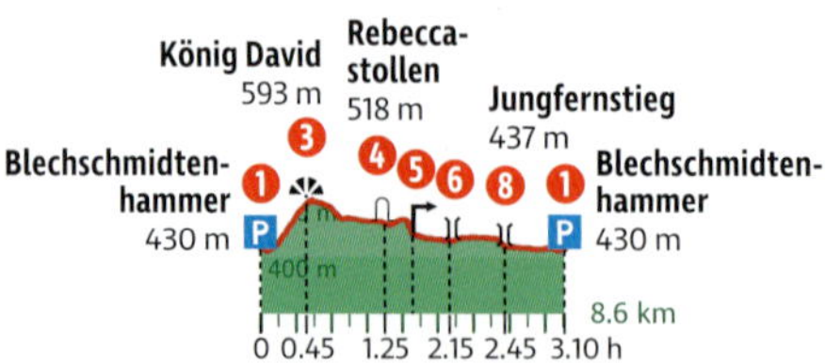

Unser Wanderweg mit der Markierung US 21 führt uns jedoch am rechten Flussufer weiter abwärts bis zur Fahrstraße. Dieser folgen wir nach links über die Brücke und auf bekanntem Weg zurück zum Ausgangspunkt **Blechschmidtenhammer** ❶.

↗ 250 m | ↘250 m | 10.8 km

3.30 h

Froschbachtal 20

Über den Spitzberg ins Froschbachtal

Das kleine, etwa sieben Kilometer lange Froschbachtal ist nur ein Beispiel dafür, wie in den letzten 70 Jahren der Strukturwandel in der Land- und Forstwirtschaft das Aussehen der Bach- und Flusstäler verändert und damit nicht nur feuchtigkeitsliebenden Pflanzen und Tieren den Lebensraum genommen hat. Ein ganz besonderes Projekt des Bundes Naturschutz in Bayern und der Evangelischen Kirche im Dekanat Naila soll nun hier die ökologischen Funktionen der Bachauen wieder reaktivieren. Im Projekt »Biotopverbund mit Kirchengrund« werden Kirchengrundstücke für die Renaturierung einzigartiger Lebensräume genutzt und in einem Biotopverbundsystem vernetzt. Im Froschbachtal bedeutet dies unter anderem die Rodung von Fichtenaufforstungen in den Bachauen, die dann einer natürlichen Vegetationsentwicklung überlassen werden. So sollen hier im Laufe der Zeit wieder Auenwälder mit Erlen, Weiden und Eschen entstehen und Feuchtwiesen und Hochstaudenfluren Lurchen und Insekten eine Heimat bieten.

Ausgangspunkt: Thierbach, Wanderparkplatz am Eingang ins Froschbachtal, 510 m (GPS: 50.3511333N, 11.6653833E). In Thierbach Richtung Bobengrün abbiegen und anschließend gleich links, der Parkplatz befindet sich nach 200 m auf der rechten Seite.
Anfahrt mit ÖPNV: Bus zwischen Naila und Langenbach bis Haltestelle »Thierbach«. Dann der Straße für ein paar Meter in südwestliche Richtung folgen und am nächsten Abzweig links abbiegen; der Ausgangspunkt befindet sich 200 m weiter, hinter der Brücke über den Froschbach, auf der rechten Seite.
Anforderungen: Leichte Wanderung auf überwiegend bequemen Wegen und Pfaden.
Einkehr: Gasthaus Fränza, Tel. +49 9282 289.

Blick über die Felder bei Bobengrün.

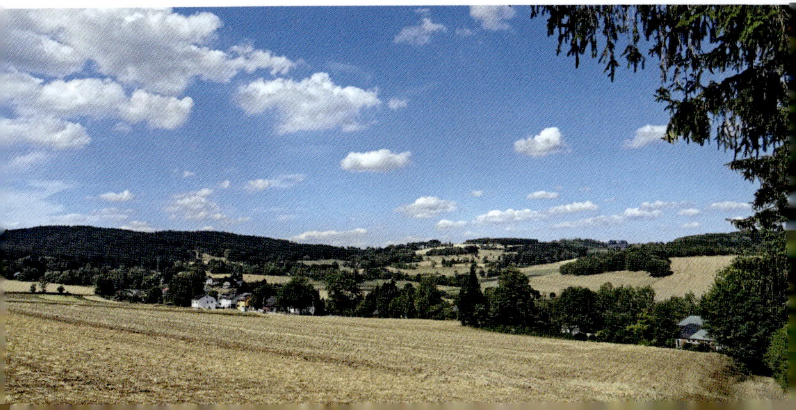

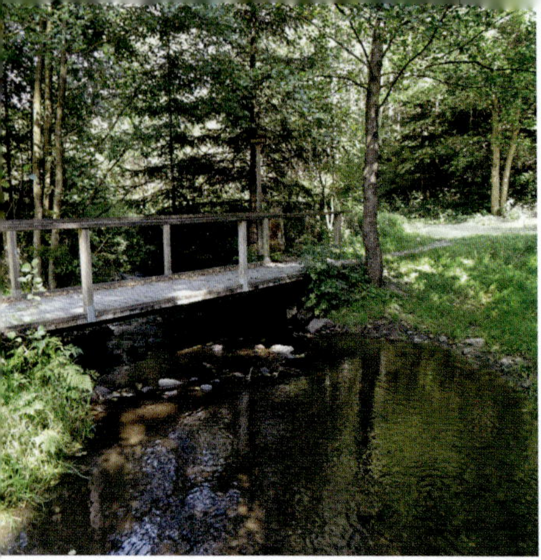

Kleine Brücke über den Froschbach.

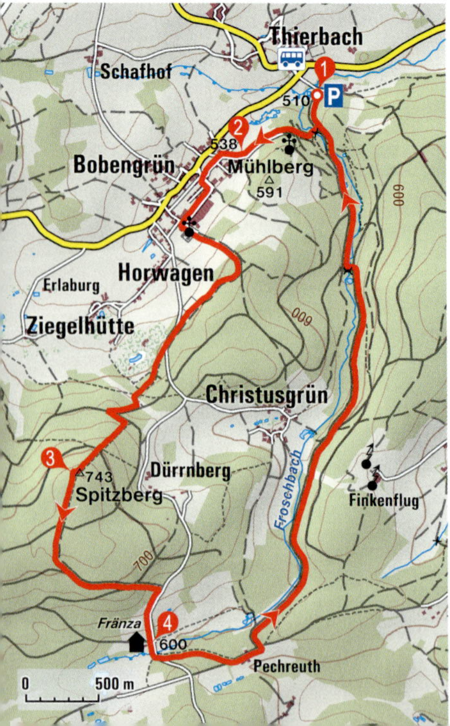

Am **Wanderparkplatz** ❶ südlich von **Thierbach** nehmen wir den mit der Nummer US 41 markierten Wanderweg, der uns durch die Schranke hindurch in südliche Richtung führt. Am nächsten Abzweig folgen wir dieser Markierung nach rechts, überqueren den kleinen Froschbach und kommen nach etwa einer Viertelstunde nach **Bobengrün** ❷. Die US 41 leitet uns durch den Ort, bis wir schräg gegenüber der Feuerwache an eine Wohnstraße stoßen. Hier gehen wir links, wandern auf der Alten Poststraße den Berg hinauf und biegen an deren Ende nach rechts in die Flurstraße ab. Diese bringt uns zum Kirchweg, auf dem wir nun nach links weiterwandern. Wir passieren den kleinen Friedhof und halten uns von jetzt an an die Markierung Nummer 1.
Der sogenannte Jungbrunnen-Weg führt uns hinauf zum Waldrand und dann immer oberhalb von Bobengrün entlang. Nach dem Sportplatz stoßen wir an eine schmale Straße, die wir geradeaus überqueren. Etwa fünf Minuten später gelangen wir zu einer Kreuzung mit Wegweisern. Hier verlassen wir den Jungbrunnen-Weg und wechseln auf die Markierung U 44 Richtung Spitzberg. Von nun an halten wir uns auch an den folgenden Abzweigen immer an die U 44. Sie bringt uns in etwa 20 Minuten hinauf auf den **Spitzberg** ❸. Der

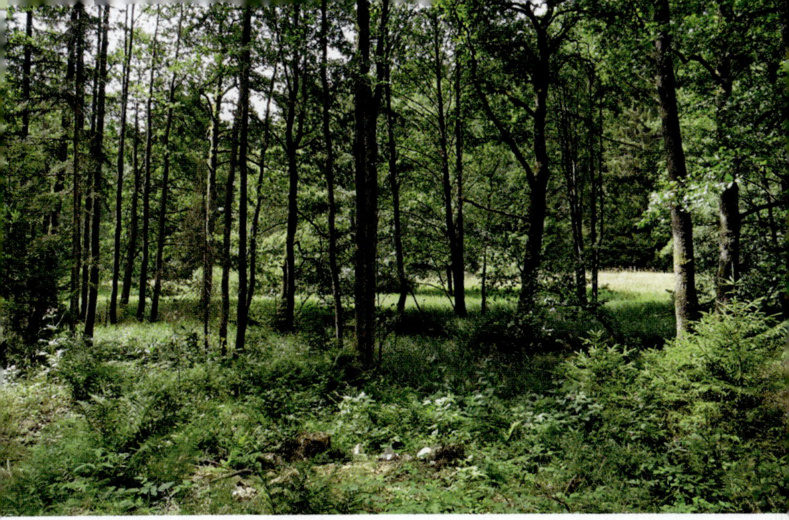

Renaturierte Bachauen im Froschbachtal.

bewaldete Gipfel stellt den höchsten Punkt unserer Wanderung dar, bietet jedoch leider keine Aussicht.

So steigen wir auf der anderen Seite des Berges wieder ab und folgen der Nummer U 44 bis zum **Gasthaus Fränza** ❹ am oberen Ende des Biotopverbundes Froschbachtal. Auf der kleinen Straße passieren wir das Gasthaus und nehmen nach dem Parkplatz den Pfad nach links in den Wald hinein. Er bringt uns an eine schmale Straße, in die wir nach links einbiegen. Am Wildgehege P
echreuth nehmen wir dann den mit einem »O« markierten Ozünder-Weg, der uns nach links leitet.

Wir folgen nun für die nächsten 2,6 Kilometer dem Forstweg und damit auch dem Verlauf des Ozünder-Weges, bis wir nach einem kleinen Teich auf den mit einem roten Logo markierten Frankenweg stoßen. Hier gehen wir nach links, überqueren den Bach und wandern anschließend gleich wieder auf dem Fahrweg nach rechts weiter. Dieser bringt uns direkt zurück zum **Parkplatz** ❶ bei **Thierbach**.

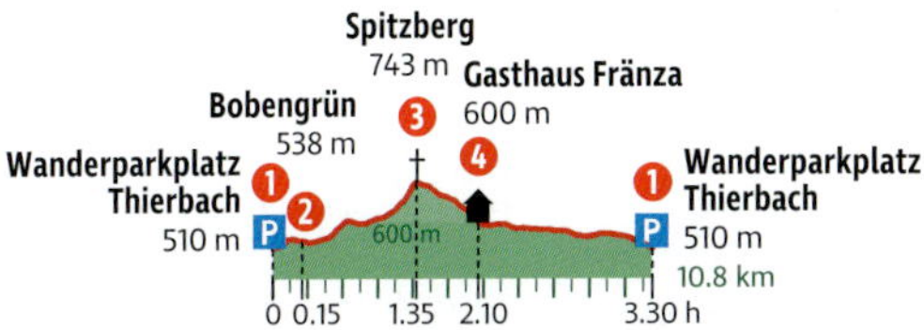

↗ 300 m | ↘ 300 m | 15.5 km

21 Selbitztal

4.45 h

Entlang der Selbitz von Hölle nach Naila

Die Selbitz durchfließt den Frankenwald auf einer Länge von knapp 37 Kilometern von ihrer Quelle in der Nähe von Helmrechts bis zur Mündung in die Saale bei Blankenstein in Thüringen. Diese abwechslungsreiche Wanderung folgt dem Flüsschen von Hölle nach Naila und wartet in ihrem zweiten Teil mit aussichtsreichen Wegen über die Felder bei Rodesgrün und Issigau auf.

Ausgangspunkt: Hölle, Wanderparkplatz an der Selbitz, 490 m (GPS: 50.3687750N, 11.6907936E). Anfahrt mit ÖPNV: Bus zwischen Dürrenwaiderhammer und Hof bis Haltestelle »Hölle« (nur Mo.–Fr.), beim Café Alte Liebe.

Anforderungen: Leichte Wanderung auf überwiegend bequemen Wegen und Pfaden.

Einkehr: Unterwegs keine; am Ende der Tour Café Alte Liebe (nur Sa./So. 13–18 Uhr geöffnet), Tel. +49 175 7922412, facebook.com/alteliebehoelle.

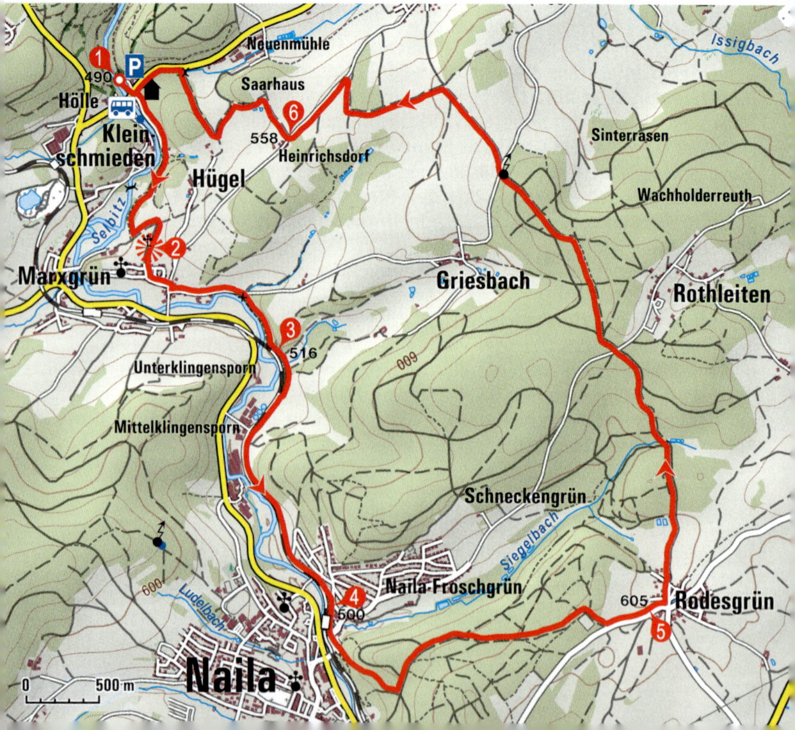

Wir verlassen den **Parkplatz Hölle** ❶ über die Einfahrt und gehen zurück bis zur Hauptstraße. Diese überqueren wir, halten uns kurz rechts und biegen dann direkt unterhalb des kleinen **Cafés Alte Liebe** wieder nach links in einen schmalen Fahrweg ein. Wir folgen dem Wegverlauf, bis vor einem Verbotsschild des Grundstückseigentümers unser mit der Nummer 51 markierter Wanderweg halb rechts in den Uferwald abzweigt. Dieser bringt uns in etwa einer Viertelstunde zu einem weithin sichtbaren **Wegkreuz** ❷, das anlässlich der 600-Jahrfeier des Ortes Marxgrün hier an dieser aussichtsreichen Stelle errichtet wurde. Wenig später erreichen wir **Marxgrün** und folgen der Wegmarkierung Nummer 51 durch die Wohnsiedlung hindurch und schließlich auf der Straße nach Grießbach wieder aus dem Ort heraus.

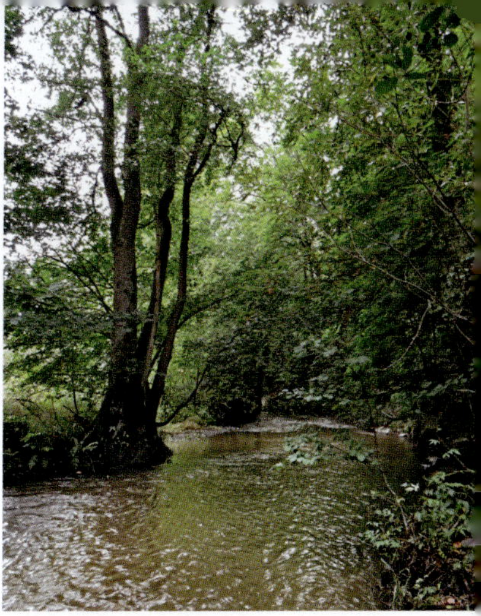

An der Selbitz bei Naila.

Etwa 100 Meter, nachdem wir das markante Hammergut, einen wunderschön restaurierten Bio-Bauernhof, passiert haben, zweigt der Wanderweg halb rechts von der Straße ab und führt nun als Pfad immer am Ufer der **Selbitz** entlang flussaufwärts. Wir passieren den direkt an der Bahnstrecke gelegenen, sogenannten **Weißen Felsen** ❸ und durchqueren wenig später ein Gewerbegebiet. Anschließend geht es weiter an der Selbitz entlang nach **Naila** ❹. Nach dem **Froschgrüner Park** mit seiner kleinen Parkeisenbahn überqueren wir die Straße und nehmen gegenüber die schmale Wohnstraße zu den Grundstücken Froschgrüner Straße 8–12. Sie führt uns am Zaun entlang den Berg hinauf und mündet nach dem letzten Haus in eine Spitzkehre. Hier verlassen wir das Sträßlein und wandern auf dem Waldweg geradeaus bergan. Nach etwa fünf Minuten passieren wir den Eingang zum Wald- und Naturfriedhof Naila.

Wir folgen dem Weg durch die Begräbnisstätte hindurch und anschließend an der mit Seilen markierten Außengrenze entlang, bis der befestigte

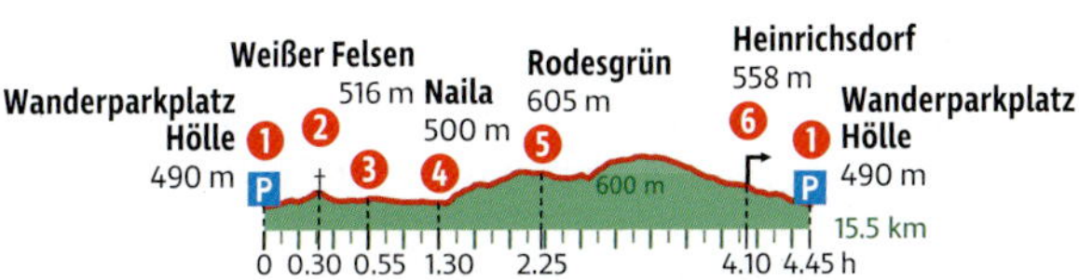

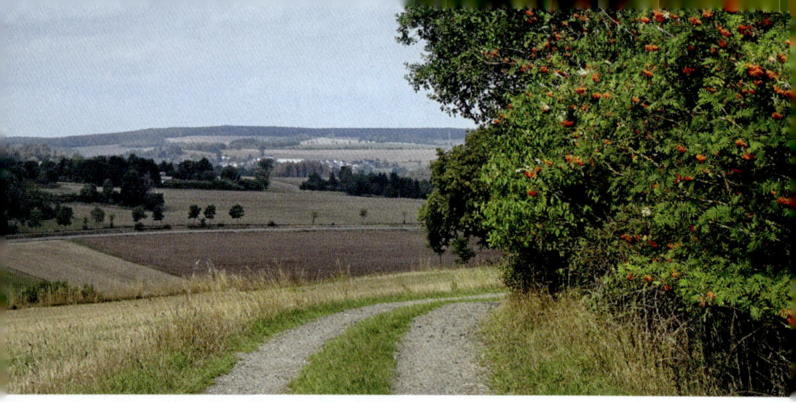

Wanderweg bei Heinrichsdorf.

Fahrweg in eine Kreuzung mit Infotafel und Wegweiser mündet. Hier folgen wir nun der Ausschilderung Richtung Rodesgrün nach links. Wir befinden uns jetzt auf dem mit OS 42 markierten Wanderweg. Diese Markierung leitet uns zunächst durch den Wald, später um einen Sportplatz herum und schließlich in das kleine Dorf **Rodesgrün** ❺. Am Dorfplatz mit Bushäuschen und einem kleinen Weiher erkennen wir einen großen Wegweiser. Wir bleiben auf dem Weg OS 42, der nach links in den Grießbacher Weg abbiegt und uns schon bald aus dem Ort hinausführt.
Nach etwa zehn Minuten kommen wir in einer Waldsenke zu einer Teichanlage. Hier verlassen wir die OS 42 und wandern geradeaus auf dem »Fränkischen Gebirgsweg« Richtung Rothleiten. Schon bald überqueren wir die Landstraße und gehen gegenüber den Fahrweg hinein. Nach etwa 130 Metern ist nun etwas Aufmerksamkeit erforderlich: Ein unmarkierter, aber deutlich erkennbarer Weg führt halb rechts in den Wald hinein. Wir folgen dem Weg, der nach etwa fünf Minuten auf den querenden Wanderweg US 46 und OS 44 stößt. Diesen überqueren wir und folgen gegenüber dem Pfad geradeaus durch den Wald, bis wir nach weiteren fünf Minuten an einen breiten, wieder mit US 46 und OS 44 markierten Waldweg kommen. Auf diesem wandern wir nun nach links weiter. Wir durchqueren den Wald- und Naturfriedhof Issigau und treten schon bald aus dem Wald heraus. Wir überqueren die Straße und gehen geradeaus am Solarkraftwerk entlang.
Am unteren Ende der Anlage folgen wir der Ausschilderung nach links und kommen nach einer Viertelstunde an den Ortsrand von **Heinrichsdorf** ❻. Hier biegen wir am Wegweiser nach rechts Richtung Hölle ab. Bald passieren wir ein kleines Gehöft und verlassen an der nächsten Einmündung den markierten Weg nach links. Am nächsten Abzweig biegen wir dann rechts ab. Der Waldweg bringt uns hinunter bis zur Straße. Nun wandern wir an der Straße entlang nach links weiter und erreichen wenig später unseren Ausgangspunkt am **Wanderparkplatz Hölle** ❶.

↗ 470 m | ↘ 470 m | 16.4 km

5.30 h

Wiedeturm, 544 m

22

Vom Drehkreuz des Wanderns ins Tal der Sächsischen Saale

Mit wundervollen Aussichten über dem landschaftlich absolut reizvollen Saaletal zwischen Blankenstein, Blankenberg und Rudolphstein lockt uns diese etwas längere, geschichtsträchtige Wanderung ins ehemalige innerdeutsche Grenzgebiet. Die Burgruine Blankenberg entführt uns zunächst ins Mittelalter. 1192 wurde die Spornburg hoch über der Saale erstmals erwähnt. Nachdem die Sowjetische Militäradministration in Deutschland die schlossartige Burg im Jahr 1948 sprengen ließ, wurden nach 1990 die Reste der mittelalterlichen Burganlage wieder freigelegt. Ein großes, maßstabsgetreues Modell des einstigen »Schlosses« ziert seit 2007 ein Rondell am Fuß der Ruine. An die Realität der jüngeren deutschen Geschichte erinnern uns auch der frühere Kolonnenweg und das wüste Dorf Saalbach. Im märchenhaften »Eisenpark Eisenbühl« verzaubern die bunten Skulpturen des Eisenkünstlers Prof. Dr. Claussen unsere Sinne und regen unsere Fantasie an. Zuletzt holt uns der luftige Rundblick vom schlanken, 18 Meter hohen Wiedeturm in die Gegenwart zurück.

An der Saale hellem Strande.

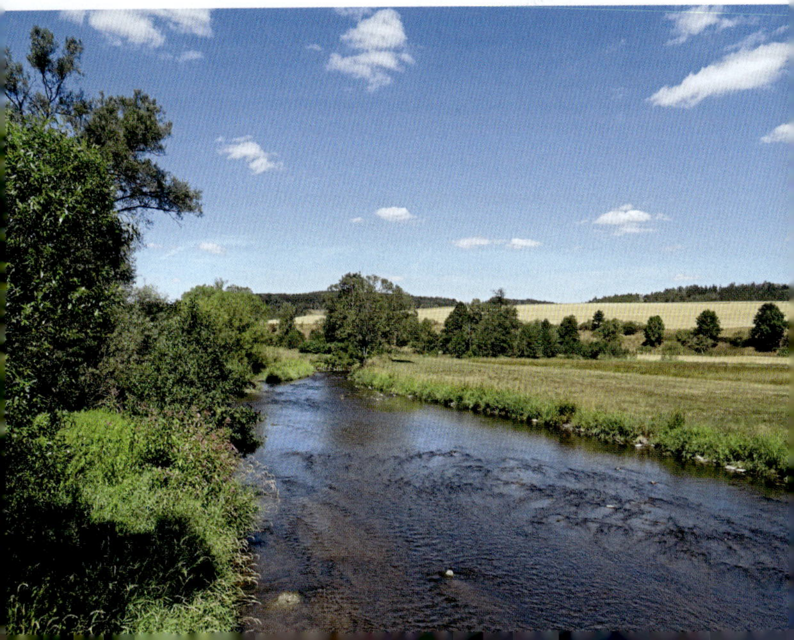

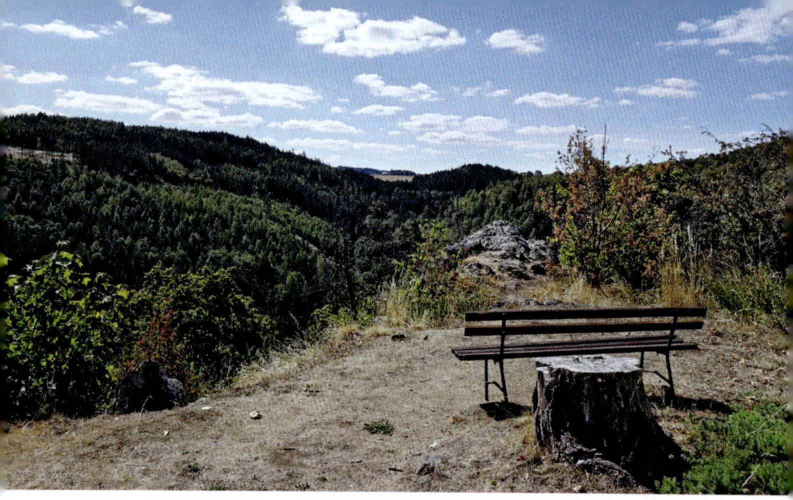

Aussichtspunkt Bastei hoch über dem Saaletal.

Ausgangspunkt: Blankenstein, Drehkreuz des Wanderns, 440 m (GPS: 50.4001667N, 11.6999500E). In Berg der Ausschilderung »Deutsches Wanderdrehkreuz« folgen (brauner Wegweiser). Anfahrt mit ÖPNV: Bus ab Naila Bhf. bis Haltestelle »Untereichenstein/Wolfstein« am Ausgangspunkt; Zug von Saalfeld bis Bahnhof »Blankenstein (Saale)«.
Anforderungen: Überwiegend bequeme Wege und Pfade, teils steile Anstiege, an manchen Stellen Schwindelfreiheit erforderlich.
Einkehr: Gasthof Blankenberg, Tel. +49 36642 23913 gasthof-blankenberg.de; in Eisenbühl Gasthof zum Gupfen, Tel. +49 9293 389, gasthof-zum-gupfen.business.site; in Blankenstein Gasthaus Rennsteig, Tel. +49 36642 22230, gasthaus-rennsteig.de.

Am **Drehkreuz des Wanderns** ❶ in **Blankenstein** überqueren wir die Straße und den Fluss. Am Selbitzplatz mit der auffälligen Skulptur, die die vier Premium-Wanderwege Rennsteig, Kammweg, Frankenweg und Fränkischer Gebirgsweg symbolisiert, gehen wir nach rechts. Wir richten uns nach der Markierung mit dem blauen Strich, die den Kammweg Erzgebirge–Vogtland kennzeichnet. Sie führt uns zunächst flussabwärts und an einem Supermarkt hinauf zur Straße, mit der wir nun die Saale überqueren. Das Gelände der Alten Ziegelhütte lassen wir rechts liegen und folgen noch ein kurzes Stück dem Straßenverlauf. Wenig später führt unser Weg uns über ein paar Treppen rechts durch den Wald aufwärts zu einer Wohnsiedlung. Wir folgen der Straße aufwärts und nehmen nach etwa 100 Metern am ersten Straßenabzweig die Straße nach rechts.
Wir befinden uns nun wieder auf dem Kammweg. Kurze Zeit später ist in einer Linkskurve etwas Aufmerksamkeit erforderlich: Unser blau markierter Weg zweigt hier nach scharf rechts ab und führt uns gleich darauf halb links

Richtung »Hochzeitskorb« weiter. Wir erklimmen den Berg und befinden uns nun auf einem aussichtsreichen Pfad hoch über der Saale. Nach der Schutzhütte folgen wir dem Pfad nach links, überqueren einen Park mit Spielplatz und stoßen schließlich auf eine schmale Straße. Dieser folgen wir halb rechts und biegen an der anschließenden Kreuzung am **Gasthof** nach rechts ab. Wir befinden uns jetzt auf dem Schlossberg und nehmen am oberen Ende des asphaltierten Platzes den Weg, der links des hölzernen Schuppens mit Infotafel geradeaus zur **Burgruine Blankenberg** ❷ führt. Wir durchqueren das Gelände der geschichtsträchtigen Anlage und folgen dann der Ausschilderung Richtung »Alte Papierfabrik«. Am **Aussichtspunkt Bastei** können wir noch einmal einen atemberaubenden Tiefblick ins Saaletal erhaschen, bevor uns der Historische Jagdsteig hinunter zur **Alten Papierfabrik** ❸ bringt. Oberhalb der sanierten Fabrikgebäude nehmen wir nun den Weg Nummer R 15 nach links. Er führt uns schon bald auf einem ehemaligen Kolonnenweg der DDR-Grenztruppen immer am Saaleufer entlang flussaufwärts.

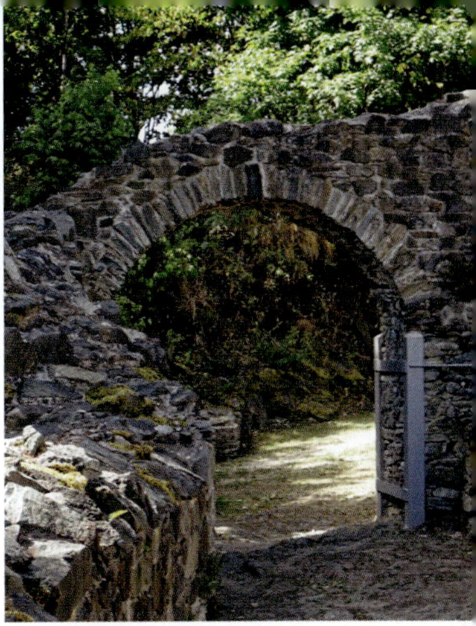

Mittelalterliche Mauerreste der Burgruine Blankenberg.

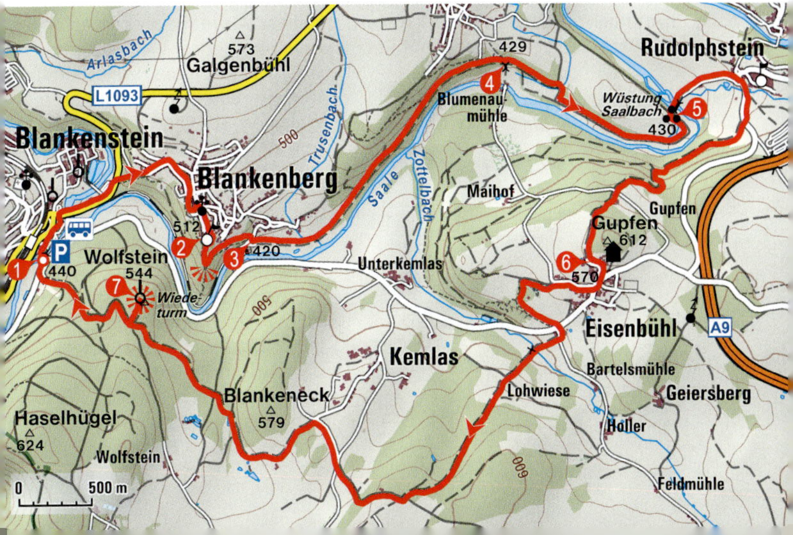

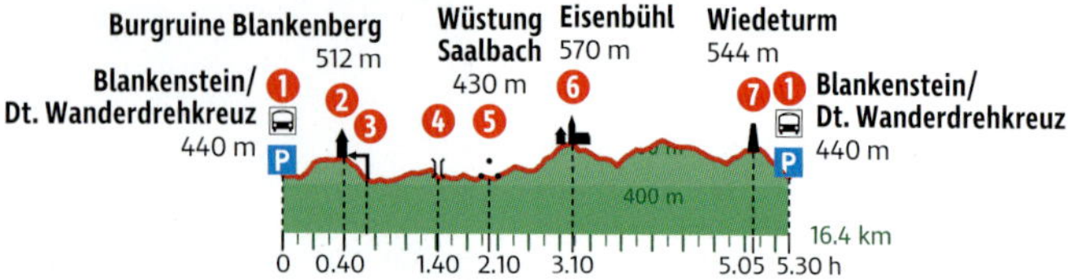

Nach etwas mehr als zwei Kilometern kommen wir zur **Grüne-Band-Brücke** ❹ an der Blumenaumühle. Die kleine Fußgängerbrücke verbindet seit dem Jahre 2009 wieder Bayern und Thüringen, die hier 40 Jahre lang durch die innerdeutsche Grenze geteilt waren. Links des Weges erblicken wir das Mundloch des ehemaligen Alaunstollens Johanniszeche. Wir wandern geradeaus weiter Richtung Rudolphstein und stoßen wenig später auf den Saale-Orla-Weg, in den wir nach rechts einbiegen. Er bringt uns, immer dem Lauf der Saale folgend, zur **Wüstung Saalbach** ❺. Die bereits Ende des 14. Jahrhunderts erstmals urkundlich erwähnte Siedlung wurde im Jahr 1952 zwangsgeräumt und in den Jahren 1955 bis 1960 dem Erdboden gleichgemacht, da sie im nicht mehr zugänglichen Grenzgebiet der innerdeutschen Grenze lag.

Wir biegen nach rechts ab und überqueren den Fluss. Der schmale Teerweg bringt uns hinauf zur Straße, die wir nach rechts weitergehen. Von nun an leitet uns die Markierung US 74. Sie führt uns zunächst ein kleines Stück an der Landstraße bergan und anschließend nach rechts in einen Feldweg hinein. Von hier haben wir noch einmal einen schönen Blick auf das Gebiet der ehemaligen innerdeutschen Grenze, das heute dem Namen »Grünes Band« alle Ehre macht. Nach etwa 800 Metern ist etwas Aufmerksamkeit erforderlich: Kurz nach einer deutlichen Rechtskurve biegt unser Weg Nummer US 74 scharf links vom Fahrweg in einen unscheinbaren Waldweg ab. Dieser führt uns nun steil aufwärts und schließlich über eine aussichtsreiche Hochfläche nach **Eisenbühl** ❻. Wir folgen dem Wanderweg ins Ortszentrum und kommen unterhalb des Gasthofes an die Hauptstraße, in die wir nach rechts abbiegen. Wenig später leitet uns ein Wegweiser mit der Aufschrift »Schiefersteig« abermals nach rechts. Am Ortsausgang passieren wir den Skulpturenpark **Eisenpark**.

Im Eisenpark findet man zahlreiche bunte Skulpturen.

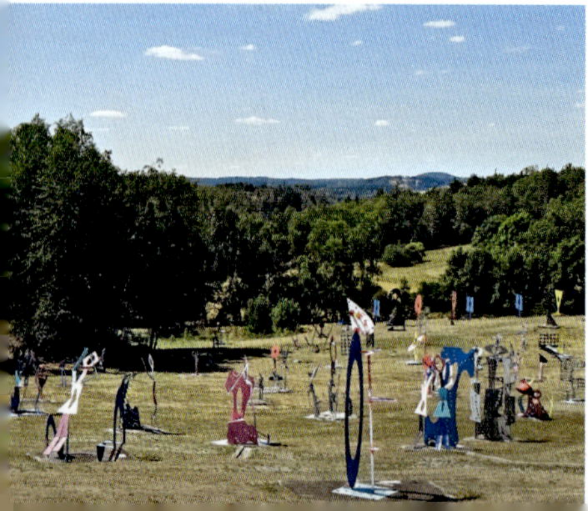

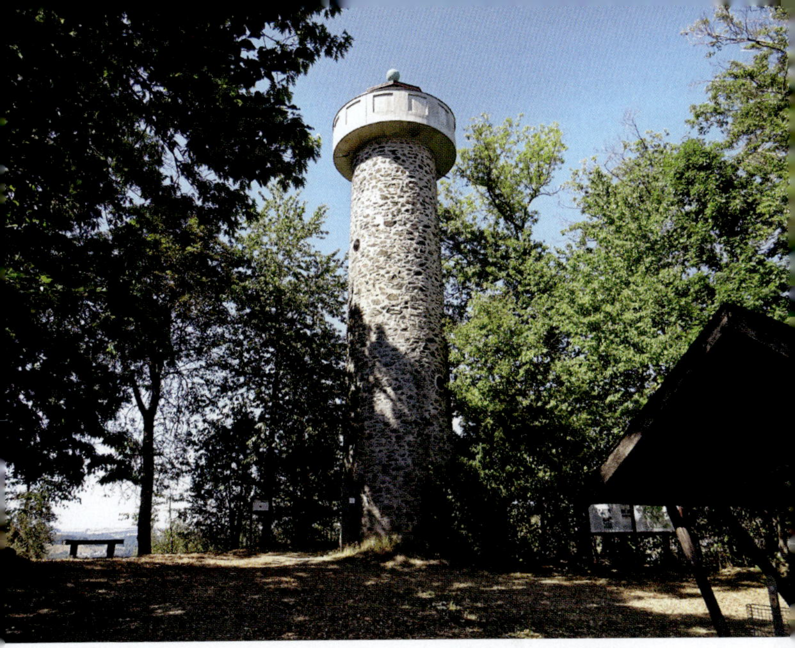

Im Jahre 1903 ließ Anton Wiede den gleichnamigen Aussichtsturm errichten.

Unterhalb des Parks folgen wir dem Wanderweg nach links. Wenig später übernimmt dann an einem Abzweig die Markierung US 72, der wir geradeaus folgen. Der Steig führt uns an der Abbruchkante eines ehemaligen Schieferbruches entlang zur Straße. Wir überqueren diese und gehen nach den Gebäuden direkt nach rechts weiter. Der Eisenpark-Weg führt uns bald aufwärts, wo wir aus dem Wald heraustreten und an einer Kreuzung mit Wegweiser auf einen breiten Querweg stoßen. Hier ist unser nächstes Ziel, der Wiedeturm, bereits ausgeschildert. Wir biegen rechts ab und wechseln auf die Markierung Nr. 2. Der gut markierte Wiedeturm-Weg bringt uns in einer Dreiviertelstunde zum **Wiedeturm** 7. Von der Aussichtsplattform genießt man einen schönen Rundblick und am Fuße des Turmes bieten sich Sitzgruppen zum Rasten und Verweilen an.
Wir gehen auf unserem Aufstiegsweg zurück bis zur großen Wegkreuzung und biegen dort scharf rechts ab. Der Fahrweg beschreibt bald eine deutliche Links- und anschließend eine Rechtskurve. Hier ist nun etwas Aufmerksamkeit erforderlich: Direkt nach der Rechtskurve biegt unser als Frankenweg markierter Weg nach links vom Fahrweg ab und führt durch den Wald abwärts bis zum Ortsrand von **Blankenstein**. Hier folgen wir nun der Ausschilderung zum **Wanderdrehkreuz** 1, unserem Ausgangspunkt.

↗ 400 m | ↘ 400 m | 14.7 km

23 Deutsch-Deutsches Museum Mödlareuth

5.00 h

Naturerlebnisse auf historischen Grenzerwegen

Die mittellange Rundwanderung zum Deutsch-Deutschen Museum Mödlareuth verbindet wundervolles Naturerlebnis perfekt mit innerdeutscher Nachkriegsgeschichte. Mal auf alten Kolonnenwegen, mal auf idyllischen Waldpfaden leitet das »Grüne Band« vom Hirschberger Saaletal kommend zum kleinen Dorf Mödlareuth. Weil die Grenze, die Deutschland über 37 Jahre lang teilte, mitten durch das Dörfchen führte, nannten es die Amerikaner »Little Berlin«. Heute ist es zugleich Freilichtmuseum und Gedenkstätte. Ein Teil der typischen DDR-Grenzsperranlagen sind im Original erhalten geblieben. Im Museumskomplex veranschaulichen eine Filmdokumentation, eine Ausstellung »Mauer, Zaun und Stacheldraht« sowie ein begehbares Fahrzeugdepot mit rund 30 Fahrzeugen der westlichen und östlichen Grenzüberwachungsorgane die besondere Geschichte des geteilten Dorfes.

Ausgangspunkt: Hirschberg, Wanderparkplatz am Urwaldpfad, 450 m (GPS: 50.4034667N, 11.8226833E). In Juchhöh von der B2 nach Hirschberg abbiegen, der Parkplatz befindet sich am Ende der Brauhausgasse direkt am Saaleufer. Anfahrt mit ÖPNV: Bus von Gefell oder Plauen bis Hirschberg »Kulturhaus« und dann am Saaleufer flussaufwärts zum Ausgangspunkt gehen.
Anforderungen: Leichte Wanderung auf überwiegend bequemen, teils asphaltierten oder mit Betonplatten belegten Wegen und Pfaden, etwas Kondition erforderlich.
Einkehr: Unterwegs keine; in Hirschberg Gaststätte An der Lohmühle, Tel. +49 36644 21424.
Tipp: Besuch der Gedenkstätte Deutsch-Deutschen Museum Mödlareuth (ganzjährig Di–So. geöffnet), Tel. +49 9295 1334, moedlareuth.de.

Die Grenzanlagen des »Eisernen Vorhangs« waren jahrzehntelang unüberwindbares Hindernis zwischen Ost und West.

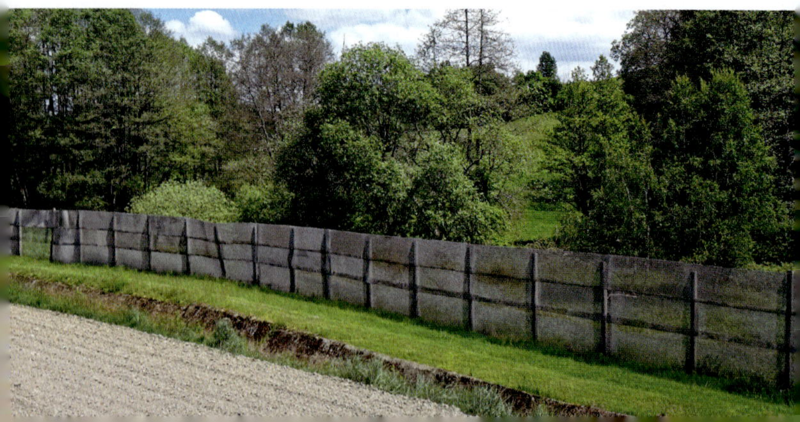

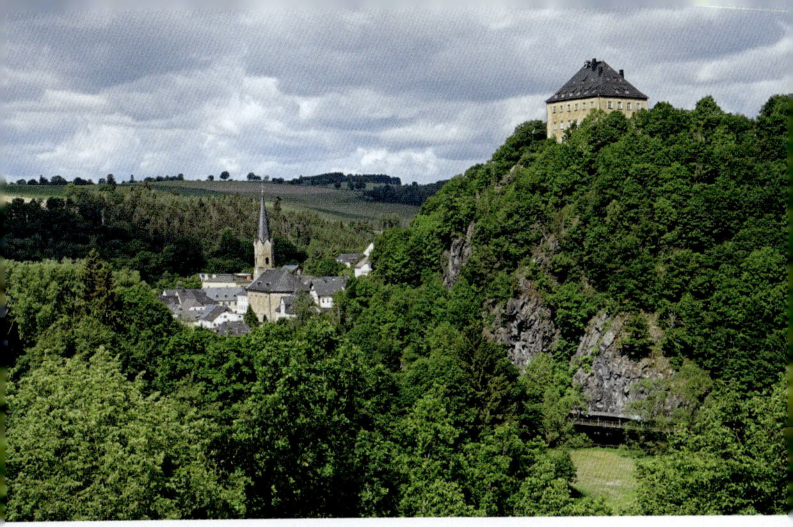

Das Schloss Hirschberg thront über der gleichnamigen Stadt.

Am **Wanderparkplatz** ❶ am Urwaldpfad in **Hirschberg** nehmen wir den Weg US 61 Richtung Joditz. Er führt uns flussaufwärts vorbei an der Wenzelhöhle zum überdachten Hängesteg, eine in der Felswand verankerte Stahlkonstruktion, die uns wenig später in das Naturschutzgebiet Hag bringt. Nach etwa fünf Minuten ist etwas Aufmerksamkeit erforderlich: Der Weg US 61 biegt an einer Infotafel mit Wegweiser nach rechts ab. Wir gehen allerdings noch ein paar Meter geradeaus und nehmen dann den unscheinbaren Pfad, der nach rechts den bewaldeten Hang hinaufführt. Nach einem kurzen, knackigen Anstieg kommen wir an eine kleine Schutzhütte, das sogenannte **Hexenhaus**. Von hier bietet sich ein schöner Blick nach Hirschberg. Nun geht es auf einem schmalen, als Urwaldpfad markierten Steig durch die Steilhänge des Saaleufers zur **Kaiserhöhe** ❷. Der ungesicherte Aussichtspunkt wartet mit einem atemberaubenden Tiefblick ins Saaletal auf.

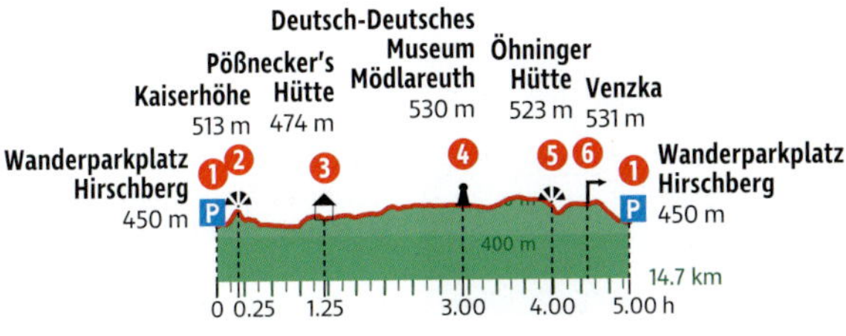

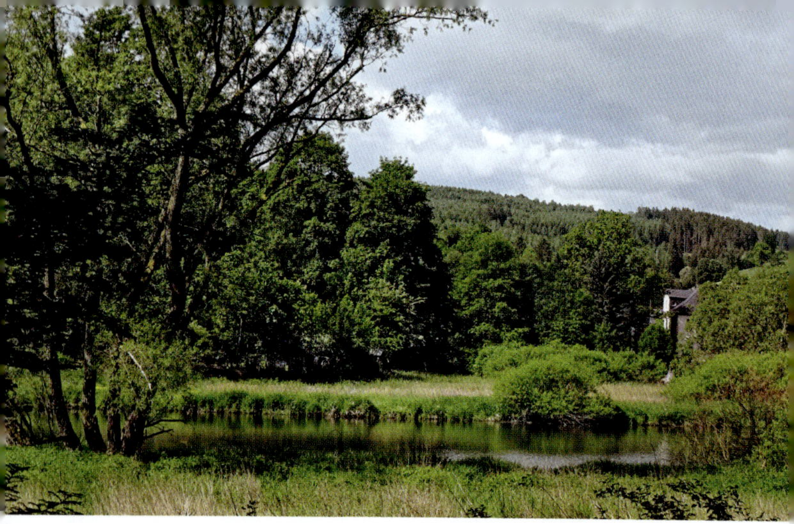

Wandern am idyllischen Saaleufer.

Ab hier bringt uns der schmale Steig nun hinunter ins Tal, wo wir wieder auf den Weg US 61 stoßen. In diesen biegen wir nach links ein und wandern nun immer an der Saale entlang flussaufwärts. Der Weg, der schon bald auf Betonplatten der ehemaligen DDR-Grenztruppen verläuft, beschreibt im Flusstal einen deutlichen Linksbogen und führt wieder hinauf auf die Höhe. Etwa 100 Meter nach einer Gabelung verlassen wir den Plattenweg nach rechts und kommen wenig später zum Aussichtspunkt **Pößnecker's Hütte** 3, der sich mit seiner exponierten Lage vortrefflich für eine Rast eignet. Wir gehen wieder zurück zum Plattenweg und folgen diesem nach rechts. Der mit einem roten Dreieck markierte Saale-Orla-Weg leitet uns durch das geschichtsträchtige Tannbachtal bis zur Bundesstraße. Diese überqueren wir schräg nach rechts und wandern dann auf dem wenig später wieder mit Betonplatten ausgelegten Patrouillenweg bis nach **Mödlareuth**, wo sich im Ortszentrum die Gedenkstätte **Deutsch-Deutsches Museum Mödlareuth** 4 befindet.

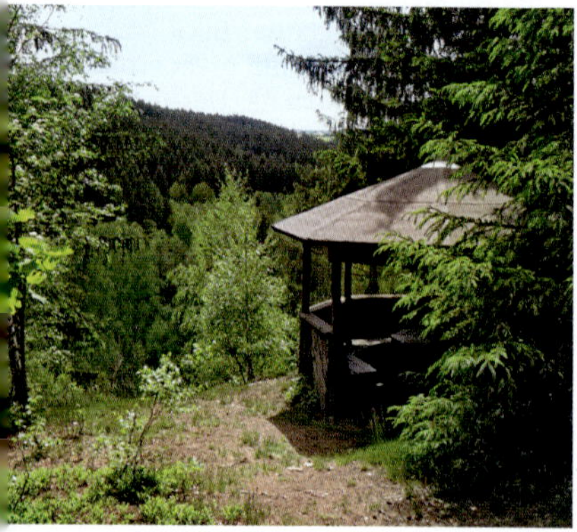

Die Öhninger Hütte lädt zur Rast.

Unser Weg führt uns von hier zunächst wieder zurück zum Patrouillenweg. Wir folgen diesem für ein kurzes Stück bis zum Ende des einstigen Grenzzaunes. Hier ist nun etwas Aufmerksamkeit erforderlich: Der Plattenweg führt jetzt kurz etwas bergauf und beschreibt anschließend eine leichte Linkskurve. Hier zweigt an einer Gabelung ein bewachsener Weg nach rechts vom Plattenweg ab. Das ist der blau markierte Kammweg, dem wir nun bis zur Bundesstraße folgen. Wir überqueren diese und wandern anschließend weiter blau markiert bis zum Aussichtspunkt **Öhninger Hütte** ❺. Von nun an halten wir uns an den Weg US 93. Er windet sich zunächst steil hinunter ins Tal, wo wir auf unseren Hinweg stoßen. Hier gehen wir rechts und gleich darauf, der US 93 Richtung Hirschberg folgend, halb rechts in den Wald hinauf.

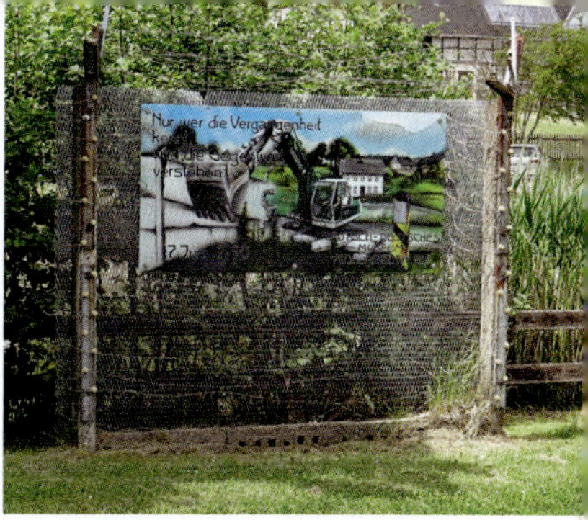

Deutsch-Deutsches Museum Mödlareuth.

Der Weg leitet uns durch das verschlafene Dorf **Venzka** ❻, folgt am Ortsende der schmalen Straße nach links und verlässt diese am Waldrand abermals nach links. Wenig später geht es dann auf dem »Spitzboumweg« nach rechts in den Wald hinunter, wo wir schon bald wieder auf einen Plattenweg stoßen. Hier leitet uns die US 93 nach links. Nun geht es immer dem Wegverlauf geradeaus folgend zurück zum **Parkplatz** ❶ in **Hirschberg**.

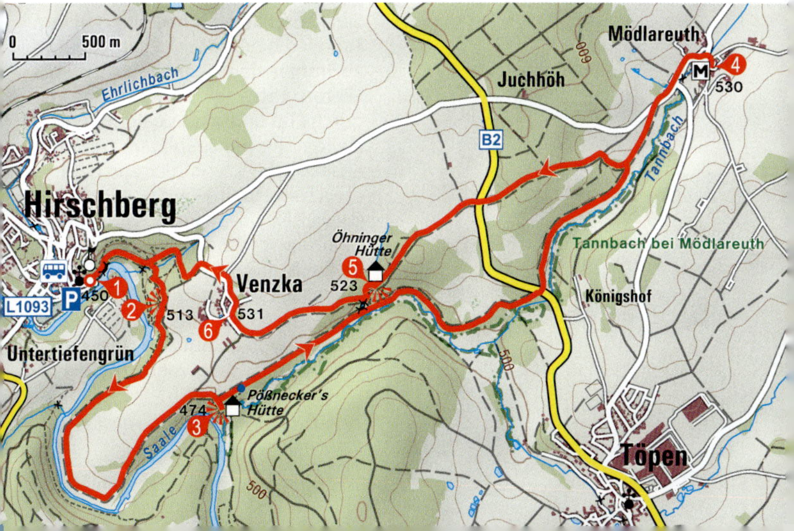

↗ 400 m | ↘ 400 m | 12.0 km

24 Petersgrat, 550 m

4.00 h

Aussichtsreiche Klippen über dem Saaletal

Landschaftlich reizvoll ist das Saaletal bei Joditz unweit von Hof. Auf einem typischen FrankenwaldSteigla geht es mal abenteuerlich-luftig, mal sanft-gemütlich bis auf die wildromantische Aussicht auf dem Petersgrat, dem Höhepunkt dieser äußerst lohnenden Rundtour. Rund 100 Meter hoch über dem Tal hat man eine atemberaubende Aussicht auf die Saale und die entfernten Hügel des Frankenwaldes. Der Fluss zieht weite Schleifen unter den steilen Hängen. An vereinzelt hervorstehenden, kargen Schieferfelsen wachsen seltene wärmeliebende Pflanzen, die gut an die Trockenheit angepasst sind. In den schwer zugänglichen Steilhängen gedeihen Reste natürlicher Laubmischwälder mit alten Rot- und Hainbuchen, wo wir manch zwitscherndes Vöglein in den Wipfeln entdecken können.

Ausgangspunkt: Joditz, Wanderparkplatz »Am Anger«, 480 m (GPS: 50.3711789N, 11.8402428E).
Anfahrt mit ÖPNV: Keine Verbindung.
Anforderungen: Rundwanderung auf überwiegend naturbelassenen Pfaden und Forstwegen, stellenweise sind Trittsicherheit und Schwindelfreiheit erforderlich.
Einkehr: Gasthaus Isaar (100 m Abstecher, Öffnungszeiten vorher erfragen!), Tel. +49 9295 419; Landgasthof Fattigsmühle, Tel. +49 9295 521 landgasthof-fattigsmuehle.eatbu.com.

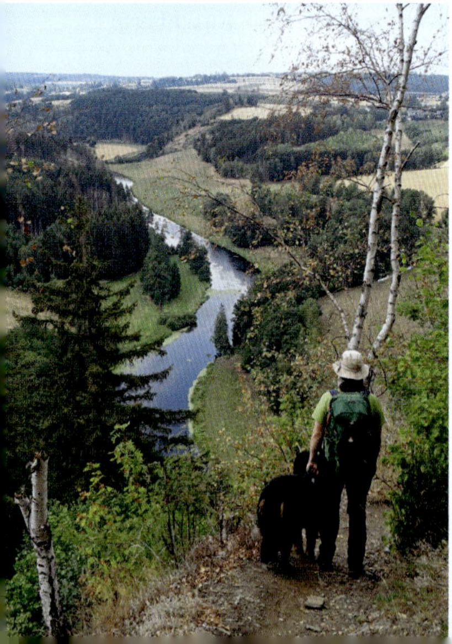

In **Joditz** ❶ überqueren wir auf der Straßenbrücke die Saale und wandern anschließend nach links in den Fahrweg hinein. Wir folgen von nun an immer dem FrankenwaldSteigla »Petersgrat-Weg«. Er bringt uns erst durchs Tal und schon bald durch die steilen Uferhänge hinauf zum **Auenseeblick** ❷. Von hier aus geht es etwa fünf Minuten auf der Forststraße weiter, bevor unser Weg wieder hinunter ins Tal führt. Kurz vor der idyllisch am anderen Flussufer gelegenen **Lamitzmühle** ❸ zweigt er dann als steiler Pfad rechts in den Wald hinauf ab. Auf dem sogenannten Ameisensteig sind Trittsicher-

Grandioser Tiefblick auf dem Pfad zum Petersgrat.

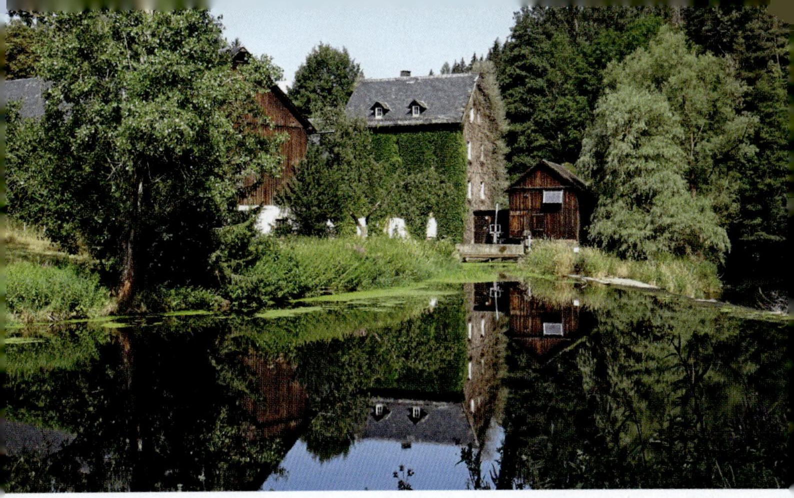

Unterwegs passieren wir die am anderen Saaleufer gelegene Lamitzmühle.

heit und Schwindelfreiheit hilfreich. Anschließend geht es am Ufer der Saale entlang unschwierig weiter. Die Überreste des einstigen Saalesteges, der bei einem Hochwasser zerstört wurde, lassen wir links liegen und wandern weiter, bis wir zu einer kleinen Brücke hinter einer stählernen Absperrung kommen.

Hier, an der **Tannbachbrücke 4**, verlassen wir kurz den Petersgratweg und gönnen uns einen aussichtsreichen Abstecher. Wir überqueren den Tannbach und steigen am gegenüberliegenden Hang einen teilweise recht zugewachsenen Pfad steil hinauf zur **Pößnecker's Hütte 5**. Der hölzerne Pavillon hoch über dem Saaletal eignet sich vortrefflich für eine Rast. Von der Hütte aus folgen wir dem Weg weiter aufwärts bis zur Plattenstraße am Waldrand. Hier gehen wir nach rechts weiter und halten uns nach reichlich 300 Metern an die Ausschilderung »Saalepfad«, die uns scharf rechts in den Wald hineinleitet. Vorbei an einer Sickerquelle geht es nun wieder hinunter zur **Tannbachbrücke 4**, über die wir zurück zum Petersgrat-Weg gelangen. Wir folgen nun weiter diesem FrankenwaldSteigla.

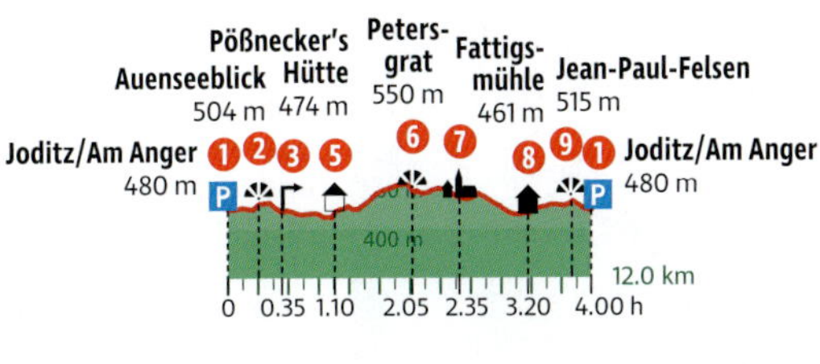

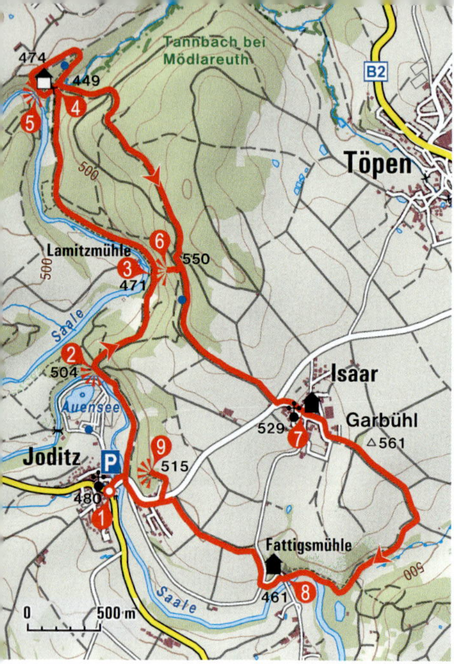

Nach etwa einer halben Stunde erreichen wir den Abzweig nach rechts zur Petersgrat-Aussicht. Ein schmaler Pfad führt in luftiger Höhe hinunter zum **Petersgrat** 6, der mit einem atemberaubenden Blick ins Saaletal aufwartet. Schwindelfreiheit und Trittsicherheit sind hier unbedingt erforderlich. Zurück am Forstweg gehen wir diesen nach rechts und kommen nach 1,3 Kilometern an eine Landstraße. Gegenüber bringt uns die Dorfstraße hinunter nach **Isaar** 7.

Hier übernimmt nun die Markierung US 63. Sie leitet uns an Dorfteich und Feuerwehr vorbei aus dem Dorf hinaus und aussichtsreich über Felder wieder hinunter zur Saale, wo wir am Ufer entlang zur **Fattigsmühle** 8 kommen. Im Hof des historischen Anwesens gehen wir nach rechts und wandern auf der Zufahrtsstraße entlang bis zur Querstraße. In diese biegen wir rechts ein und nehmen wenig später den Feldweg nach links. Er bringt uns an eine Landstraße, in die wir links abbiegen. An der nächsten Wohnstraße auf der rechten Seite bietet sich erneut die Möglichkeit zu einem lohnenden Abstecher. Wir folgen dem Sträßlein aufwärts, das am Ende der Siedlung in einen Weg übergeht. Dieser bringt uns zum **Jean-Paul-Felsen** 9. Hoch über Joditz lädt eine Bank zum Verweilen ein. Der wunderschöne Ausblick über das Dorf und das Saaletal hatte einst schon den berühmten Dichter Jean Paul inspiriert. Zurück an der Landstraße folgen wir dieser nun nach rechts weiter, überqueren wenig später die Saale und gelangen so zurück zum Ausgangspunkt in **Joditz** 1.

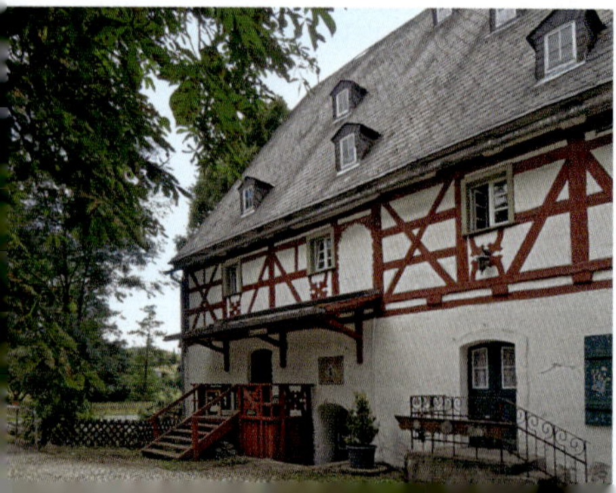

Im Hof der historischen Fattigsmühle.

↗ 280 m | ↘ 280 m | 11.1 km

3.45 h

Fuchsbau und Wachende Jungfrau

25

Zu den Geotopen um Schauenstein

Schauenstein, am östlichen Rand des Frankenwaldes gelegen, zählt zu den ältesten Siedlungen im nordfränkischen Raum. Die Stadt wurde im Jahre 1230 erstmals urkundlich erwähnt. Sehr sehenswert ist die evangelische Bartholomäuskirche aus dem 15. Jahrhundert. Um Schauenstein herum findet man mehrere geologisch sehr interessante Naturdenkmäler wie die Gesteins-Massive am Fuchsbau und der Felsen »Wachende Jungfrau«, von dem man einen schönen Blick über das Selbitztal genießen kann.

Ausgangspunkt: Schauenstein, Ausgangspunkt »Wanderbares Deutschland« an der Richard-Wagner-Straße, beim Parkplatz Festplatz, 610 m (GPS: 50.2799050N, 11.7432128E).
Anfahrt mit ÖPNV: Bus zwischen Helmbrechts und Hof bis Haltestelle »Schauenstein Feuerwehrhaus«. Dann der Vorfahrtsstraße gut 500 m aufwärts bis zum Ausgangspunkt folgen.
Anforderungen: Leichte Wanderung auf überwiegend bequemen Wegen und Pfaden.
Einkehr: In Volkmannsgrün Café Herpich, Tel. +49 9252 7241; Gastronomie in Schauenstein.

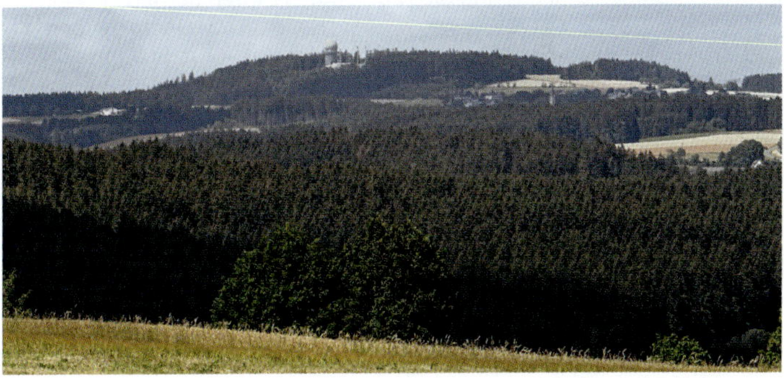

Blick zum Döbraberg mit Prinz-Luitpold-Turm und Radarstation.

Am **Parkplatz Festplatz** ❶ in **Schauenstein** überqueren wir die Straße hinüber zu dem kleinen Park mit den Informationstafeln »Wanderbares Deutschland«. Wir folgen der Markierung OS 22, die uns die gesamte Wanderung leiten wird. Sie bringt uns zunächst durch den kleinen Park hindurch und wenig später aus der Stadt hinaus. Nach den letzten Häusern verlässt unser markierter Wanderweg den Fahrweg und führt als schmaler Pfad bald am Waldrand entlang, bevor er uns nach dem **Aussichtspunkt »Blick zum Döbraberg«** ❷ wieder auf den Forstweg leitet. Auf diesem

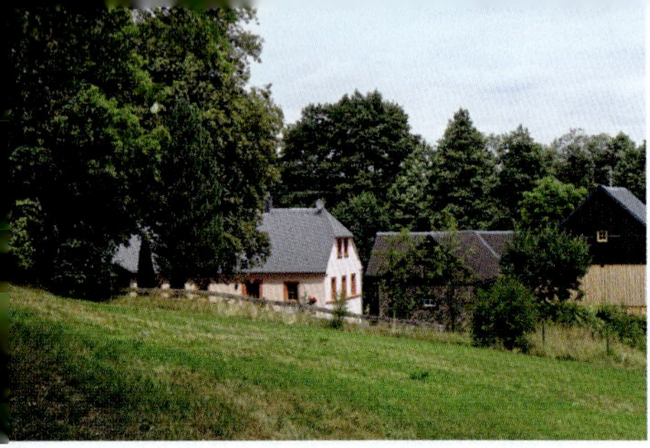

Die Lehstenmühle im Selbitztal.

wandern wir nun nach links weiter. Am nächsten Abzweig geht es scharf links und bald darauf halb rechts über die Felder zur Landstraße. Diese überqueren wir und kommen wenig später nach **Uschertsgrün** ❸. Gut markiert geht es durch das Dorf hindurch und bald hinunter ins Selbitztal. Hier leitet uns der Weg OS 22 Richtung Lehstenmühle durch ein Feuchtwiesen-Biotop hindurch und anschließend über den Berg zur **Lehstenmühle** ❹. Vor dem Grundstück der Mühle gehen wir nun nach rechts weiter und wandern zunächst an einem ehemaligen Mühlgraben entlang, bis wir schließlich nach rechts in den Wald aufsteigen. Etwa 20 Meter höher führt der Weg nun abermals an einem verfallenen Wassergraben entlang. Das auch **Lehstengraben** ❺ genannte historische Bauwerk versorgte Anfang des 20. Jahrhunderts die Turbinen einer Papierfabrik mit Wasser. Er war jedoch nur zwei Jahre in Betrieb, denn durch den enormen Druck wurde der Wassergraben undicht und die Fabrik musste ihren Betrieb einstellen.

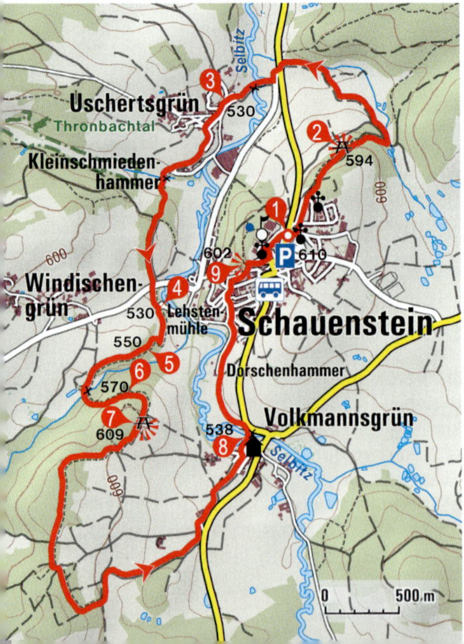

Nach etwa einem halben Kilometer führt uns unser Wanderweg hinunter ins Tal, wo wir den Lehstenbach überqueren. Auf der anderen Seite geht es nun hinauf zum **Fuchsbau** ❻. Abgerundete Feldspat-Kristalle (Augen) gaben dem Gestein des Felsgebildes im Lehstenwald seinen Namen: Augengneis. Wir folgen dem Weg weiter bergauf bis zum Waldrand, wo wir einen wunderbaren Blick hinüber nach Schauenstein genießen können. Wenig später lädt ein kleiner **Rastplatz** ❼ mit Panoramatafel zum Verweilen ein.

Am Waldrand entlang führt uns der Wanderweg nach einem knappen halben Kilometer wieder in den Wald hinein. Nun heißt es aufmerksam nach

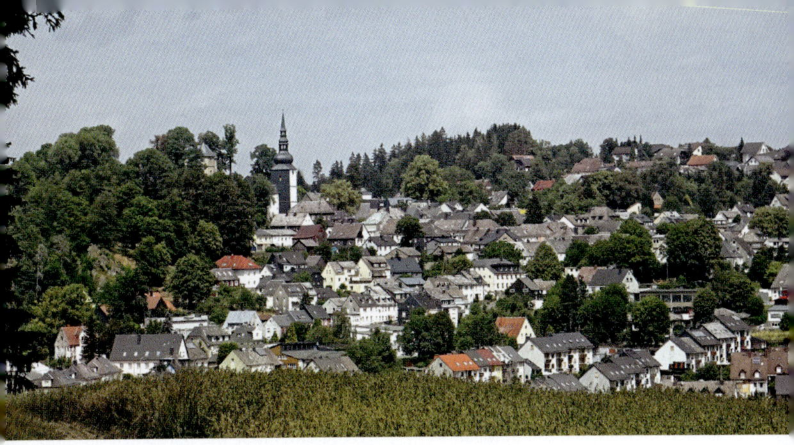

Schauenstein wurde bereits 1230 erstmals urkundlich erwähnt.

der Markierung schauen: Nach weiteren 350 Metern (knapp 10 Minuten) hält sich der markierte Weg, als Pfad im Wald bleibend, geradeaus (nicht den Forstwegen aus dem Wald hinaus folgen!). Wenig später queren wir einen befestigten Forstweg, und von nun an ist der Verlauf des Wanderweges OS 22 wieder unschwer zu finden. Er bringt uns in einer Dreiviertelstunde hinunter nach **Volkmannsgrün** 8, wo wir die Selbitz überqueren und anschließend nach links weiterwandern. Wir passieren den historischen Dorschenhammer und kommen wenig später an den Ortsrand von **Schauenstein**. Hier nehmen wir gleich die erste Straße nach rechts den Berg hinauf. Oben angekommen, überqueren wir die Bahnhofstraße und folgen der Ausschilderung Richtung Schloss Schauenstein. Nach etwa fünf Minuten erblicken wir links am Fuße einer parkähnlichen Anlage ein Felsgebilde. Wir folgen dem Wanderweg im Park aufwärts. Wenig später bietet sich nach links ein Abstecher zum Aussichtspunkt auf dem **Wachende Jungfrau** 9 genannten Felsen an, von wo aus wir einen schönen Blick hinunter ins Tal haben. Anschließend wandern wir bis zum Marktplatz und dort an der Kirche vorbei hinauf zum **Schloss Schauenstein**. Vor diesem führt nun unser Wanderweg nach rechts weiter, und wenig später erreichen wir unseren Ausgangspunkt am **Parkplatz Festplatz** 1.

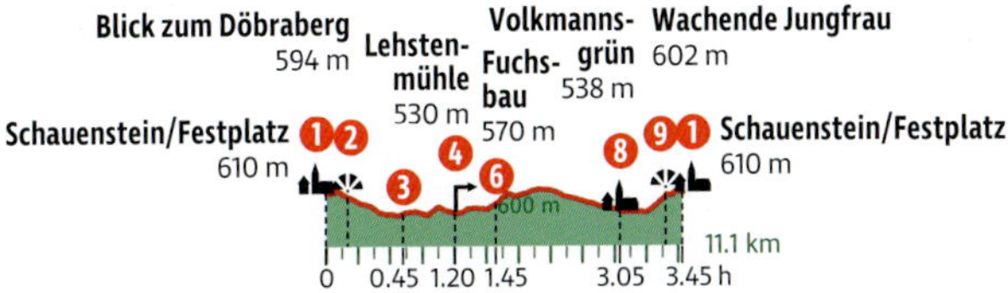

↗ 330 m | ↘ 330 m | 9.2 km

26 Döbraberg, 795 m

3.10 h

Aufs Dach des Frankenwaldes

Der Döbraberg ist durch die auffällige kugelförmige Kuppe seiner Radarstation weithin gut auszumachen. Auf dem Gipfel des mit 795 Metern höchsten Berges des Frankenwaldes lockt der Prinz-Luitpold-Turm mit einem grandiosen Rundumblick. Von der Spitze des 18 Meter hohen, stählernen Aussichtsturms reicht der Blick an schönen Tagen über die Hügel des Frankenwaldes bis zu den Höhen des Thüringer Waldes im Nordwesten und zu Erzgebirge und Fichtelgebirge im Osten. Liebevoll als der »Eiffelturm des Frankenwaldes« bezeichnet, gilt er zugleich als Wahrzeichen der Region.

Ausgangspunkt: Döbra, Parkplatz an der Sportanlage, 730 m (GPS: 50.2763144N, 11.6552342E). Anfahrt mit ÖPNV: Keine Verbindung.

Anforderungen: Überwiegend bequeme Wege und Pfade mit teil steilen Ab- und Aufstiegen.
Einkehr: Keine Möglichkeit.

Am **Parkplatz** ❶ beim Sportheim in **Döbra** nehmen wir den Weg, der an der rechten Seite des Parkplatzes am Waldrand entlang führt. Am nächsten Abzweig biegen wir nach links in den mit einem blauen Kreuz markierten Wanderweg ab. Wenig später überqueren wir die Straße und lassen uns weiter von dem blauen Kreuz leiten. Nach knapp zehn Minuten quert der parallel zu einem Forstweg verlaufende, mit einem roten Symbol markierte Frankenweg. In diesen biegen wir nun nach rechts ein. Nach einem halben Kilometer treten wir aus dem Wald heraus und wandern weiter auf dem Frankenweg nach rechts Richtung Hohenzorn. Bald überqueren wir die Straße und gehen immer am Waldrand entlang, bis wir in den kleinen Weiler **Hohenzorn** ❷ kommen.

Hier übernimmt nun die Wegmarkierung DÖ 33. Sie bringt uns geradeaus am oberen Rand der Siedlung vorbei wieder zum Wald, wo sie uns dann steil bergab bis zu einem Querweg führt. Diesen gehen wir nach rechts weiter und folgen der DÖ 33 bis hinunter zum **Aschengrabenbrunnen** ❸ im **Eisenbachtal**. Auf dem Fahrweg wandern wir stetig abwärts, bis kurz vor der Brücke über die Wilde Rodach der mit DÖ 34 markierte Wanderweg scharf rechts abzweigt. Der Pfad bringt uns über den Eisenbach und am anderen Hang steil aufwärts. Oben angekommen, erreichen wir nach einer Infotafel zu den Bike Fun Trails am Döbraberg eine große Wegkreuzung. Hier biegen wir nach rechts ab. Der Fahrweg wird nach einiger Zeit vom Flow Trail Döbra-

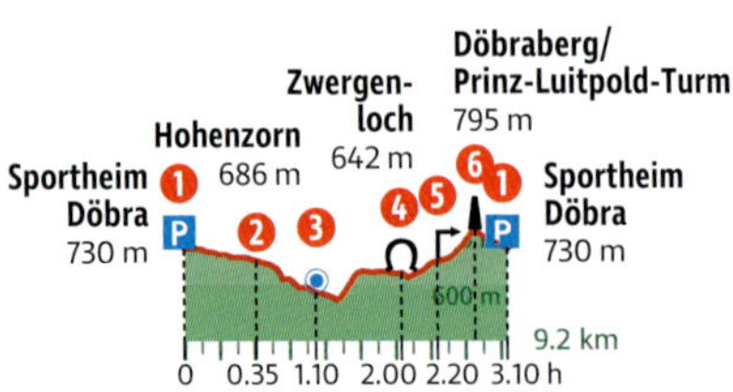

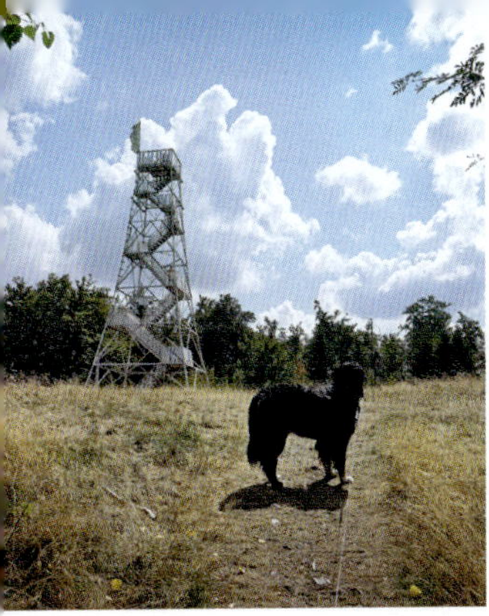

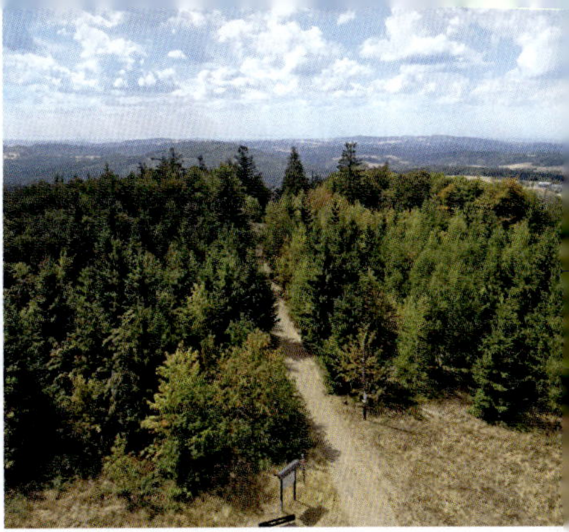

Der Prinz-Luitpold-Turm am Döbraberg (links) und Weitblick von diesem (rechts).

berg, einer Downhillstrecke, gekreuzt. Anschließend kommen wir an eine querende Forststraße. Hier gehen wir nach rechts weiter. In der folgenden Linkskurve bietet sich die Möglichkeit für einen Abstecher nach rechts zu einem kleinen, einsamen **Aussichtspunkt** über dem Eisenbachtal.
Zurück an der Forststraße gehen wir diese nach rechts weiter und passieren bald darauf die Höhle **Zwergenloch** 4. Im Talgrund angekommen, gehen wir nach links weiter die Forststraße bergan und verlassen diese in der nächsten Kehre nach links. Die Markierung DÖ 33 führt uns steil den Berg hinauf nach **Schwarzenbach am Wald** 5. Hier wechseln wir auf die Markierung OS 45 Richtung Prinz-Luitpold-Turm. Sie führt uns am Ortsrand von Schwarzenbach entlang und bald stetig bergan auf den Gipfel des **Döbraberges** 6, wo der eiserne **Prinz-Luitpold-Turm** auf eine Besteigung wartet. Am Gipfelplateau nehmen wir den Frankenweg Richtung Ebersreuth, der ziemlich genau gegenüber unserem Aufstiegsweg wieder hinunterführt. Wenig später erblicken wir an einem Baum die Markierungen Frankenweg, blaues »X« und DÖ 21, und bald darauf links des Weges die markante Radarstation. Wir überqueren schließlich einen Forstweg und folgen der Markierung DÖ 21 weiter abwärts, bis wir an den Waldrand kommen. Hier halten wir uns links und biegen an der folgenden Kreuzung nach rechts ab. Der Weg führt uns nun direkt zurück zum **Parkplatz** 1 an der Sportanlage in **Döbra**.

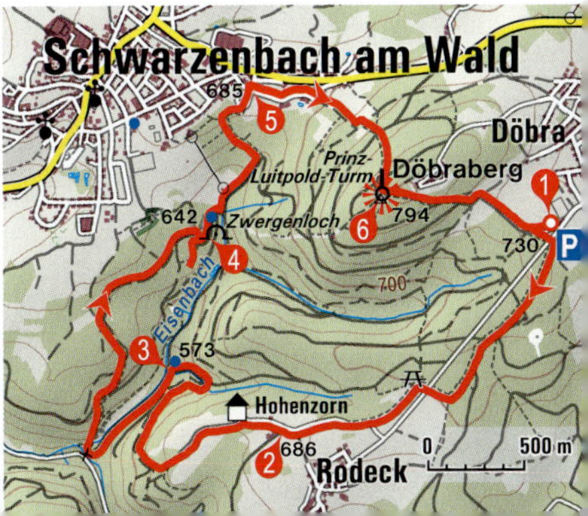

↗ 700 m | ↘ 700 m | 17.2 km

27 Burgstall Hohenrod, 636 m

6.00 h

Über den Großvater zum Schlossberg

Der »Großvater« war die wohl berühmteste Weißtanne des Frankenwaldes. 1675 wurde ihr Name erstmals erwähnt, 1886 schätzten Forstleute ihr Alter auf mindestens 350 Jahre. Ein Blitzschlag besiegelte 1900 das Ende des 41 Meter hohen Baumriesen, dessen Reste noch bis in die 1960er-Jahre bewundert werden konnten! Heute bekommt eine neu gepflanzte Tanne die Chance, später mal ein Großvater zu werden. Diese eher längere Rundwanderung bringt uns durch die weiten, aber oft licht gewordenen Bergwälder von Lamitz- und Thiemitztal bei Schwarzenbach am Wald. Unterwegs stoßen wir auf Namen vergangener Orte, so erinnert der Schlossberg, unser Tagesziel, an eine Höhenburg, die sich ab der zweiten Hälfte des 12. bis ins 14. Jahrhundert hinein auf der Bergkuppe befand. Die Burg Hohenrod diente zur Sicherung der Lamitzstraße. Durch die grenznahe Lage gab es immer wieder Streitigkeiten um die Burg, von der heute noch ein großer, bewaldeter Hügel mit einem doppelten Ringwall und einem Halsgraben zeugen.

Ausgangspunkt: Räumlas, Parkplatz an der Feuerwehr, 585 m (GPS: 50.2861006N, 11.5829125E). Anfahrt mit ÖPNV: Bus von Naila nach Bernstein am Wald bis Haltestelle »Meierhof«. Dann die Tour an der Kreisstraße zwischen Meierhof und Sorg beginnen.
Anforderungen: Lange Wanderung mit teilweise steilen Anstiegen, erfordert Kondition.
Einkehr: Keine Möglichkeit.

Ringwall und Reste des Burggrabens am Burgstall Hohenrod.

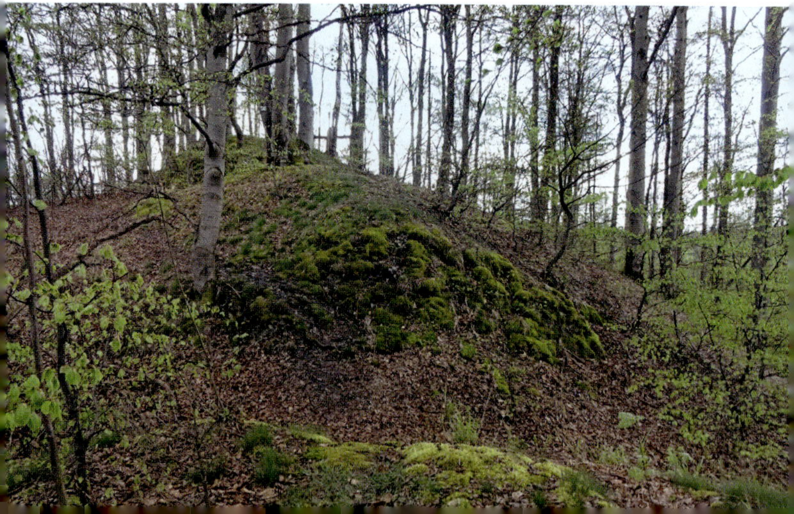

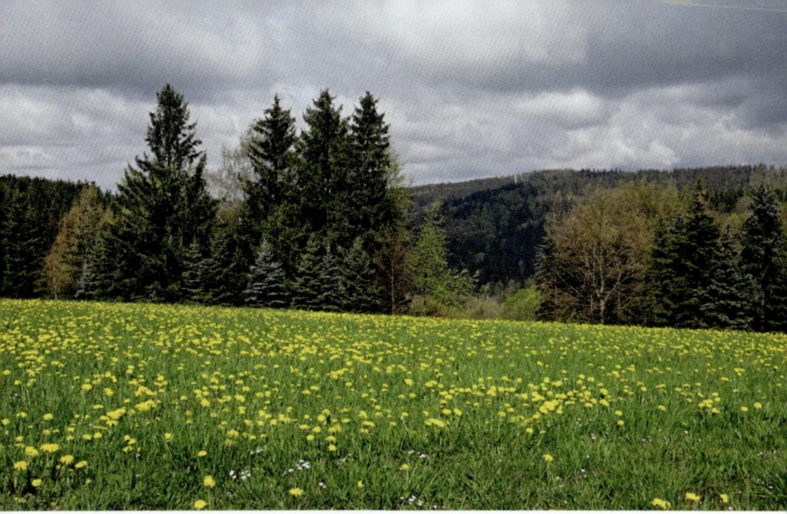

Im Frühjahr verwandeln Löwenzahnblüten die Wiesen in gelbe Teppiche.

Vom **Parkplatz ❶** in **Räumlas** gehen wir die Straße bergauf und folgen am Wegweiser der Ausschilderung nach rechts Richtung Meierhof. Hinter dem ehemaligen Gasthof geht es hinauf zur Kreisstraße, die wir überqueren und anschließend gleich nach links weiterwandern. Nach einem knappen Kilometer kommen wir in den Ortskern von **Meierhof ❷**. Hier folgen wir nun der Markierung mit dem blauen »X« nach links Richtung Sorg. Auf der Dorfstraße geht es bergauf zur Kreisstraße (Bushaltestelle), die wir abermals überqueren und gegenüber bald recht steil hinunter nach **Sorg ❸** steigen. Auf der schmalen Straße wandern wir nach links, halten uns am nächsten Abzweig abermals links und folgen der Straße Richtung Thiemitz. Sie führt uns durch das Dorf hindurch und danach, in einer Rechtskurve, zweigt unser mit dem blauen »X« markierter Wanderweg halb links in eine Forststraße ab. An der nächsten Gabelung halten wir uns rechts und kommen hinunter ins **Thiemitztal ❹**.

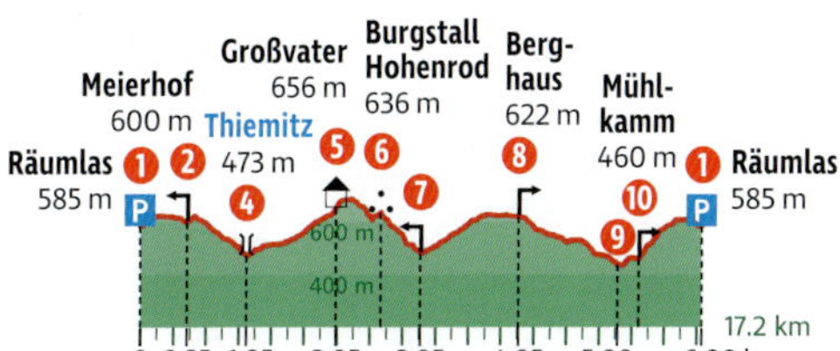

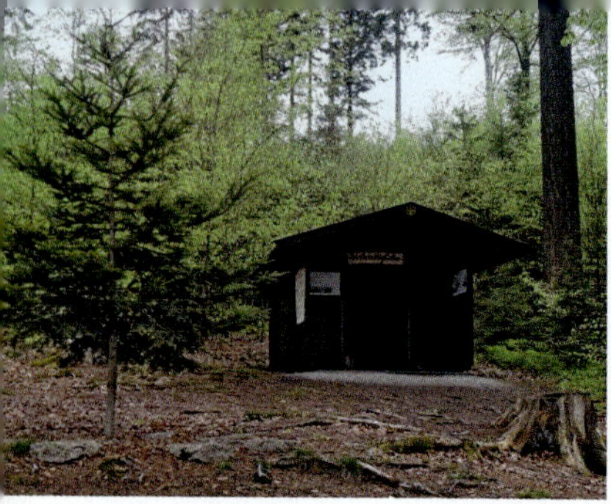

Die kleine Weißtanne will mal ein mächtiger »Großvater« werden.

Wir überqueren den Bach und folgen der Straße ein kurzes Stück nach rechts. Dann nehmen wir den Fahrweg, der scharf links den Berg hinaufführt. Unser nächstes Ziel, der »Großvater«, ist hier bereits ausgeschildert. Zunächst in das einsame, dicht bewaldete Seitental hineinführend, bringt uns der markierte Wanderweg schließlich recht steil bergauf bis zu einer kleinen **Schutzhütte** im Wald. Hier stand jahrhundertelang der **Großvater** 5, die berühmteste Tanne des Frankenwaldes. Lehrtafeln vermitteln Wissenswertes über Bergbau und Holzwirtschaft in der Region.

Wir wandern an der Hütte vorbei weiter aufwärts Richtung Schlossberg. Bald stoßen wir auf einem Bergrücken an eine Forststraße, in die wir zunächst nach rechts einbiegen. Am nächsten Abzweig folgen wir dann dem blauen »X« nach links. Nun geht es immer bergab, und nach etwa zehn Minuten kommen wir an eine größere Kreuzung mit Wegweisern. Der Weg

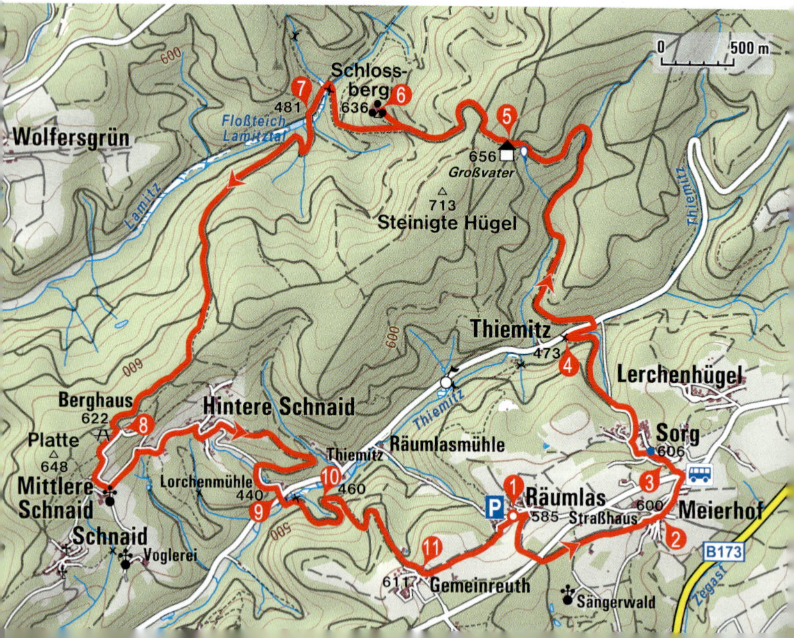

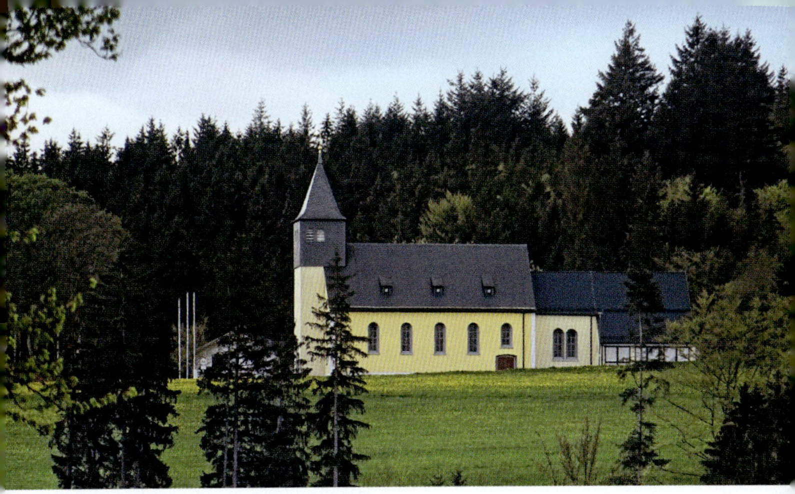

Die markante Kirche von Mittlere Schnaid.

Nr. DÖ 92 führt uns Richtung Schlossberg, und nach etwa einem halben Kilometer erreichen wir den **Burgstall Hohenrod** 6. Die Sicht ins Tal ist leider zugewachsen, aber wer aufmerksam ist, kann hier auf dem Schlossberg noch die Reste des ehemaligen Ringwalls erkennen, der die Anlage einst umgab.

Zurück an der Kreuzung nehmen wir nun den Wanderweg DÖ 63 nach rechts. Er bringt uns hinunter ins Tal und dort nach links zum idyllischen **Floßteich Lamitz** 7. Vor dem Teich biegen wir nach links ab und halten uns dann, noch immer der DÖ 63 folgend, rechts. Nun geht es wieder stetig bergauf, bis wir auf einem aussichtsreichen Bergrücken entlang zum Weiler **Berghaus** 8 kommen. Am Sportplatz folgen wir der Straße nach rechts hinunter zum Weiler **Mittlere Schnaid** mit der weithin sichtbaren Kirche. Hier gehen wir dann auf der Straße nach links weiter abwärts und kommen in den nächsten Bergweiler **Hintere Schnaid**. Das Dorf durchqueren wir der Markierung mit dem blauen Schrägstrich folgend. Diese bringt uns zunächst aussichtsreich auf dem Bergrücken entlang schon bald hinunter zur **Lorchenmühle** 9 im Thiemitztal.

Wir überqueren die Straße und lassen uns weiter vom blauen Schrägstrich leiten. Er führt uns hinauf an einen Forstweg, in den wir links einbiegen. Nach etwa 400 Metern ist etwas Aufmerksamkeit erforderlich: Hier, an der ehemaligen Siedlung **Mühlkamm** 10, an die heute nur noch eine Infotafel erinnert, geht es scharf rechts weiter. Steil steigen wir durch den Wald hinauf nach **Gemeinreuth** 11. Hier übernimmt nun die Markierung DÖ 82. Sie bringt uns nach links über eine aussichtsreiche Höhe zurück zu unserem Ausgangspunkt in **Räumlas** 1.

TOP

28

↗ 450 m | ↘ 450 m | 13.0 km

Süßengut-Weg

4.30 h

Zum ältesten Baum des Frankenwaldes

Das vom Deutschen Wanderverband zertifizierte FrankenwaldSteigla »Süßengut-Weg« zählt zweifellos zu einem der schönsten Rundwanderwege der Region. Abwechslungsreich führt er durch tief eingeschnittene Täler und über aussichtsreiche Höhen, doch ein ganz besonderes Highlight empfängt den Wanderer gut versteckt im Thiemitztal. Eine unscheinbare Eibe, deren Alter sagenhafte 900 Jahre zählt und sie damit zum ältesten Baum des Frankenwaldes macht. Ihr Holz ist besonders hart und strapazierfähig, weshalb die Eibe über Jahrtausende zur Herstellung von Bögen und Armbrüsten genutzt wurde. Ihre Giftigkeit und ihre Eignung für die Waffenherstellung führten dazu, dass die Bestände der Eibe stark dezimiert wurden und sie zwischenzeitlich sogar auf der Roten Liste der gefährdeten Arten stand. Deshalb steht sie in Deutschland nach wie vor unter Naturschutz.

Ausgangspunkt: Mittlere Schnaid, Dorfplatz, 585 m (GPS: 50.2871775N, 11.5438211E). Parkmöglichkeiten vorhanden.
Anfahrt mit ÖPNV: Keine Verbindung.
Anforderungen: Der schmale Pfad im Rodachtal erfordert etwas Trittsicherheit.
Einkehr: Keine Möglichkeit.
Hinweis: Die Wanderung ist im gesamten Verlauf mit dem Zeichen des FrankenwaldSteigla Süßengut-Weg markiert.

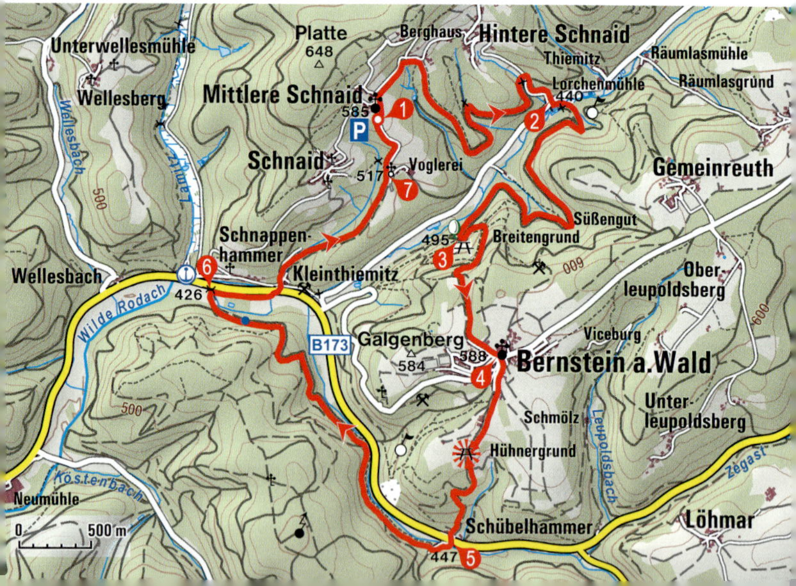

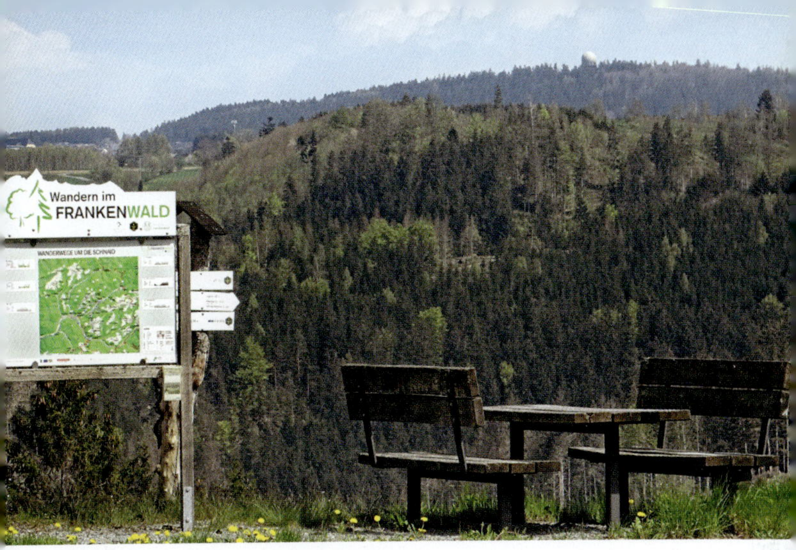

Rastplatz am Beginn der Wanderung.

In **Mittlere Schnaid** ❶ gehen wir vom Dorfplatz an der Kirche vorbei und anschließend an der Straße entlang rechts hinunter in den Weiler **Hintere Schnaid**. Hier führt uns gleich am Anfang des Dorfes der Wanderweg nach rechts, und nach etwa einer halben Stunde erreichen wir die **Lorchenmühle** ❷ im Thiemitztal. Wir überqueren die Straße und folgen dem FrankenwaldSteigla »Süßengut-Weg« an einigen Fischteichen vorbei bis zu einem Fahrweg. Diesen gehen wir nach rechts und kommen nach reichlich zwei Kilometern zu der aus zwei Gebäuden bestehenden Einzelsiedlung **Breitengrund**. Bevor wir hier nach links Richtung Bernstein abbiegen, lassen wir uns einen Abstecher zur **Eibe** ❸, dem ältesten Baum des Frankenwaldes, nicht entgehen.

Anschließend führt uns der Süßengut-Weg durch den Wald hinauf und später über aussichtsreiche Fluren bis nach **Bernstein am Wald** ❹. Wir überqueren die Hauptstraße und lassen uns von der Ausschilderung Richtung Schübelhammer durch das Dorf leiten. Schließlich geht es auf einem Feldweg über die Hochfläche und bald steil durch den Wald hinunter nach **Schübelhammer** ❺ im Tal der Wilden Rodach. Gegenüber erblicken wir ein schlossähnliches Gebäude, den ehemaligen Gasthof Fels.

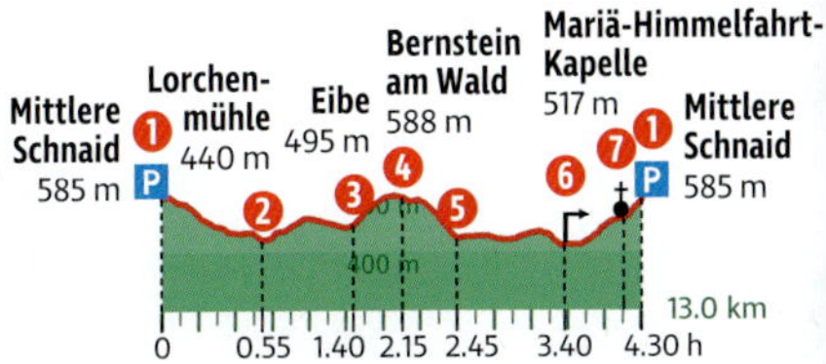

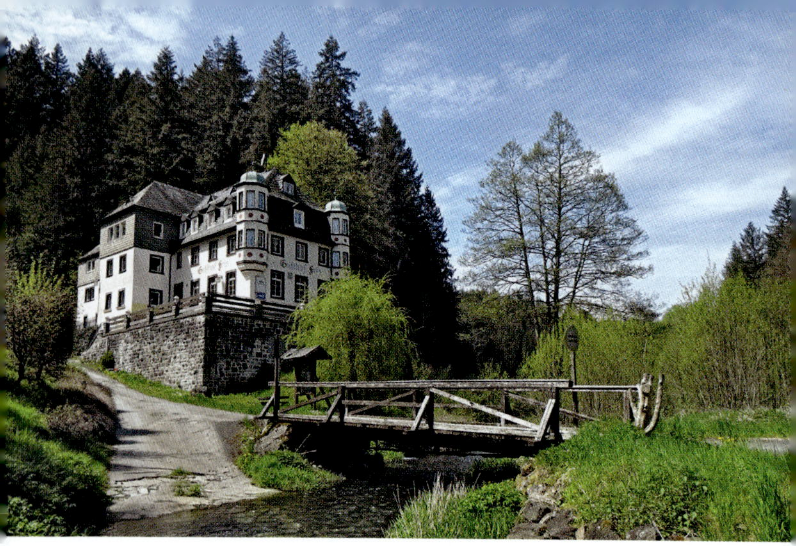

Der ehemalige Gasthof Fels am Ufer der Wilden Rodach.

Hinter dem Haus führt uns nun der Süßengut-Weg als schmaler Pfad am Hang entlang durch das Rodachtal. Nach etwa drei Kilometern erreichen wir bei **Schnappenhammer** 6 wieder die B173. Wir biegen nach rechts in den asphaltierten Fußweg ein und folgen wenig später der Ausschilderung Richtung Kleinthiemitz nach links über die Bundesstraße hinweg. Unser Wanderweg führt uns durch die Siedlung **Kleinthiemitz** hindurch und an der rechten Hangseite aufwärts zur **Mariä-Himmelfahrt-Kapelle** 7 bei Voglerei. Der Bauer Friedrich Vogler ließ der Legende nach das kleine Gotteshaus als Dank für den missglückten Raubüberfall auf seinen Hof errichten und schenkte es im Jahre 1839 der Steuergemeinde Schnaid.

Wir passieren das kleine Kirchlein und wandern auf der Straße aufwärts, bis wir wenig später unseren Ausgangspunkt am Dorfplatz von **Mittlere Schnaid** 1 erreichen.

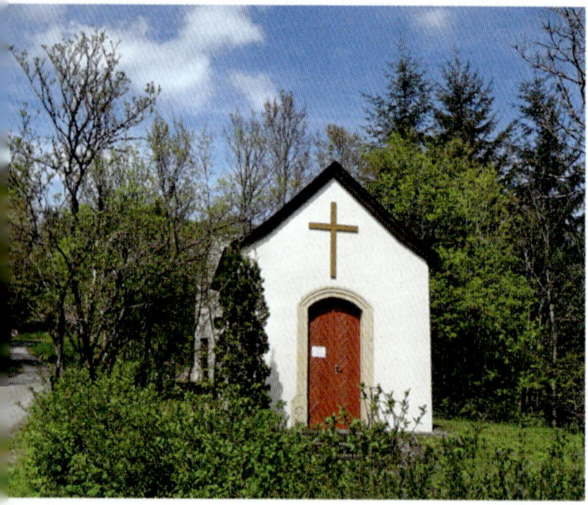

Die Mariä-Himmelfahrt-Kapelle.

↗ 650 m | ↘ 650 m | 17.9 km

6.10 h

Dörenberg, 717 m

29

Über die Bischofsmühle zum Bärenplatz

Tief eingeschnittene Täler und aussichtsreiche Höhen wechseln sich auf dieser Rundwanderung zum einsamen Bärenplatz auf der bewaldeten Kuppe des Dörenberges ab. Ob verschwundene Burgen am Aussichtspunkt Schwamma und dem Burgstall Rodeck, verschlafene Dörfer auf aussichtsreichen Anhöhen oder der sagenumwobene Siebenfreund-Felsen, an dem noch heute der Geist eines gnadenlosen Schlossverwalters umherirren soll – auf dieser abwechslungsreichen Tour gibt es viel zu entdecken.

Ausgangspunkt: Wanderparkplatz Überkehr, 445 m (GPS: 50.2606322N, 11.5631903E), an der Straße zwischen Schwarzenstein und der B173.
Anfahrt mit ÖPNV: Keine Verbindung.
Anforderungen: Lange Wanderung mit teils steilen Auf- und Abstiegen erfordert Kondition und stellenweise Trittsicherheit.
Einkehr: In Schwarzenstein Gasthaus Ströhla, Tel. +49 9289 6738, und Metzgerei Thüroff; Gasthof Bischofsmühle, Tel. +49 9289 367, gasthof-bischofsmuehle.de.

Am **Wanderparkplatz Überkehr** ❶ wandern wir den Forstweg aufwärts. Er führt uns immer parallel zur Bundesstraße am Hang entlang. Nach etwa einer halben Stunde stößt von links der Weg mit der Markierung DÖ 81 zu uns. Wir wandern weiter geradeaus und folgen von nun an dieser Markierung. Sie bringt uns bald hinauf in den Weiler **Schönbrunn** ❷. Am Wegweiser übernimmt nun die Markierung DÖ 34 Richtung Oberschwarzenstein.

Am Aussichtspunkt Schwamma gab es früher gleich zwei mittelalterliche Burgen.

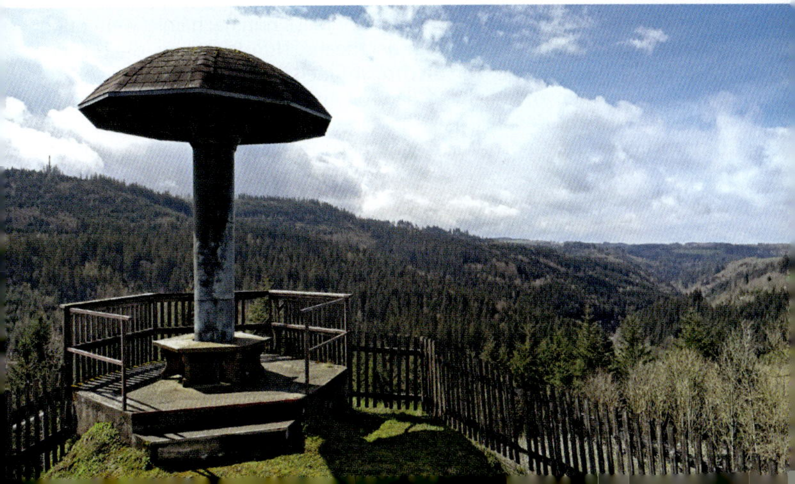

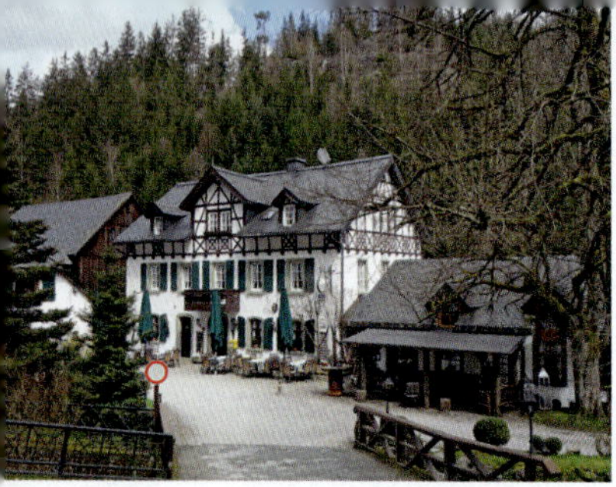

Die Bischofsmühle lädt zur Einkehr.

Auf der schmalen Teerstraße verlassen wir das Dorf und folgen dieser bis nach **Schwarzenstein am Wald**. Am Dorfplatz mit dem Kriegerdenkmal biegen wir rechts in den Schlossberg ein und folgen damit der Ausschilderung »zum Schwamma«. Die Markierung DÖ 37 führt uns aus dem Dorf hinaus, und wenig später leitet uns ein Wegweiser nach links zum **Aussichtspunkt Schwamma** ❸. Diesen Abstecher sollten wir uns nicht entgehen lassen. Gleich zwei mittelalterliche Burgen thronten einst auf dem aussichtsreichen Bergsporn hoch über dem Tal der Wilden Rodach. Heute lädt ein schöner Rastplatz zum Verweilen ein.

Zurück am Wanderweg, folgen wir diesem nun nach links. Die Markierung DÖ 37 bringt uns hinunter ins Tal. Hier gehen wir die Straße kurz nach rechts und nehmen dann den Fahrweg, der nach links Richtung Bischofsmühle führt. Unsere bereits bekannte Wegmarkierung leitet uns, dem Lauf der hier noch jungen Wilden Rodach folgend, ins Tal hinein, bis wir linker Hand einen **Floßteich** ❹ erblicken. Hier führt uns nun die DÖ 37 nach links über den Damm und anschließend am anderen Ufer des Teiches weiter taleinwärts. Am Ende des kleinen Weihers geht es nun nach links in ein schmales, steiles Seitental hinein Richtung Rodeck und Hohenzorn. Der Weg führt bald über Treppen hinauf zu einer schmalen Straße. Wir überqueren diese und folgen dem Weg geradeaus zum **Burgstall Rodeck** ❺. Von hier können wir einen Blick über das Rodachtal bis zum Schwamma erhaschen.

Zurück an der kleinen Straße, wandern wir diese nun nach links weiter und gehen an der nächsten Gabelung geradeaus. Nun leitet uns die Markierung DÖ 21 hinunter bis zur **Bischofsmühle** ❻. Wir passieren das Gasthaus und nehmen anschließend den mit einem roten Symbol markierten Frankenwaldsteig, der uns nach links und teilweise recht steil bis nach **Unterbrumberg** ❼ führt. Wir biegen nach rechts in die kleine Zufahrts-

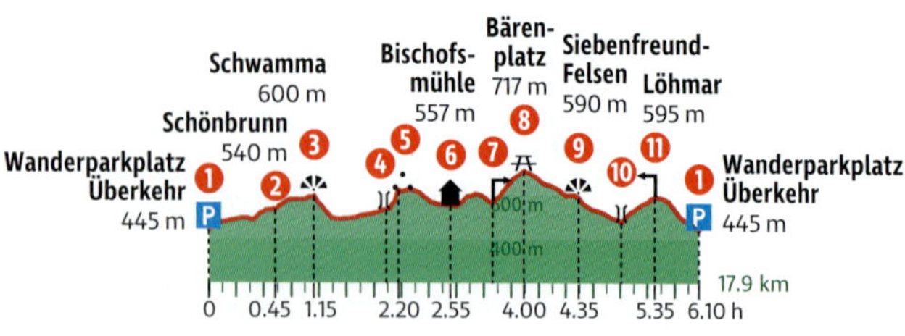

straße ein und durchqueren das Dorf. Am Ende geht das Sträßlein in einen Feldweg über, und die Markierung DÖ 38 führt uns den Berg hinauf. Oben angekommen, stoßen wir an einem Wegweiser auf einen Fahrweg. Hier übernimmt nun die Markierung 55. Wir wandern nach links Richtung Siebenfreund-Felsen und kommen wenig später an den Abzweig mit Wegweiser. Hier gehen wir nach rechts und erreichen nach 200 Metern den **Bärenplatz** 8 am **Dörenberg**. Eine kleine Sitzgruppe lädt zum Verweilen ein.

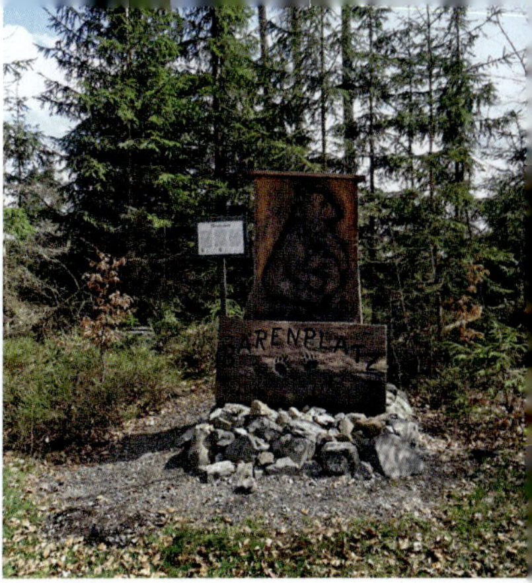

Holzskulptur am Bärenplatz.

Nun geht es wieder zurück bis zum Weg Nr. 55, den wir nach rechts weiterwandern. Er führt uns stetig bergab zum sagenumwobenen **Siebenfreund-Felsen** 9. Unterhalb des Felsens quert eine Forststraße. Nun gehen wir nach rechts und folgen dem Wilden Rodachbach talwärts. Am nächsten Wegweiser wandern wir geradeaus, halten uns danach an der Gabelung links und nehmen dann am Wegweiser nach der Rechtskurve den mit DÖ 34 markierten Pfad, der halb links Richtung Löhmar führt. Auf einer kleinen **Brücke** 10 geht es über die **Wilde Rodach** und anschließend über die Landstraße. Gegenüber leitet uns die Markierung DÖ 34 den Berg hinauf, und nach etwa 20 Minuten kommen wir in zum Weiler **Löhmar** 11. An der Bushaltestelle biegen wir links in die Dorfstraße ein und halten uns am Wegweiser im Ortskern an die Ausschilderung DÖ 82 Richtung Überkehr. Die Markierung führt uns bald darauf aus dem Dorf hinaus und aussichtsreich über die Felder der Anhöhe. Schließlich neigt sich der Weg nach rechts und bringt uns anschließend hinunter zum **Parkplatz Überkehr** 1.

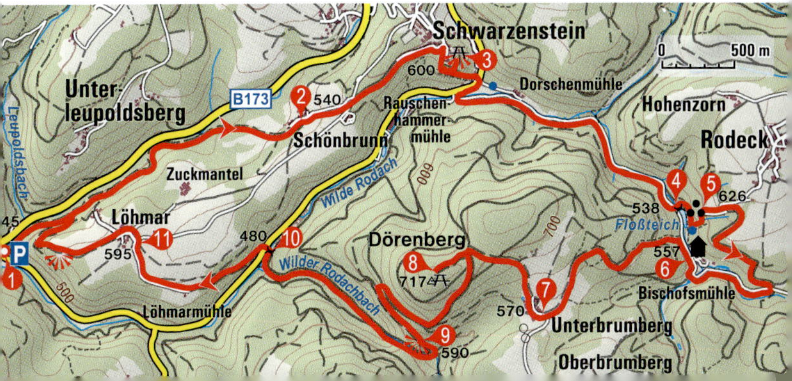

↗ 200 m | ↘ 200 m | 5.2 km

30 Lamitzpfad

1.45 h

Unterwegs im Reich des Bibers

Einer der schönsten Naturlehrpfade des Frankenwaldes ist zweifellos der Lamitzpfad bei Schnappenhammer. Über Holzstege, Brücken und auf schmalen Pfaden geht es durch das idyllische Lamitztal. Der kleine Fluss sowie die Teiche, Tümpel und Auenwälder werden seit der Renaturierung von zahlreichen Pflanzen und Tieren zurückerobert. Da, wo früher die Bedürfnisse der Flößerei dem Wasser seinen Weg vorgaben, gestalten heute Biber das Aussehen der Landschaft. Immer wieder entdeckt man ihre Burgen, Dämme und die typischen Nagespuren an gefällten Bäumen. Mit etwas Glück sieht man auch den Schwarzstorch lautlos durch die Lüfte schweben.

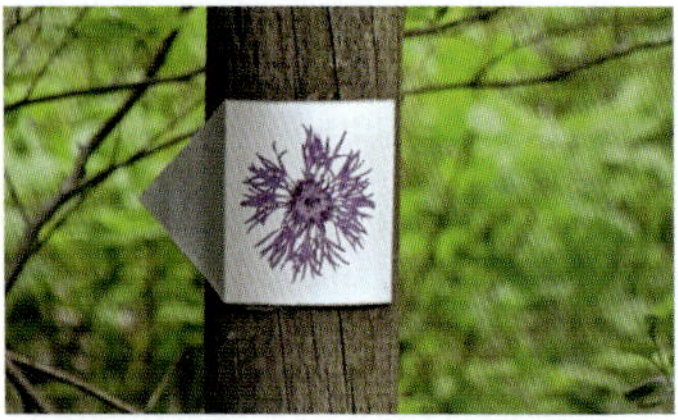

Flockenblumen-Markierung am Lamitzpfad.

Ausgangspunkt: Schnappenhammer, 405 m (GPS: 50.2775514N, 11.5259892E). Parkmöglichkeit an der B173 aus Fahrtrichtung Kronach rechts neben der Straße.
Anfahrt mit ÖPNV: Keine Verbindung.
Anforderungen: Pfade im Lamitztal können vor allem nach Regen oder während der Schneeschmelze sehr nass und schlammig sein.
Einkehr: Keine Möglichkeit.

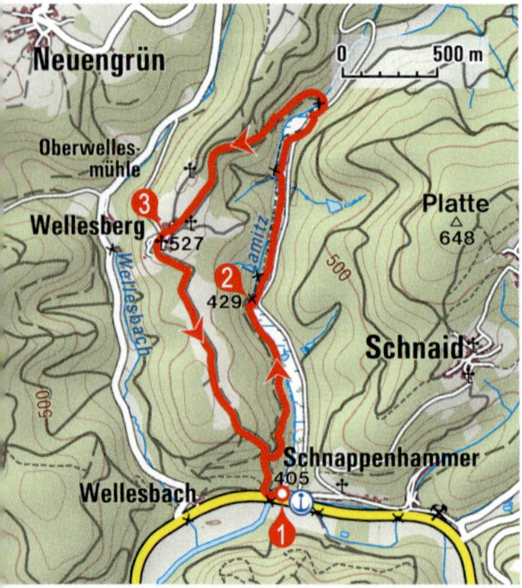

Wir starten unsere Wanderung in **Schnappenhammer** ❶. Hier beginnt ungefähr auf Höhe des Wehres an der Wilden Rodach der mit einer lila Flockenblume markierte Lamitzpfad. Ein Wegweiser leitet uns den steilen Forstweg hinauf, wo wir bald die erste Lehrtafel mit dem Thema »Geologie« erreichen. An der folgenden Weggabelung wandern wir nach rechts weiter. Der Forstweg bringt uns am bewaldeten Hang entlang allmählich ins Tal hinunter. Direkt vor einer Furt durch die Lamitz biegt unser Lehrpfad nach links in einen schmalen Wiesenweg ab. Nun geht es immer dem Bachlauf folgend teils auf Stegen, über

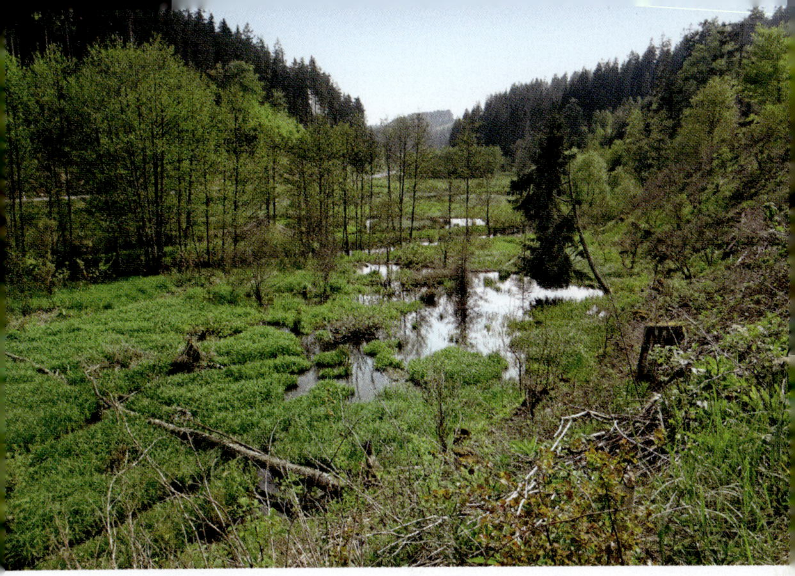

Renaturierte Flusslandschaft im Lamitztal.

Brücken und Pfade durch das idyllische **Lamitztal ❷**. Nach der Lehrpfad-Station »Frankenwaldtäler« überqueren wir ein letztes Mal den Bach. In einem Linksbogen führt uns der Weg nun den Hang hinauf. Von hier können wir noch einmal einen schönen Blick über das Tal mit seinen Teichen, Tümpeln und Auen genießen.
Von dort weiter kommen wir an einen Forstweg. Hier leitet uns die Markierung links und bringt uns nach etwa einer Viertelstunde hinauf in den Weiler **Wellesberg ❸**. In der Ortsmitte leitet uns die Markierung nach links und bringt uns zunächst über aussichtsreiche Höhen, später jedoch recht steil durch den Wald hinunter zum Ausgangspunkt **Schnappenhammer ❶**.

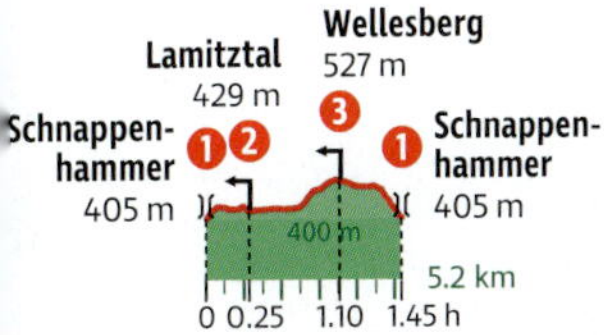

Kleine Stege führen immer wieder über das Wasser.

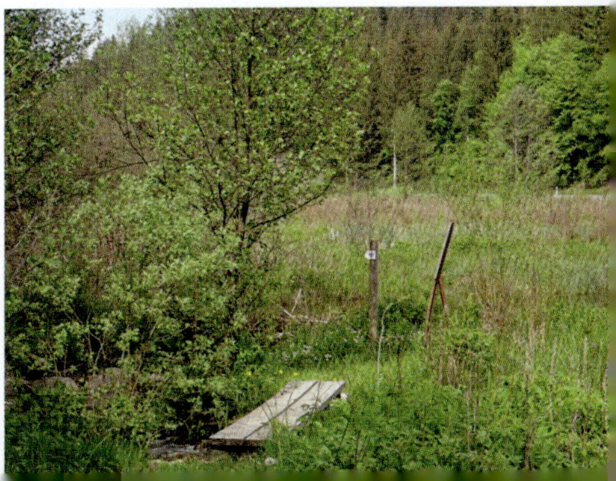

↗ 580 m | ↘ 580 m | 14.4 km

31 Leutnitztal

5.00 h

Abwechslungsreiche Rundwanderung um Wallenfels

Stille Täler, aussichtsreiche Höhen und verschlafene Bergdörfer prägen das Bild dieser abwechslungsreichen Wanderung links und rechts der Wilden Rodach. Hoch über Wallenfels lockt die urige Wanderhütte Herrgottswinkel mit hausgemachten Kuchen und fränkischen Brotzeiten zur Einkehr

Ausgangspunkt: Wallenfels, Wanderparkplatz Leutnitztal 360 m (GPS: 50.2761806N, 11.4568444E).
Anfahrt mit ÖPNV: Bus zwischen Kronach und Nordhalben bis Haltestelle »Wallenfels Abzw. Reupoldsberg«, südlich schräg gegenüber dem Parkplatz.
Anforderungen: Leichte Wanderung auf überwiegend bequemen Wegen und Pfaden.
Einkehr: Wanderhütte Herrgottswinkel (vorher über aktuelle Öffnungszeiten informieren!), Tel. +49 175 4791238, fwv-wallenfels.de/wanderhuette-herrgottswinkel.php; in Forstloh Gasthof Hubertusstüberl, Tel. +49 9262 344.
Hinweis: Der Friedhof von Wallenfels ist für Hunde verboten. Wanderer mit Hund müssen daher von der Schlossbergkapelle zurück und links auf dem Weg Nr. 6 hinunter nach Wallenfels gehen.

Blick über den ehemaligen Ringwall hinunter nach Wallenfels.

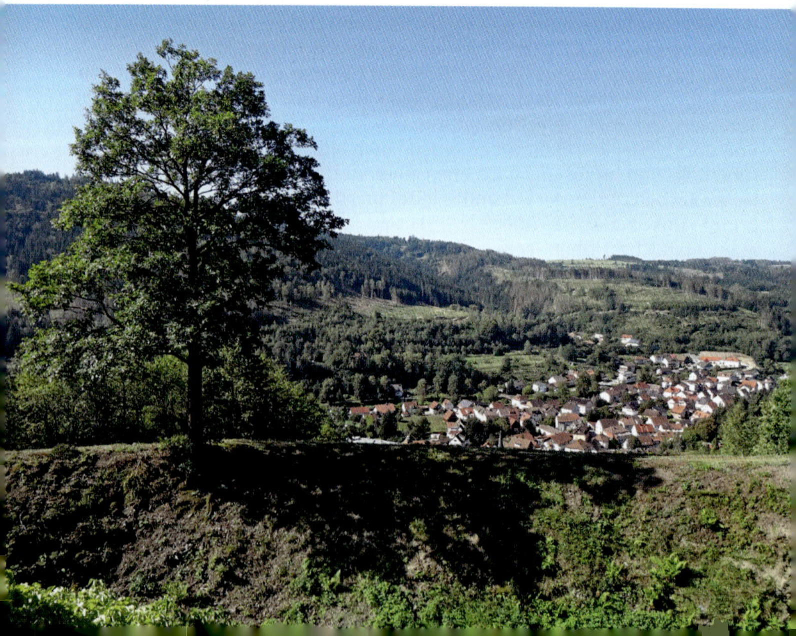

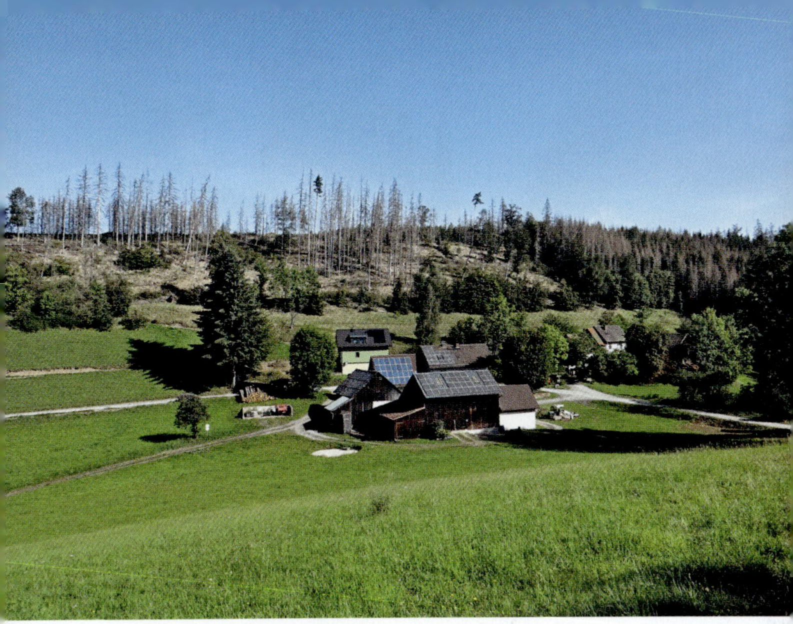

Beim verschlafenen Weiler Schindelthal.

Vom **Wanderparkplatz ❶** in **Wallenfels** wandern wir auf dem Weg Nr. RT 12 in das idyllische **Leutnitztal** hinein. Er bringt uns in etwa einer Stunde hinauf in den verschlafenen Weiler **Schindelthal ❷**. Hier stoßen wir auf den mit der Nummer 6 markierten Wallenfelser Höhenweg. Er führt uns auf der kleinen Zufahrtsstraße aus der Siedlung hinaus und anschließend rechts haltend oberhalb der Wiese bergauf.
Wenig später erreichen wir den Bergkamm und wandern nun auf dem Wallenfelser Höhenweg weiter. Lücken im Bewuchs des lichten Bergwaldes geben immer wieder den Blick über die Täler links und rechts des Höhenzuges frei. Nach circa drei Kilometern (etwa einer Stunde) erreichen wir einen **Sattel** oberhalb von Wallenfels. Hier, am Wegweiser, zweigt der Weg Nr. 6 nach

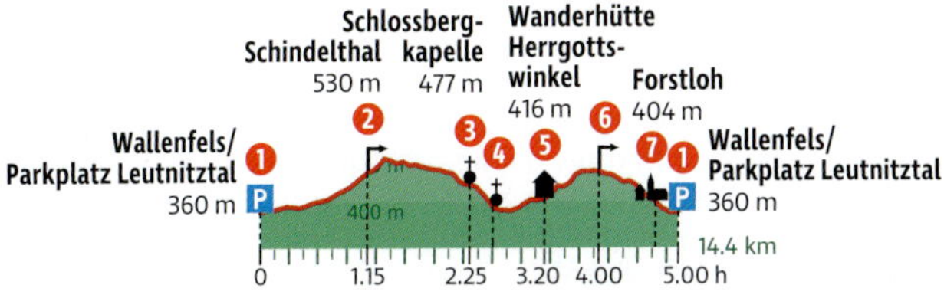

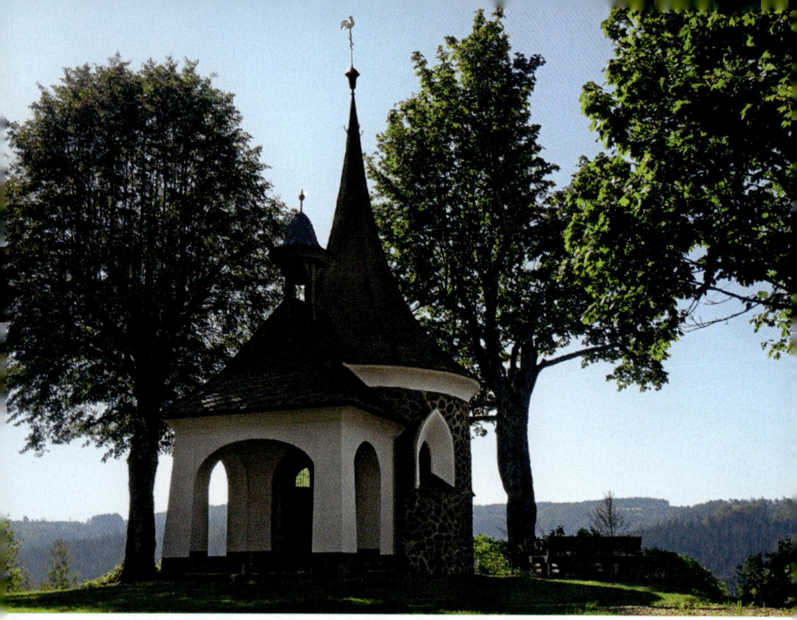

Die kleine Schlossbergkapelle von Wallenfels.

rechts ab (s. Hinweis). Wir gehen allerdings geradeaus zur 200 Meter entfernten **Schlossbergkapelle 3**. Auf dem einstigen Burgstall gelegen, hat man von dem kleinen Gotteshaus einen wunderschönen Blick hinunter ins Tal der Wilden Rodach. Eine Sitzgruppe lädt zum Rasten und Genießen ein. Anschließend gehen wir wieder zurück bis zur Infotafel über den Burgstall Wallenfels und nehmen nun den Pfad, der an der Tafel vorbei nach links am Hang entlangführt. Kleine Bildstöcke säumen den Weg, der sich schon bald im Zick-Zack den Hang hinunter schlängelt und uns zum **Friedhof** von **Wallenfels** bringt. Durch das Tor betreten wir den Gottesacker und folgen dem mit einem Kapellensymbol versehenen Weg hinunter zur **Pfarrkirche St. Thomas 4**.

Wir wandern zwischen Kirche und Friedhofsmauer hindurch und anschließend links hinunter bis zur Hauptstraße. Auf dieser gehen wir nun nach rechts und nehmen am nächsten Abzweig die Straße nach links. In der Folge halten wir uns rechts und folgen dem Straßenverlauf bis nach links eine Straße Richtung »Wanderhütte Herrgottswinkel« (grünes Schild) abzweigt. Hier gehen wir nun nach links, überqueren die Wilde Rodach und folgen weiter der Ausschilderung zur Wanderhütte. Sie leitet uns aus dem Ort hinaus und stetig bergan, bis wir nach etwa einer Viertelstunde die **Wanderhütte Herrgottswinkel 5** erreichen.

Hier biegen wir nun nach links ab und folgen von nun an dem FrankenwaldSteigla »Dörnach-Steig«. Er bringt uns bald auf einen Bergrücken und von hier durch einen unscheinbaren Graben, der einen der vielen historischen Hohlwege in den Wallenfelser Wäldern darstellt, hinauf an ein querende Forststraße. Hier folgen wir nun der Ausschilderung nach rechts und kommen nach einem knappen Kilometer in den Bergweiler **Dörnach** 6. Am Dorfplatz mit der kleinen Kapelle folgen wir dem Dörnach-Steig nach rechts und am Ortsausgang dann nach links. Aussichtsreich wandern wir über die Felder hinunter zur Einöde **Forstloh** 7. Von hier folgen wir der Zufahrtsstraße hinunter ins Tal, wo uns die Ausschilderung nach links leitet. Vor der Bundesstraße geht es dann auf dem asphaltierten Rad- und Fußweg nach rechts, unter der Bundesstraße hindurch und schließlich zurück zum **Wanderparkplatz** 1 in **Wallenfels**.

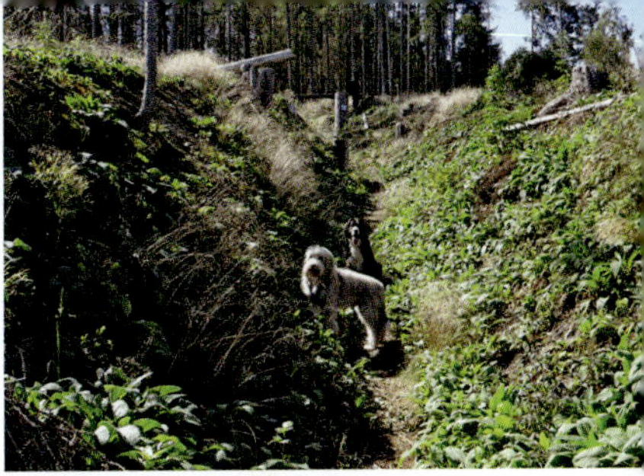

Zahlreiche historische Hohlwege durchziehen die steilen Hänge bei Wallenfels.

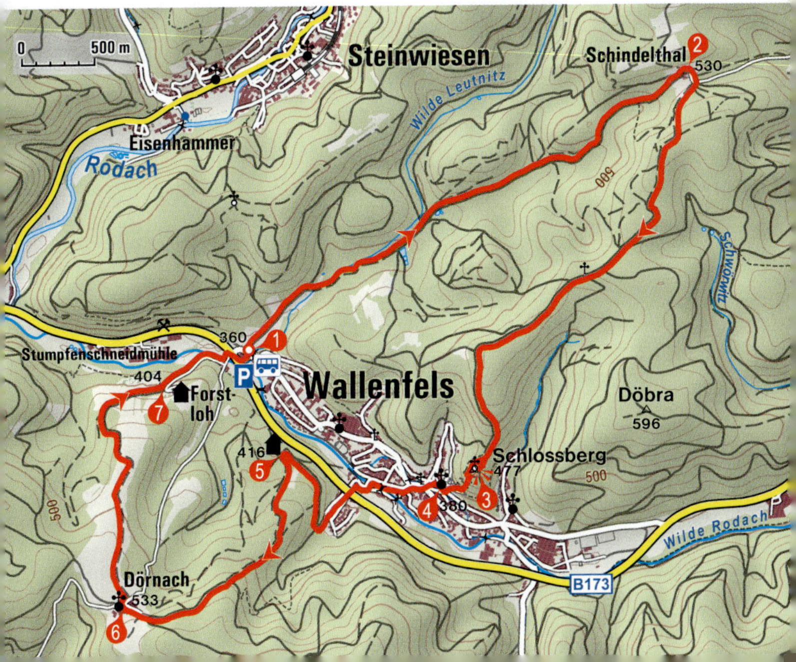

↗ 380 m | ↘ 380 m | 8.2 km

32 Kirchbühlkapelle, 625 m

3.00 h

Von Zeyern auf die Markgräfliche Höhe

Vogelgezwitscher und himmlische Ruhe umgeben uns bei einer Brotzeit am schweren Schiefertisch neben der Kirchbühlkapelle. Ein wenig Kondition ist aber schon gefragt, will man die fast 300 Höhenmeter von Zeyern hinauf zur Markgräflichen Höhe bezwingen. Der Bergwald hier oben ist oft licht. Hochwald, junge Bäume und Buschwerk wechseln sich ab. In den letzten Jahren fielen viele Fichten dem Borkenkäfer zum Opfer, wodurch sich uns Wanderern neue Ausblicke erschlossen. An anderen Stellen strebt Jungwald in die Höhe. Meist sind es Flächen, über die Orkan Kyrill im Jahre 2007 mit bis zu 180 Stundenkilometern hinwegfegte und dabei selbst mächtige Bäume entwurzelte oder brach. Schön zu sehen, wie sich die Natur an Veränderungen anpasst und Lücken im Wald bald wieder schließt.

Beim Aufstieg bieten sich immer wieder schöne Ausblicke.

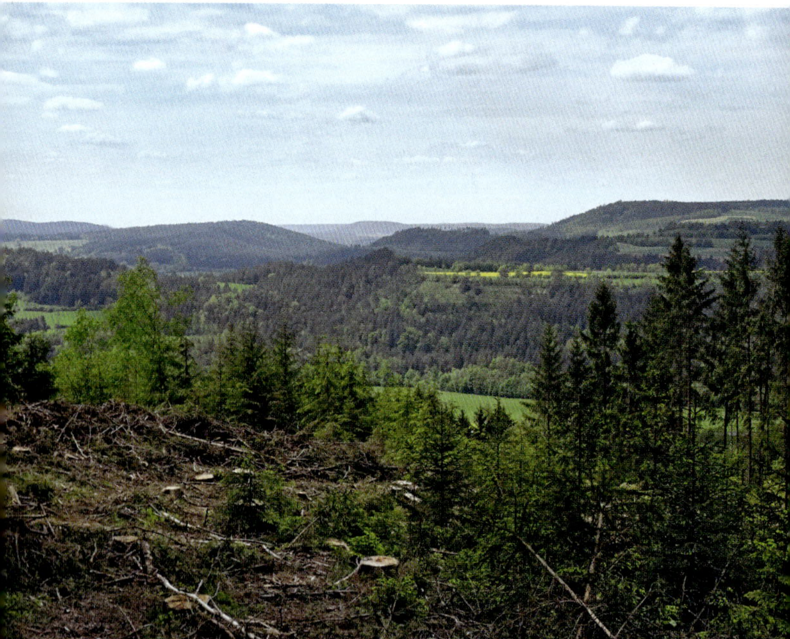

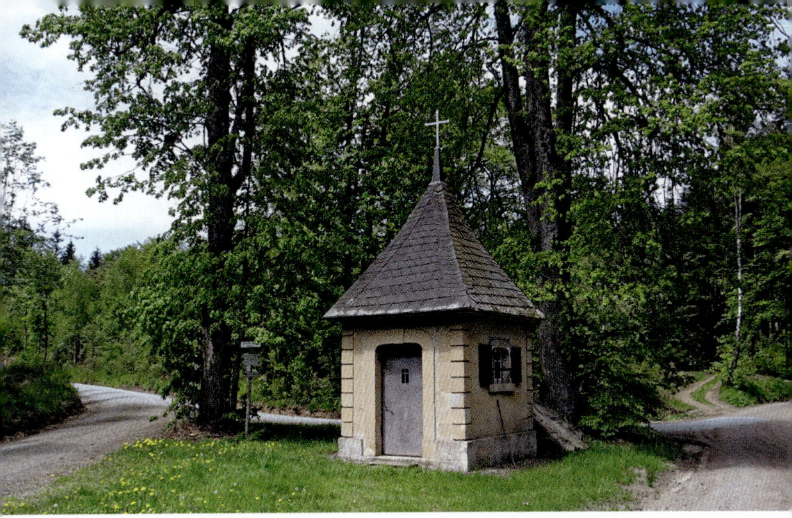

Die Kirchbühlkapelle ist das einzige, was von dem ehemaligen kleinen Weiler übrig geblieben ist.

Ausgangspunkt: Zeyern, Parkplatz am Waldspielplatz, 350 m (GPS: 50.2634761N, 11.4149819E). Anfahrt mit ÖPNV: Bus zwischen Kronach und Nordhalben bis Haltestelle »Zeyern Kreuzung«. Dann die St.-Leonhard-Straße in den Ort hineingehen und die Tour am Rastplatz Alte Dorfschmiede beginnen.
Anforderungen: Technisch leichte Wanderung auf bequemen Wegen, jedoch mit teils steilen Auf- und Abstiegen.
Einkehr: Keine Möglichkeit.

Vom **Parkplatz** ❶ in **Zeyern** aus wandern wir am **Waldspielplatz** vorbei und nehmen danach die kleine Straße nach rechts. Mit der Markierung KC 68 versehen, führt sie uns bald durch den idyllischen Zeyerngrund. Nach etwa zehn Minuten kommen wir an einen Abzweig. Hier gehen wir nach rechts und passieren den Wanderparkplatz, bevor uns der Weg Nr. KC 68 bald steil den Berg hinaufführt. Für die nächsten drei Kilometer geht es nun unermüdlich bergauf. Ab und an kann man durch den sonst recht dichten

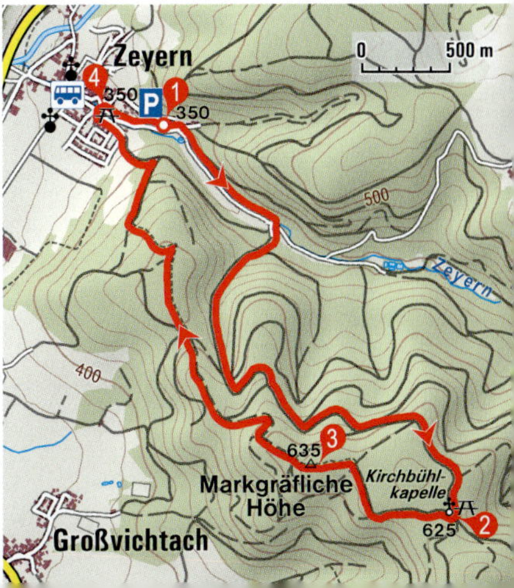

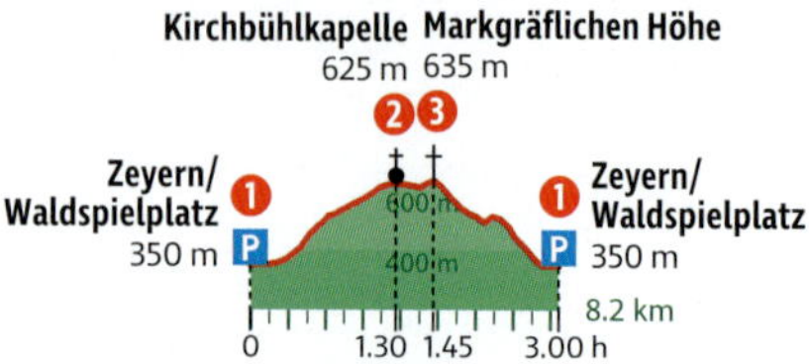

Bewuchs einen Blick über den Zeyerngrund zu den Höhen des Frankenwaldes erhaschen. Schließlich erreichen wir die an einer großen Wegkreuzung auf einem Sattel gelegene **Kirchbühlkapelle** 2. Sie ist das einzige, was vom einstigen Weiler Kirchbühl noch übrig ist. Auf der Grenze zwischen dem zum katholischen Hochstift Bamberg gehörenden Amt Wallenfels und dem evangelischen markgräflichen Vogteiamt Seibelsdorf gelegen, war der kleine Weiler mit seinen zwei Höfen über die Jahrhunderte auch immer Streitobjekt. Er bestand bis in die zweite Hälfte des 19. Jahrhunderts. Heute erinnern nur noch die 1841 errichtete Kapelle des katholischen der beiden Höfe und zwei gefasste Quellen an die einstige Siedlung.

Wir wählen an der Kirchbühlkapelle nun den Weg KC 46 Richtung Großvichtach. Am nächsten Wegweiser verlassen wir dann den befestigten Forstweg und folgen dem mit einem roten Symbol markierten Frankenweg halb rechts Richtung Zeyern. Er führt uns hinauf auf die bewaldete Kuppe der **Markgräflichen Höhe** 3. Von hier geht es nun, immer dem Verlauf des Frankenweges folgend, hinunter zum Ortsrand von **Zeyern**. Auf einer Wohnstraße wandern wir weiter talwärts. Dort, wo das Sträßlein rechts von einem Geländer begrenzt ist, unter dem der Zeyernbach munter plätschert, führt uns nun eine Treppe rechts hinunter und über den kleinen Bach hinweg. Hier, an dem liebevoll gestalteten **Rastplatz** 4, befand sich bis in die 1950er-Jahre hinein die **Alte Dorfschmiede**, an die heute nur noch eine Gedenktafel erinnert. Wir biegen nach rechts in die schmale Straße ein, die uns nach wenigen Minuten zurück zum **Parkplatz** 1 beim **Waldspielplatz** bringt.

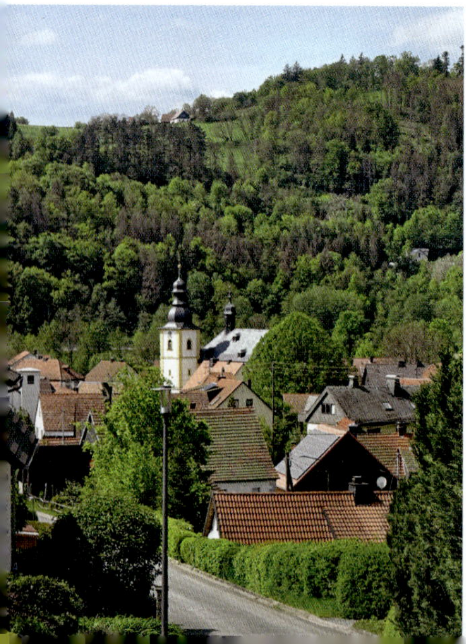

Eingebettet in die Wälder des Rodachtales liegt Zeyern mit der Pfarrkirche St. Leonhard.

↗ 410 m | ↘ 410 m | 8.0 km

3.00 h

Radspitze, 678 m

33

Aussichtsreiche Waldwanderung entlang der Fränkischen Linie

Herrliche Ausblicke ergeben sich vom 20 Meter hohen Radspitzturm und den umliegenden Höhen auf die reizvolle Landschaft des Obermainischen Bruchschollenlandes mit ihren zahlreichen Heckenstreifen. Der Blick reicht bis in die Fränkische Schweiz und ins Coburger Land. Hier an der Fränkischen Linie, einer bedeutenden geologischen Verwerfungszone, beeindruckt ein Höhenunterschied von 300 Metern vom Gipfel hinunter ins Losnitztal bei Seibelsdorf. Es ist der größte im Frankenwald. Auf dem einst historisch bedeutsamen Weiler Mittelberg, wo sich im Mittelalter ein markgräfliches Schloss befand, lädt die Radspitz-Stubn zu willkommener, freundlicher Einkehr.

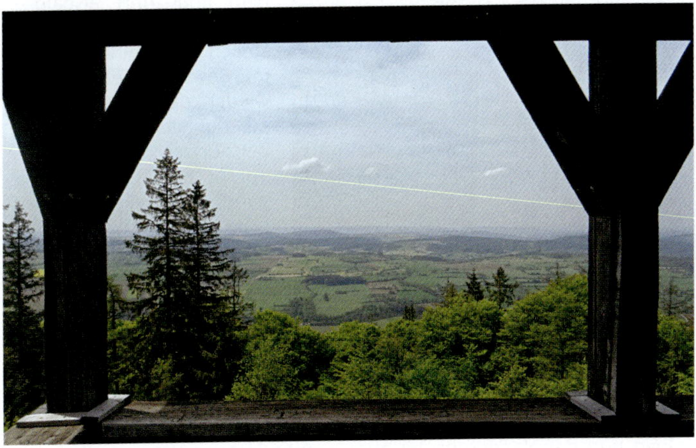

Blick von der Radspitze ins Obermainische Hügelland.

Ausgangspunkt: Seibelsdorf, Wanderparkplatz, 430 m (GPS: 50.2283031N, 11.4316894E).
Anfahrt mit ÖPNV: Bus zwischen Stadtsteinach und Unterrodach bis Haltestelle »Seibelsdorf«. Dann am Vogtsplatz der Ausschilderung zur Radspitze folgen (verlängert die Tour um etwa 1,5 km).
Anforderungen: Überwiegend bequeme Wege und Pfade, teils recht steiler Anstieg zur Radspitze.

Einkehr: In Mittelberg Radspitz-Stubn (Öffnungszeiten telefonisch erfragen!), Tel. +49 9223 7913967, radspitz-stubn.de.
Tipp: Seibelsdorf mit seinem schönen, historischen Dorfzentrum mit der mächtigen Friedenseiche und der sehenswerten Markgrafenkirche, die Mitte des 18. Jh. als Sandsteinquaderbau im Markgrafenstil erbaut wurde, sowie die Grünberg-Kneippanlage unweit unseres Ausgangspunktes.

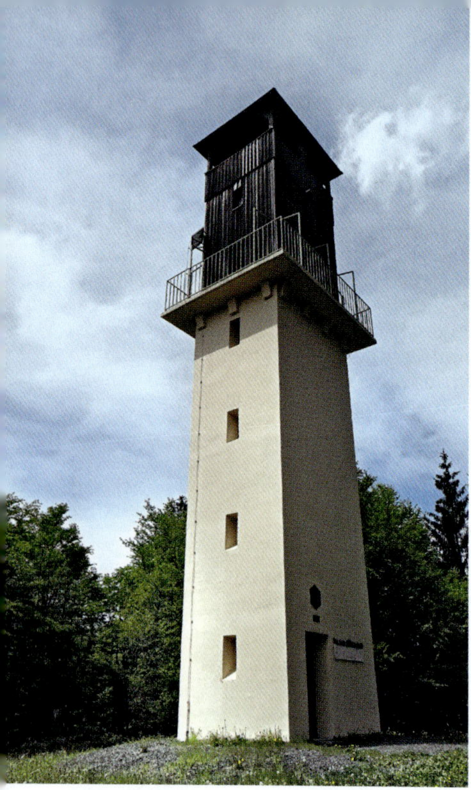

80 Stufen führen auf die obere Plattform des Radspitzturmes.

Am **Wanderparkplatz** ❶ bei **Seibelsdorf** erblicken wir eine Infotafel zum »Wandergebiet Radspitze«. Hier nehmen wir das Frankenwald-Steigla »Muschelkalkweg«, das vor der Tafel nach links in Richtung »Radspitzalm / Radspitzturm« führt. Zunächst geht es gemütlich am Waldrand entlang, doch schon wenig später wendet sich der Muschelkalkweg nach rechts in den Wald hinein und führt alsbald in Kehren den teilweise recht steilen Hang hinauf. Lücken im Bewuchs geben immer wieder den Blick hinunter auf das kleine Örtchen Seibelsdorf frei.

Immer der Markierung folgend, erreichen wir nach etwa einer Dreiviertelstunde einen Wiesenhang mit fantastischer Aussicht. Mit etwas Glück kann man hier, am Drachen- und Gleitschirmfliegerstartplatz, beobachten, wie wagemutige Piloten ihrem luftigen Hobby frönen. Wir halten uns links und folgen nun der Markierung bis zum wenige Meter entfernten **Radspitzturm** ❷. Eine Besteigung des 20 Meter hohen Aussichtsturmes ist sehr lohnend, kann man doch hier aus luftiger Höhe einen Blick weit ins Fränkische hinein erhaschen.

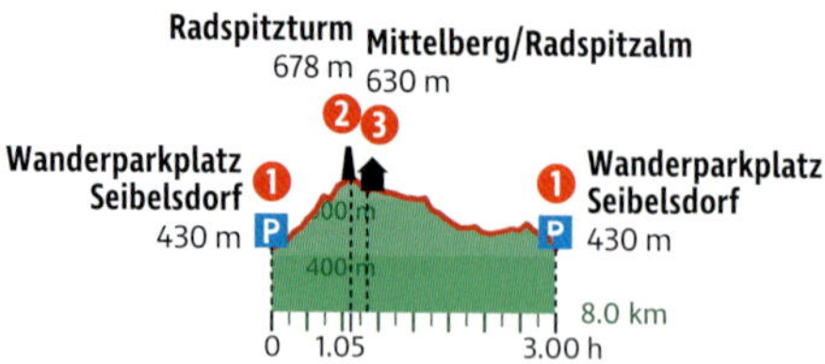

Der Muschelkalkweg führt uns nun sanft hinunter in den Weiler **Mittelberg** mit der **Radspitzalm** ❸, wo sich durstige Wanderer am Getränkeautomaten mit etwas Kühlem versorgen können. Auch das Gasthaus **Radspitz-**

Stubn lockt hier zuweilen mit leckeren Speisen und Getränken. Wir wandern auf der kleinen Straße nach links den Berg hinauf. Der Muschelkalkweg führt uns zunächst auf der Straße entlang, zweigt jedoch schon bald nach rechts ab. Nun geht es aussichtsreich über die Felder bis zum Waldrand. Dort leitet uns die Markierung nach links und schließlich durch den Wald abwärts, bis wir an einen Fahrweg stoßen. In diesen biegen wir nach rechts ein und wandern bis zum nächsten Wegweiser. Hier verlassen wir den Muschelkalkweg und wandern geradeaus, dem Weg Nr. 59 folgend, Richtung Seibelsdorf. Dieser bringt uns in etwa einer Dreiviertelstunde zu unserem Ausgangspunkt am **Wanderparkplatz** ❶.

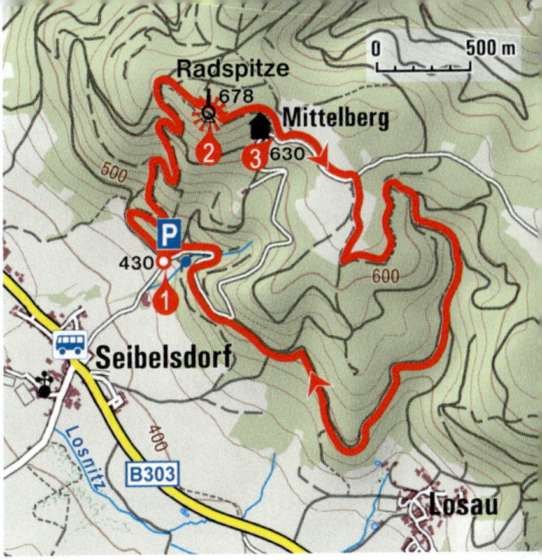

An der Radspitzalm in Mittelberg.

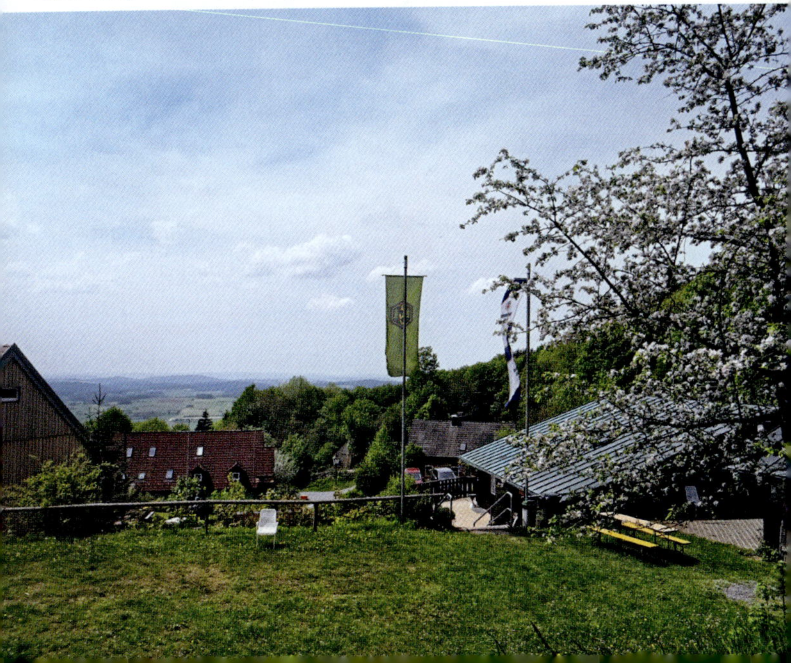

↗ 480 m | ↘ 480 m | 13.7 km

34 Lucas-Cranach-Turm, 494 m

4.40 h

Durch den Stübengraben auf den Kaltbucher Knock bei Kronach

Diese abwechslungsreiche Rundwanderung eignet sich vortrefflich für alle, die ihren Stadtbummel in Kronach mit einer kleinen Tour durch die einsamen Wälder des Frankenwaldes verbinden wollen. Vor den Toren der berühmten fränkischen Stadt lockt bereits seit 1884 ein Aussichtsturm die Sommerfrischler in die Natur. Der heutige Steinturm wurde 1913 eingeweiht und kann über 88 Stufen erklommen werden. An seinem Fuße laden Bänke zum Rasten und Verweilen ein.

Ausgangspunkt: Kronach, Wanderparkplatz Hammermühle, 310 m (GPS: 50.2304911N, 11.3286028E).
Anfahrt mit ÖPNV: Keine Verbindung.
Anforderungen: Leichte Wanderung auf überwiegend bequemen Wegen und Pfaden.
Einkehr: Waldschänke im Stübental, Tel. +49 9261 3086802, waldschaenke imstuebental.de; Wirtshaus Fröschbrunna, Tel. +49 9261 91203, froesch brunna.de.

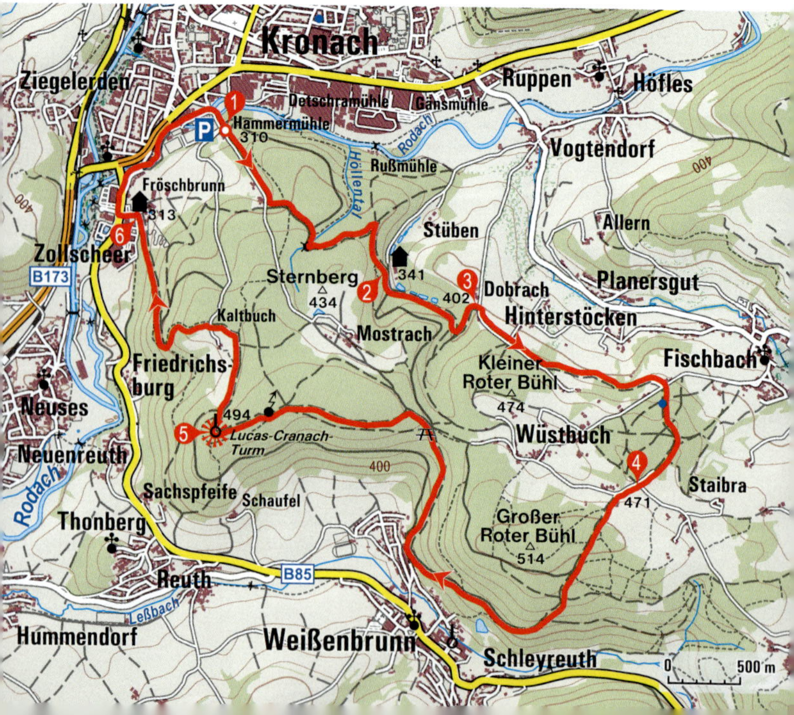

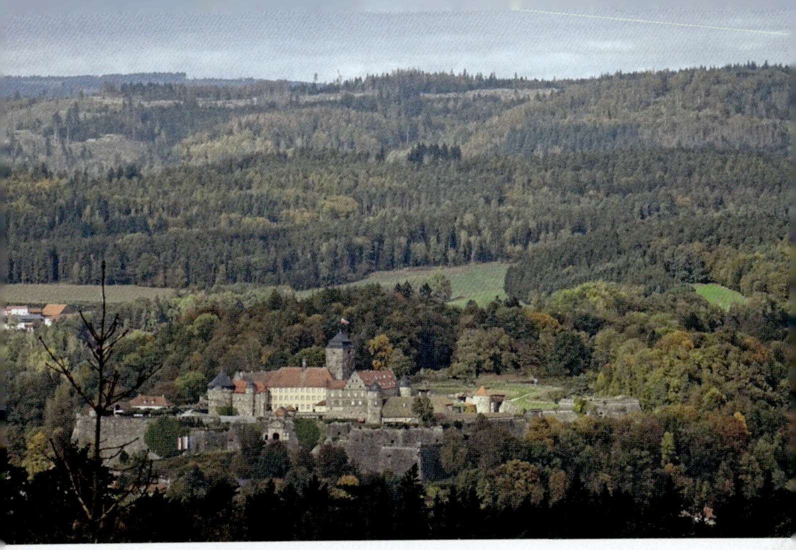

Die Festung Rosenberg thront über Kronach.

Vom **Wanderparkplatz** ❶ in **Kronach** aus gehen wir zunächst auf der schmalen Straße aufwärts. Schon bald passieren wir einige Hausgrundstücke und nehmen nach dem Haus mit der Nr. 5A den Forstweg, der links in den Wald hineinführt. Wir folgen nun immer dem Verlauf des befestigten Weges. Er bringt uns nach etwa zehn Minuten durch eine Senke hindurch und anschließend wieder aufwärts. Nach circa einem halben Kilometer ist nun etwas Aufmerksamkeit erforderlich: Wo der befestigte Fahrweg eine leichte Linkskurve beschreibt, nehmen wir den Waldweg, der halb rechts abzweigt und biegen nach etwa 20 Metern gleich wieder scharf rechts ab. Der Weg führt uns nun immer an der Bergflanke entlang hinunter in den **Stübengraben** ❷. Wir biegen in Nähe der Waldschänke im Stübental nach rechts in den Fahrweg ein und gehen anschließend nach den Pferdekoppeln nach links weiter. Die Wegmarkierung KC 62 leitet uns an einigen Fischteichen vorbei an einen Querweg, in den wir nach links Richtung Fischbach einbiegen. Von nun an führt uns das FrankenwaldSteigla »Stübengrabenweg«. Es geht hinauf an den Ortsrand von **Hinterstöcken** ❸, wo wir nach rechts auf der schmalen Siedlungsstraße immer oberhalb des Dorfes entlangwandern. Circa 300 Meter nach der Bushaltestelle zweigt unser FrankenwaldSteigla halb links von der Straße ab.
Nach etwa zehn Minuten überqueren wir eine Landstraße. Hier übernimmt nun die Markierung KC 12. Sie leitet uns durch den Wald hindurch zum Weiler **Staibra** ❹, wo wir in einer Kurve an die Fahrstraße stoßen. Diese wandern wir für ein kurzes Stück geradeaus und biegen nach 150 Metern

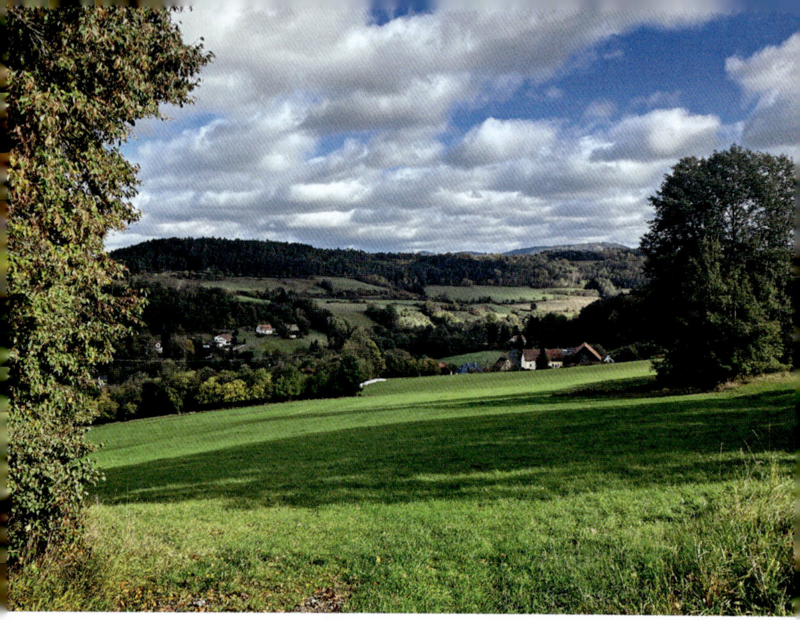

Typische Frankenwaldlandschaft bei Hinterstöcken.

links in einen Feldweg ab. Am Waldrand erkennen wir auch wieder die Markierung KC 12. Sie führt uns nach einiger Zeit bergab zu einer Wegkreuzung mit Wegweiser. Hier stoßen von links einige Wanderwege, darunter wieder der Stübengrabenweg und der FrankenwaldSteig, zu uns. Wir wandern geradeaus weiter recht steil bergab und stoßen schließlich auf einen querenden Fahrweg. In diesen biegen wir nach rechts ab.

Wenig später lassen wir den Abzweig der markierten Wanderwege links liegen und gehen auf dem nun unmarkierten Fahrweg geradeaus weiter. Aus dem Tal dringen Zivilisationsgeräusche zu uns herauf, und nach einer Viertelstunde kommen wir wieder an den markierten Wanderweg. Er führt uns den Berg hinauf zu einer großen Wegkreuzung mit Wegweiser. An dieser biegen wir links in den befestigten Fahrweg ein und folgen

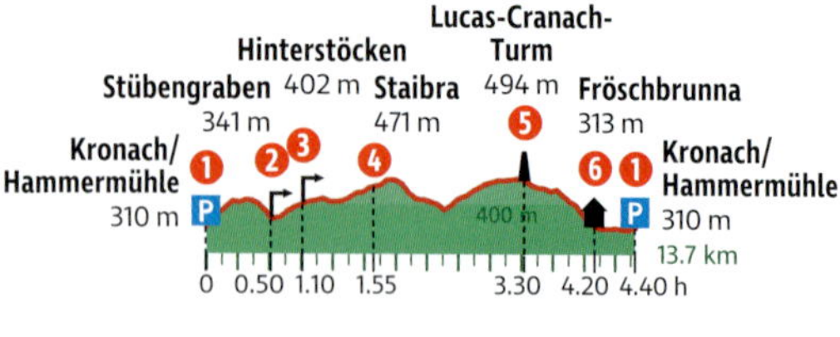

der Ausschilderung »Lucas-Cranach-Turm 1,6 km«. Wenig später ist etwas Aufmerksamkeit erforderlich: Unser Frankenwaldsteig zweigt hier nach links vom Fahrweg ab und führt uns als Waldweg bis zum **Lucas-Cranach-Turm** 5. Von seiner Aussichtsplattform in knapp 20 Metern Höhe können wir einen schönen Blick über den Frankenwald bei Kronach genießen.
Vor dem Turm führt nun unser Wanderweg rechts abwärts und wenig später auf dem Fahrweg abermals rechts. Wir umrunden den idyllisch gelegenen Weiler Kaltbuch und folgen am Wegweiser der Ausschilderung Richtung Kronach Fröschbrunna. Der Weg führt uns stetig abwärts, bis wir nach der Sommerrodelbahn das **Wirtshaus Fröschbrunna** 6 erreichen. Hier gehen wir links bis zur Hauptstraße, biegen davor rechts in den Fußweg ein und wandern gleich danach halb rechts auf der schmalen Weißenbrunner Straße weiter. Diese geht bald in einen Fußweg über, der uns nun am Ufer der Rodach entlang zu den Sportanlagen Hammermühle bringt. Nach den Sportplätzen biegen wir rechts in die schmale Straße ein und erreichen so unseren **Parkplatz** 1 in **Kronach**.

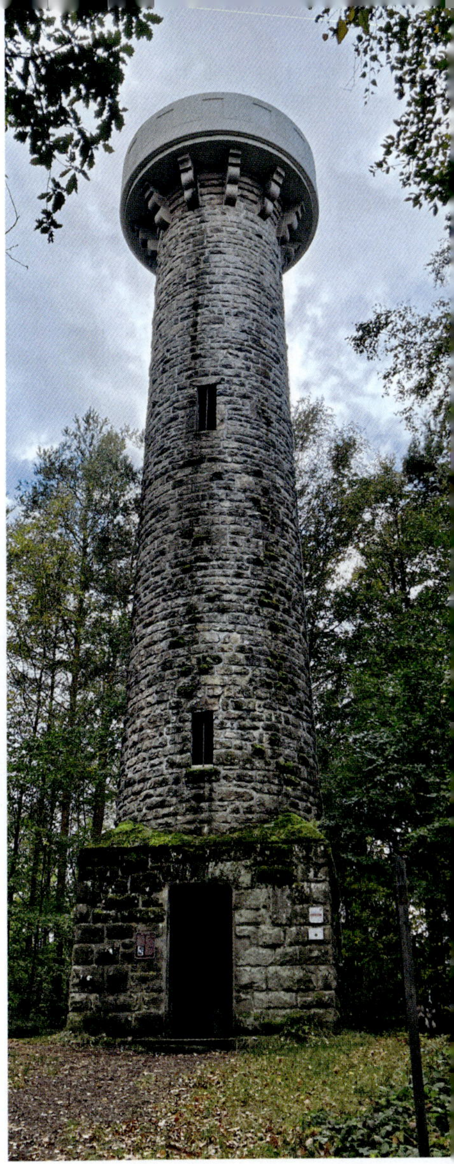

Versteckt im Wald der Kaltbucher Höhe befindet sich der Lucas-Cranach-Turm.

↗ 280 m | ↘ 280 m | 8.0 km

35 Ruinen über dem Steinachtal

2.45 h

Bergwanderung zum Ringwall Grünbürg und zur Burgruine Nordeck

Hoch über dem Steinachtal thronten einst mächtige Burganlagen. Während von der Ringwallanlage Grünbürg, die vermutlich vor mehr als 1000 Jahren als Fliehburg begründet wurde, nur noch der sehr gut erhaltene Ringwall sowie ein Graben und ein weiterer Wall erkennbar sind, kann man an der Burgruine Nordeck noch um verfallene Gemäuer streifen. Die massiv befestigte mittelalterliche Spornburg wurde etwa im 10./11. Jahrhundert auf einem Flaserkalkmassiv errichtet. 1525 wurde sie im Bauernkrieg zerstört und aufgegeben. Die Reste eines runden Wohnturmes aus Kalksteinquadern und Mauern der Umwehrung wurden vor einigen Jahren grundlegend saniert.

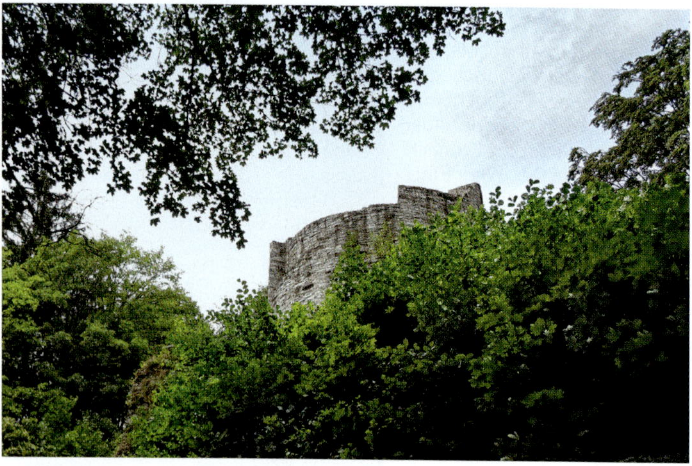

Am Fuße der mittelalterlichen Burgruine Nordeck.

Ausgangspunkt: Schneidmühle am Hochofen, 345 m (GPS: 50.1709036N, 11.5137892E). Parkmöglichkeiten vorhanden; weitere Parkplätze am Sportplatz TSV Stadtsteinach (50.1675450N, 11.5085617E) sowie unter der Brücke der B303 (50.1698472N, 11.5120056E) mit Fußweg zur Schneidmühle.
Anfahrt mit ÖPNV: Keine Verbindung.
Anforderungen: Schmale Bergpfade im ersten Teil verlangen Trittsicherheit, später überwiegend gute Waldwege und kurze Abschnitte auf Forst- und Fahrwegen. Bei stärkerem Wind Gefahr durch herabfallendes Totholz im urwüchsigen Naturwald!
Einkehr: Waldschänke Oberhammer im Steinachtal (vorher Öffnungszeiten erfragen!), Tel. +49 9225 2669888, waldschaenke-oberhammer.de.

Wir starten unsere Wanderung an der **Schneidmühle am Hochofen** ❶, nördlich von **Stadtsteinach**. Von der restaurierten Mühle mit funktionstüchtigem Sägewerk und Wasserrad folgen wir der blauen Markierung des FrankenwaldSteigla »Zum Forstmeistersprung« in Richtung Grünbürg. Bald überqueren wir den Mühlbach und gehen wenig später im Wald links weiter. Kurz darauf stoßen wir auf einen Schotterweg und biegen scharf rechts ab.

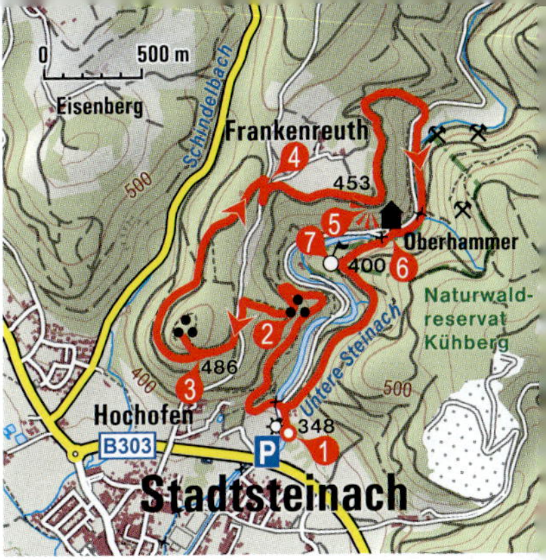

Ein paar Schritte weiter beginnt nun der spannende Aufstieg auf einem schmalen, ausgetretenen Bergpfad. Mit der blauen Markierung eines FrankenwaldSteiglas und dem Zeichen KU 33 geht es im steilen Berghang gemächlich aufwärts. Auf den nächsten 700 Metern halten wir uns im abwechslungsreichen Laubmischwald aus Rot- und Hainbuchen, Bergahorn und jungen Linden immer geradeaus. An einer Pfadgabelung (links verblichene Wegmarkierung an Buche) halten wir uns auf dem oberen Weg. So gelangen wir zu einem Fahrweg, der uns nach links zur Infotafel eines namenlosen **Burgstalls** ❷ bringt. Von einer kleinen felsigen »Kanzel« des Burghügels lässt sich gut in den Talausgang der Unteren Steinach und auf Stadtsteinach schauen.

Anschließend überqueren wir den Fahrweg und steigen auf dem Bergkamm weiter bergan. Auf einer Asphaltstraße nach links erreichen wir die große Infotafel »Grünbürg«. Von nun an folgen wir nur noch der Markierung KU 33. Auf einem befestigten Fahrweg geht es weiter zum **Abzweig zur Ringwallanlage** ❸. Beim Anstieg sind der untere Ringwall, mit einem flachen Graben dahinter, sowie der obere gut auszumachen. Entlang

Der Steinachfelsen: ein stiller Platz mit Ausblick nach Stadtsteinach.

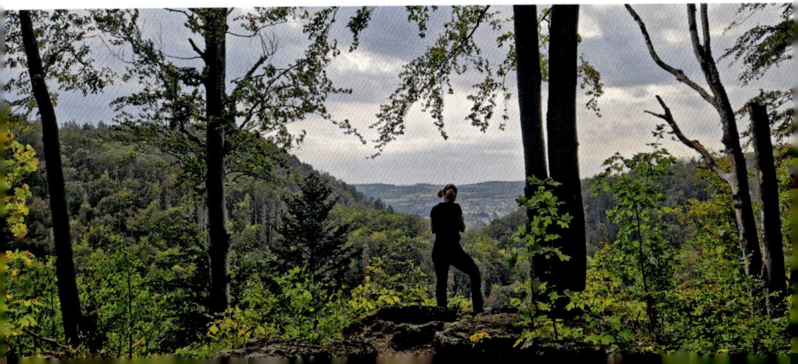

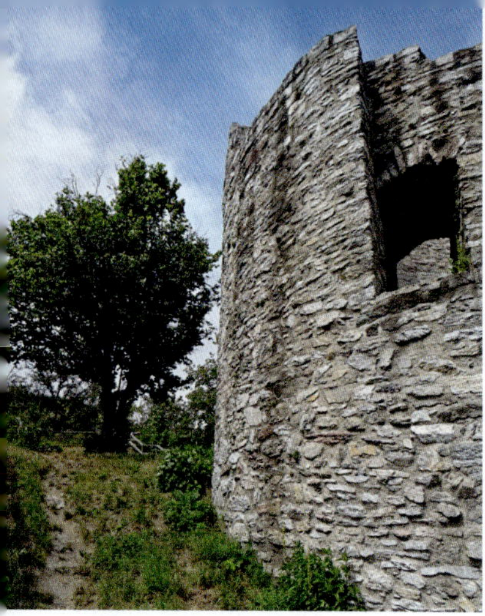

Der Wohnturm Nordecks.

dieses deutlichen Ringwalls können wir eine 400 m lange Runde in diesem geschichtsträchtigen Gelände drehen. Heute bedeckt ein wilder Buchenwald den einstigen Siedlungsplatz. Am Boden des Naturdenkmals sind Waldmeister, Springkraut und Maiglöckchen zu finden. Schwarze Gesteinsbrocken liegen hier verstreut.

Wieder zurück am **Abzweig zur Ringwallanlage** ❸ gehen wir rechts weiter. Vorbei an einem kleinen Rastplatz mit Schautafel umrunden wir fast die ganze Bergkuppe und gelangen nach etwa 20 Minuten wieder an eine **Straße** ❹. Wir biegen nach rechts ein und folgen ihr unmarkiert gut 150 Meter abwärts. Den ersten Straßenabzweig lassen wir links liegen und nehmen am zweiten Abzweig den Fahrweg scharf nach links. Nach 200 Metern kommt die Markierung KU 33 wieder hinzu. Ohne Höhenunterschied laufen wir Richtung **Steinachfelsen** ❺ weiter. Die kleine Aussicht befindet sich auf einem Kalksporn und eröffnet einen schönen Blick auf Stadtsteinach und auf die naturbelassenen Buchenwälder des Naturwaldreservats Kühberg links gegenüber.

Wir bleiben unserem Fahrweg treu, bis wir 400 Meter nach der Aussicht auf einen Abzweig ins Tal treffen. Der Fahrweg bringt uns als Frankenwald-Steigla und Geo-Pfad markiert zügig ins Steinachtal hinunter. Auf der kaum befahrenen Talstraße wandern wir entlang der plätschernden Unteren Steinach bis zur **Waldschänke Steinachtal** ❻. Das einstige Hammerwerk **Oberhammer** ist am Wochenende eine beliebte Einkehr. Wir überqueren nun die Steinach, und ein guter Waldweg führt uns hinauf zu den historischen Gemäuern der **Ruine Nordeck** ❼, die über Stufen und Treppen gut zugänglich gemacht wurde. Nach der Besichtigung der Burgruine geht es auf dem FrankenwaldSteigla und der Markierung KU 35 in Richtung Stadtsteinach weiter. Zunächst auf einem Fahrweg, dann weiter auf einem guten Weg im bewaldeten Berghang gelangen wir in einer Viertelstunde zurück zur **Schneidmühle** ❶, unserem Ausgangspunkt am Ortsrand von **Stadtsteinach**.

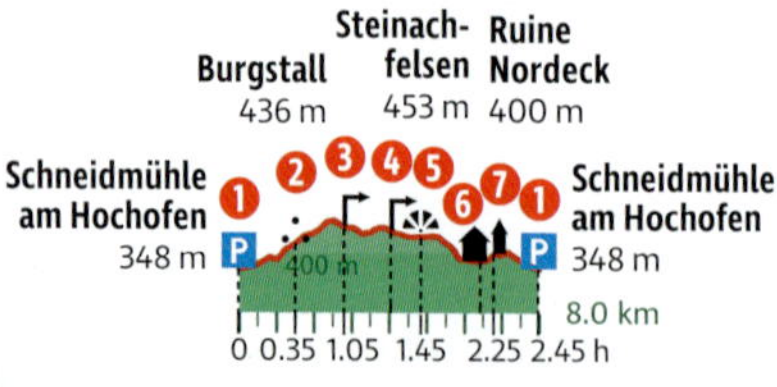

↗ 370 m | ↘ 370 m | 12.2 km

4.00 h

Steinachklamm 36

Durch das Naturreservat Steinachtal

Das Naturdenkmal Steinachklamm befindet sich in einem nur 100 Meter schmalen Felsmassiv aus Quarzkeratophyr, einem seltenen Gestein. Tief hat sich der Fluss Untere Steinach über Jahrtausende in das äußerst harte, helle Vulkangestein eingeschnitten und sucht sich fröhlich plätschernd seinen Lauf zwischen herabgestürzten Blöcken. Auf der Anhöhe geht es durch ein verschlafenes Dörfchen mit sanften Bergwiesen, wo der Blick frei über die umliegende Hügellandschaft gleiten kann. Noch beeindruckender wird es am naturbelassenen Aussichtsfelsen Forstmeistersprung beim Naturwaldreservat Kühberg. Seit 1978 wird hier auf eine forstwirtschaftliche Nutzung verzichtet. In den steilen Berghängen entsteht der Urwald von morgen. Schon jetzt gibt es viele alte, hohe Bäume und moosbedecktes Totholz am Boden. Schwarzspecht, Feuersalamander und viele seltene Nachtfalter sind hier zu Hause. Auch Spuren des mittelalterlichen Eisen- und Kupferbergbaus sind auf dieser landschaftlich reizvollen und abwechslungsreichen Rundtour zu entdecken.

Ausgangspunkt: Wildenstein, Wanderparkplatz Steinachklamm beim Waffenhammer, 420 m (GPS: 50.195284N, 11.552805E).
Anfahrt mit ÖPNV: Keine Verbindung.
Anforderungen: Wanderung auf teils naturbelassenen Wald- und Wiesenwegen sowie auf befestigten Forstwegen, meist gut markiert, dennoch etwas Orientierungssinn hilfreich. Am Forstmeistersprung und im letzten Waldstück (Totholz-Verbruch) sollte man trittsicher sein.
Einkehr: Waldschänke Oberhammer im Steinachtal (Abstecher ca. 200 m; vorher Öffnungszeiten erfragen!), Tel. +49 9225 2669888, waldschaenke-oberhammer.de.

Aussichtsreiche Höhen bei Triebenreuth.

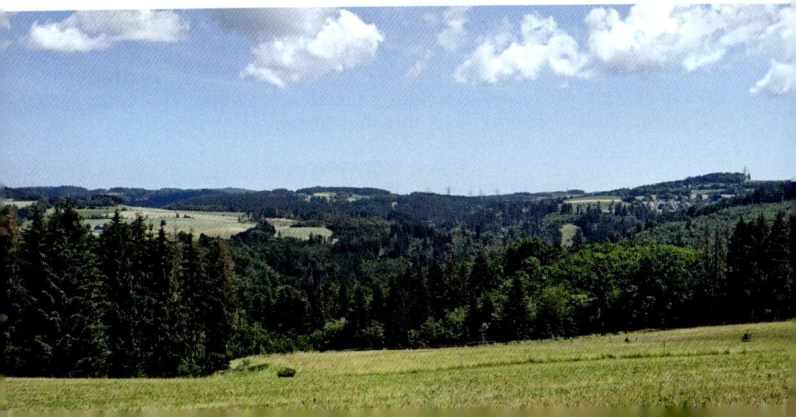

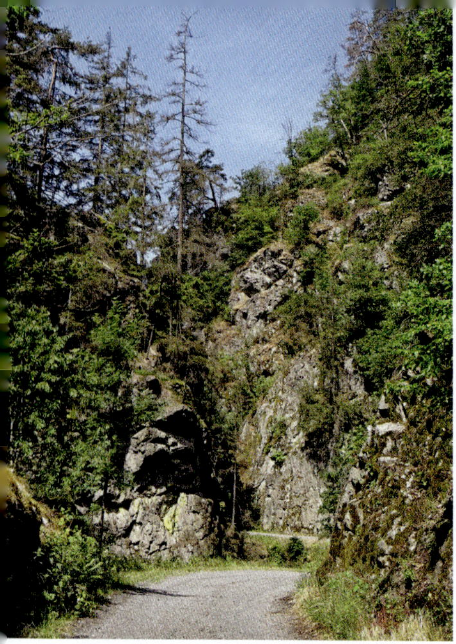

Die Steinachklamm ist eines der Wahrzeichen des Frankenwaldes.

Am **Wanderparkplatz** ❶ unterhalb von **Wildenstein** folgen wir der Ausschilderung Richtung Steinachklamm. Wenig später passieren wir den historischen Waffenhammer. Die kleine Holzbrücke, die kurz danach die rauschende Steinach überspannt, wird uns bald ans andere Ufer bringen. Doch vorher lassen wir uns einen Abstecher durch die enge **Steinachklamm** ❷ mit ihren steilen Felswänden nicht entgehen. Nachdem wir die Schlucht durchquert und das Naturdenkmal auf uns wirken lassen haben, kehren wir wieder um und nehmen nun die Brücke über den kleinen Fluss, der Ausschilderung Richtung Triebenreuth folgend.

Der mit KU 52 markierte »Steinachklamm-Weg« bringt uns zunächst durch das Tal und später über aussichtsreiche Höhen in das kleine Dörfchen **Triebenreuth** ❸. Wir durchqueren den Weiler auf dem Weg KU 52. Nach etwa zehn Minuten bringt uns dieser in einem Tal an einen Fahrweg, in den wir scharf rechts abbiegen. Nun folgt unser Steinachklamm-Weg immer dem Verlauf der Forststraße. Nach etwa 2,5 Kilometern stoßen an einem Wegweiser der »Forstmeistersprung-Weg« und der Geopfad Steinachtal zu uns. Hier wandern wir nach rechts weiter, nach wie vor unserer Markierung KU 52 folgend. Nach knapp fünf Minuten bringt uns ein schmaler Pfad nach links hinunter zum **Forstmeistersprung** ❹. Den Abstecher auf diese ungesicherte Klippe hoch über dem Steinachtal sollten wir uns nicht entgehen lassen!

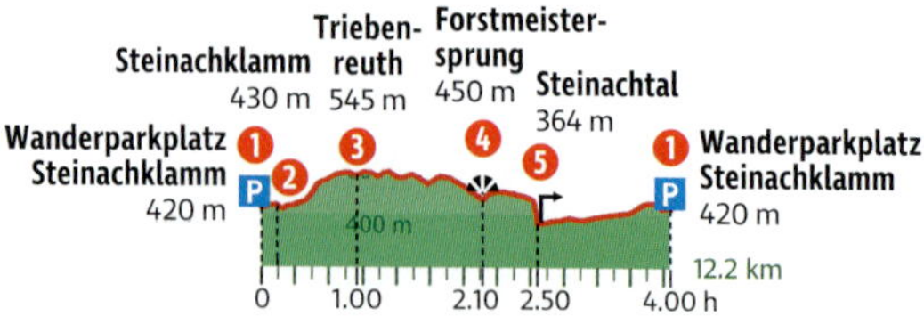

Zurück am Wanderweg folgen wir nun unserem Steinachklamm-Weg weiter Richtung »Wanderparkplatz Pegel«. Er bringt uns bald an einen Forstweg, in den wir nach links einbiegen und wenig später unweit des Wanderparkplatzes den Talgrund des **Steinachtals** **5** erreichen. Hier gehen wir nach rechts weiter (beim Wanderparkplatz links auf der Straße käme man zur Waldschänke Oberhammer) und folgen nun dem mit 7 und II markierten breiten Weg taleinwärts. Die kleine Holzbrücke, die nach etwa 2,5 Kilometern hinüber zu einem weiteren Parkplatz führt, lassen wir links liegen und wandern auf dem Fahrweg geradeaus weiter.

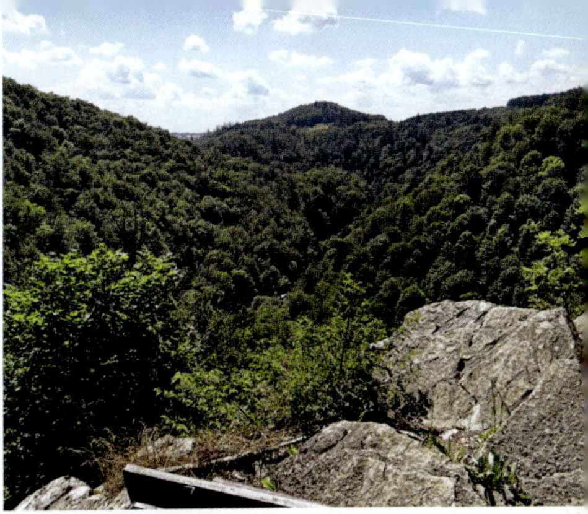

Am Forstmeistersprung bietet sich ein atemberaubender Tiefblick ins Steinachtal.

Nach etwa 20 Minuten ist nun Aufmerksamkeit erforderlich: Der markierte Wanderweg zweigt in einem Totholz-Hang als schmaler Pfad halb links vom Fahrweg ab. Wir durchqueren den Hang und steigen wenig später durch ein enges Tälchen zur **Steinach** ab, die wir auf einer schmalen Holzbrücke überqueren. Der Pfad führt uns durch den Talgrund hindurch und stößt wenig später nahe des Waffenhammers auf einen Fahrweg, der uns nach links zurück zum Ausgangspunkt am **Wanderparkplatz** **1** bei **Wildenstein** bringt.

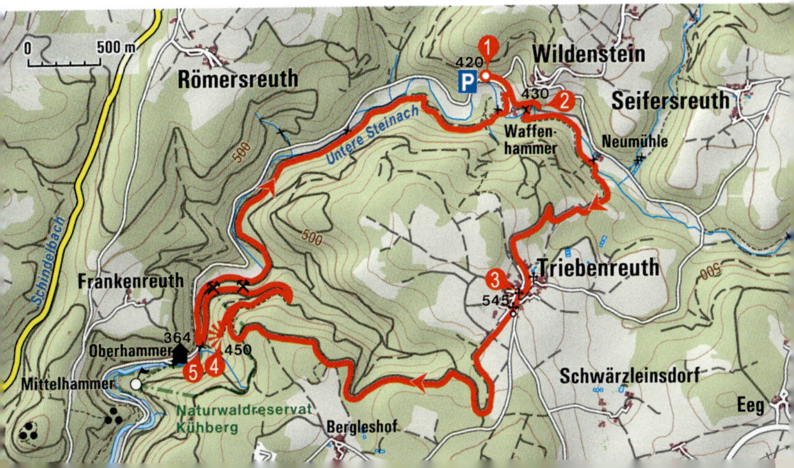

TOP

37 Mühlenweg

↗ 370 m | ↘ 370 m | 15.9 km

5.00 h

Auf den Spuren alter Mühlen rund um Grafenhaig

Der »Mühlenweg« ist eines der schönsten FrankenwaldSteigla. Der beliebte Rundweg entführt den Wanderer in die Einsamkeit idyllischer Täler. Wald- und Wiesenpfade führen an plätschernden Bächen entlang und Lehrtafeln informieren über die einst elf Mühlen und ein Hammerwerk, die von den Quellbächen der Steinach angetrieben wurden und teilweise noch werden. In der Ausflugsgaststätte Kleinrehmühle kann man sich mit deftiger Brotzeit oder geräucherten Forellen aus der eigenen Zucht stärken.

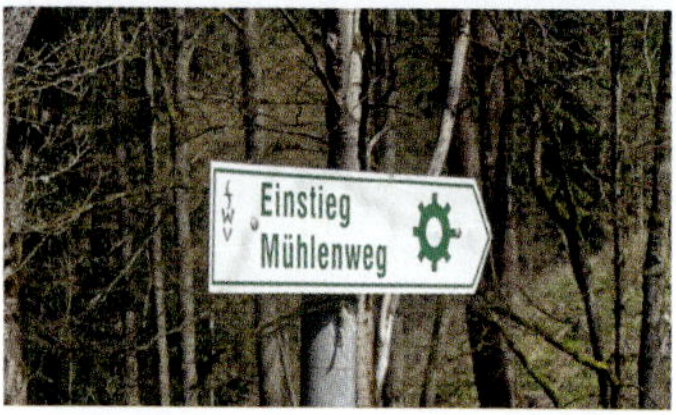

Ein grünes Wasserrad kennzeichnet den Mühlenweg.

Ausgangspunkt: Grafenhaig, Wanderparkplatz Steinachtal, 430 m (GPS: 50.1853478N, 11.5731378E), an der Straße zwischen Grafenhaig und Triebenreuth. Anfahrt mit ÖPNV: Bus zwischen Helmbrechts und Kulmbach bis Haltestelle »Abzw. Schindelwald« (nur Mo.–Fr.). Dann an der Straße bergab gehen und die Tour am Abzweig Rehbachtal beginnen.

Anforderungen: Überwiegend bequeme Wege und Pfade, an manchen Stellen dennoch etwas Trittsicherheit erforderlich, einige Wege können je nach Witterung und Jahreszeit feucht und matschig sein.

Einkehr: In Schlockenau Bierwirtschaft Seeblick; Kleinrehmühle, Tel. +49 9255 7565, kleinrehmuehle.de.

Der Schlackenmühlbach schlängelt sich durch das Tal.

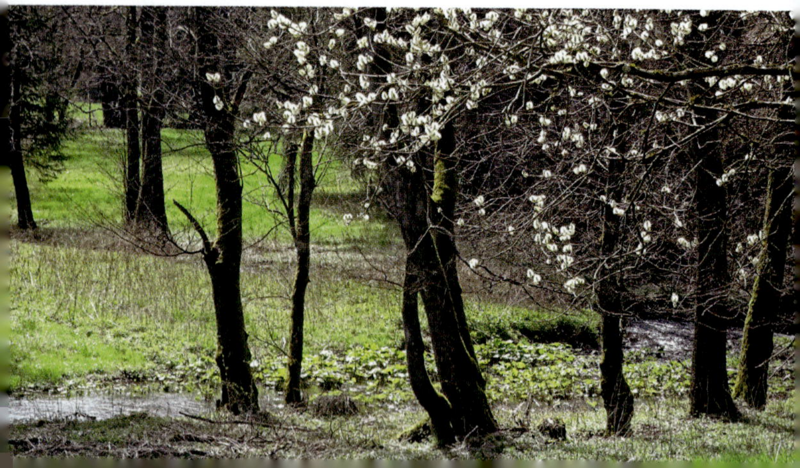

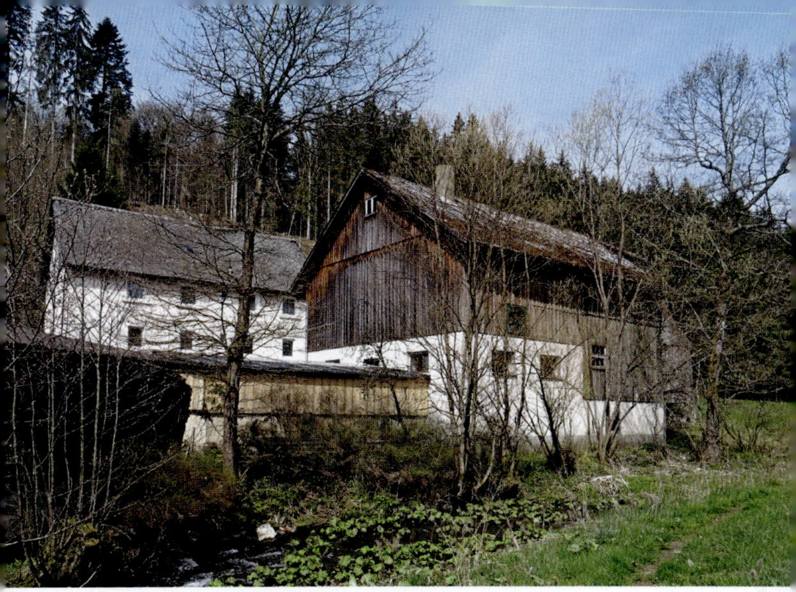

Die Schlackenmühle war einst eine Getreide- und Schneidmühle.

Vom **Wanderparkplatz 1** im **Steinachtal** aus gehen wir hinunter bis zur Steinach, überqueren diese und wandern dann an der Straße entlang flussabwärts, bis wir kurz vor der Neumühle an einen Abzweig mit Infotafel kommen. Hier biegen wir nach rechts ab und folgen dem Symbol mit dem grünen Mühlrad, das diesen Rundwanderweg markiert, ins Tal des Schlackenmühlbaches hinein. Der Pfad bringt uns nach 1,2 Kilometern zur ehemaligen **Papiermühle 2**. Auf der anderen Seite des Baches wandern wir nun weiter zur **Schlackenmühle**.

Danach geht es nun ein kurzes Stück auf der asphaltierten Zufahrtsstraße entlang, bevor in einer Linkskurve unser Mühlenweg geradeaus über eine kleine Holzbrücke weiter taleinwärts führt. Nach etwa einer Viertelstunde kommen wir zur Ruine der kleinen **Petersmühle 3**. Anschließend überqueren wir wieder das Wasser und folgen

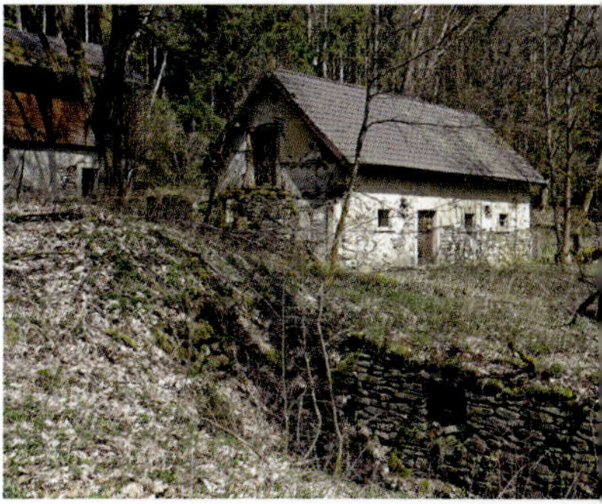

Die verlassene Petersmühle wird langsam von der Natur zurückerobert.

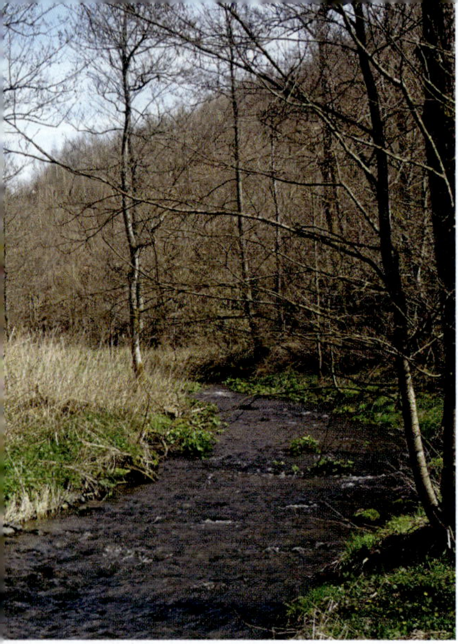

Idyllische Bachtäler prägen das Bild dieser Wanderung.

dem Schlackenmühlbach weiter aufwärts. Die Schübelsmühle lassen wir links liegen und folgen der Wegmarkierung hinauf nach **Buckenreuth**. Hier leitet uns der Mühlenweg nun nach rechts und bringt uns aussichtsreich über Felder hinauf zur kleinen **Schlockenauer Kapelle** 4.

Für ein kurzes Stück müssen wir nun nach rechts der Landstraße folgen, bevor wir an der Bushaltestelle links nach **Schlockenau** abbiegen. Wir folgen der schmalen Straße durch das Dorf hindurch hinunter zur **Mesethmühle** 5 am Vollaufbach. Nach der Brücke halten wir uns rechts und wandern am Abzweig nach Weißenstein vorbei zur **Vollaufmühle**. Wir passieren die Gebäude und nehmen dann nach dem Bach den Waldweg nach links. Er bringt uns in etwa zehn Minuten ins **Rehbachtal** 6, wo wir die Landstraße überqueren. Der Mühlenweg führt uns nun ein kurzes Stück am Großrehbach entlang, bevor er uns dann hinauf zur **Kapelle Hinterrehberg** 7 bringt. Von hier aus geht es nun wieder bergab zur **Kleinrehmühle** 8. Der Fischzuchtbetrieb lockt mit einer urigen Einkehr und lädt zum Rasten und Verweilen ein.

Unser Weg führt uns nun an der Straße entlang abwärts bis zum **Guttenberger Hammer** 9. Der einstige Eisenhammer beheimatet heute die Werkzeugfabrik Krumpholz, die seit mehr als 200 Jahren geschmiedete Werkzeuge herstellt und damit zu den ältesten familiengeführten Schmiedebetrieben Europas zählt. Vor dem Fabrikgelände führt uns der

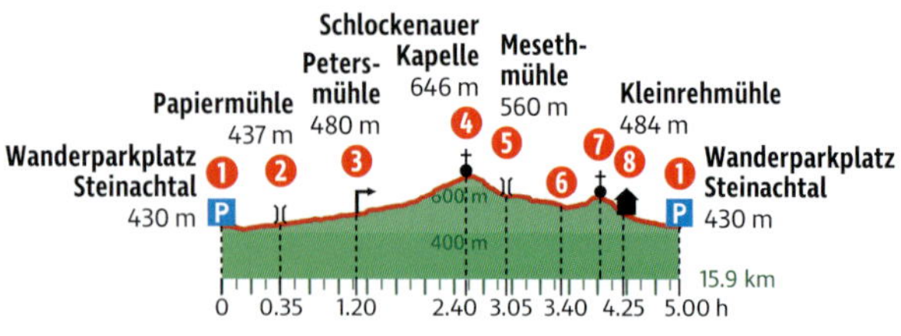

Wanderweg nun nach links und entlang des Rehbaches zur **Hübnersmühle**. Unterhalb der Mühle überqueren wir den Bach und wandern an seinem Ufer entlang talwärts. Nach etwa einer Viertelstunde stoßen wir an eine schmale Straße, die uns nach links zum **Wanderparkplatz Steinachtal** ❶ bringt.

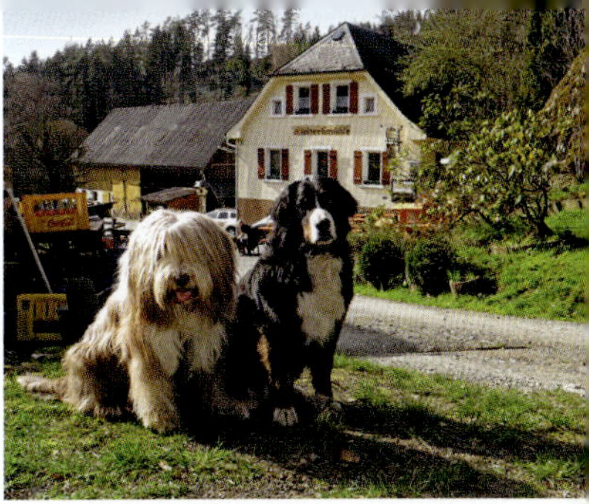

Urige Einkehr: die Kleinrehmühle.

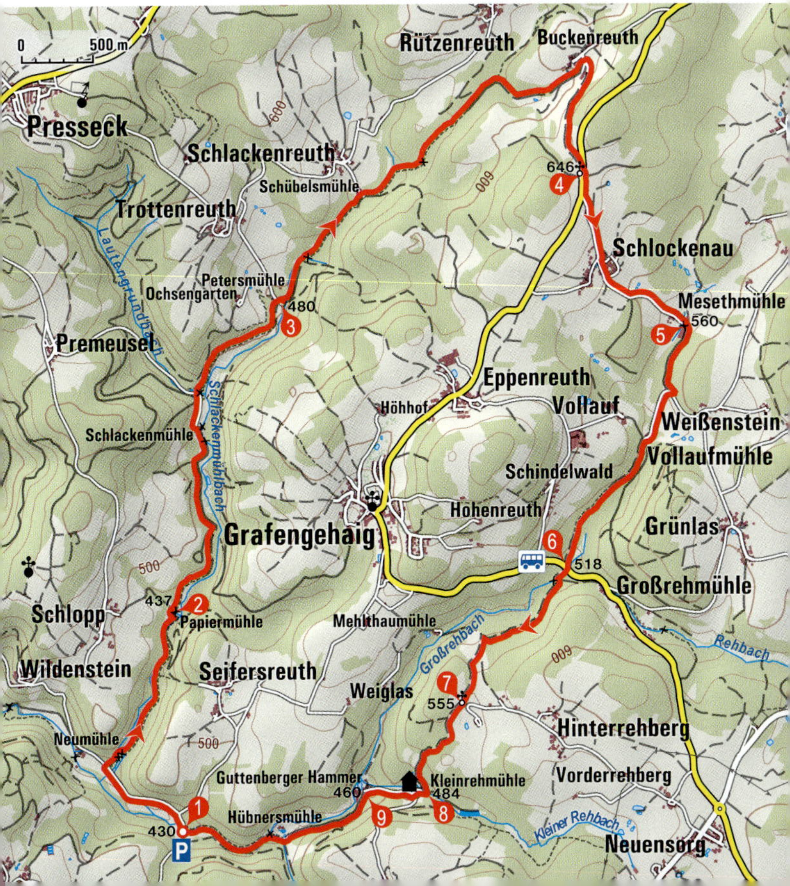

↗ 450 m | ↘ 450 m | 11.2 km

4.00 h

38 Peterleinstein, 593 m

Von Kupferberg zum Magnetberg Peterleinstein

Die Gegend um Kupferberg war seit jeher reich an Bodenschätzen. Bereits im 9. Jahrhundert begann man hier, das wertvolle Kupfererz zu schürfen. Seine Blütezeit hatte der kleine Ort im 14. Jahrhundert, wo ihm aufgrund seiner großen wirtschaftlichen Bedeutung das Stadtrecht verliehen wurde. Unweit von Kupferberg wurde ein weiteres wertvolles Mineral abgebaut – Serpentinit. Ihm wurde eine heilende Wirkung nachgesagt, aber auch die Steinperlen der Rosenkränze, sogenannte »Paterle«, waren aus dem schwarzgrün-blauen Gestein geschliffen. Dies war namensgebend für die Felskuppe Peterleinstein, die das Gipfelziel dieser Tour darstellt. Den Beinamen »Magnetberg« hat der Peterleinstein, weil hier die Magnetnadel des Kompasses von ihrer Richtung abgelenkt wird. Dies ist auf das magnetische Eisenerz zurückzuführen, das im Serpentinit enthalten ist.

Ausgangspunkt: Kupferberg, Besucherbergwerk 525 m (GPS: 50.1359108N, 11.5811294E).
Anfahrt mit ÖPNV: Keine Verbindung.
Anforderungen: Am Peterleinstein ist etwas Trittsicherheit erforderlich, sonst wandert man auf überwiegend bequemen Wegen und Pfaden.
Einkehr: Landgasthof Haueis Hermes, Tel. +49 9255 245, landgut-hermes.de; in Kupferberg Gaststätte Weißes Roß, Tel. +49 9227 94170.
Hinweis: Das Besucherbergwerk St.-Veit-Zeche kann von April bis Oktober nur jeden letzten So. im Monat oder nach Vereinbarung besichtigt werden (Führungen); Infos: Tel. +49 9227 9727833, bergbau-kupferberg.de.

Blick über Kupferberg zum mächtigen Diabassteinbruch.

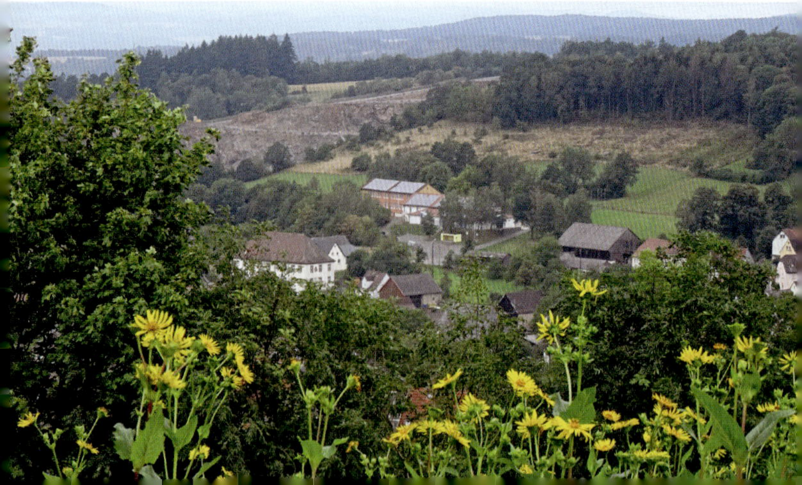

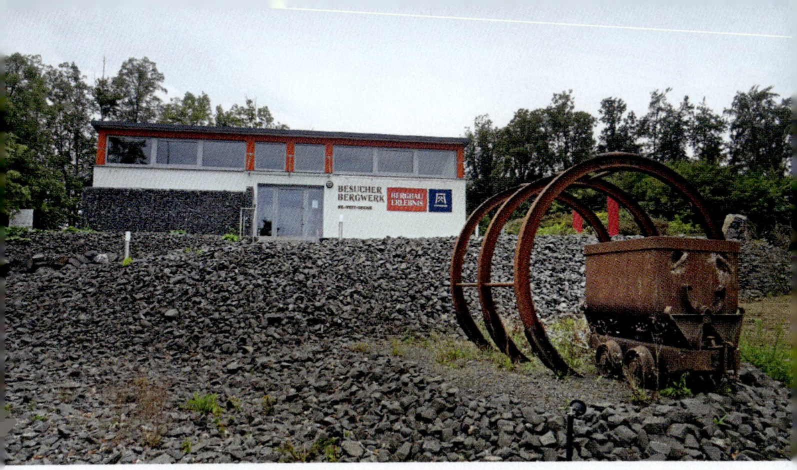

Am Besucherbergwerk in Kupferberg.

Vom **Besucherbergwerk** ❶ in **Kupferberg** aus wandern wir ein kurzes Stück die Straße hoch und nehmen dann den Weg, der nach dem Sportplatz nach links abzweigt. Er bringt uns zur kleinen Sebastian-Kapelle, wo wir die Straße überqueren und gegenüber dem Frankenwaldsteig hinauf auf den **Galgenberg** ❷ folgen. Ein rekonstruierter Galgen und eine Informationstafel erinnern an die jahrhundertelange Geschichte Kupferbergs als sogenanntes Halsgericht.

Wir wandern am Galgen vorbei am Waldrand entlang und kommen nach knapp zehn Minuten an eine Landstraße. In diese biegen wir nun nach links ein und folgen der Wegmarkierung KU 23. An einem kleinen Parkplatz führt uns diese in den Wald hinein und bringt uns nach 1,2 Kilometern nach **Hermes** ❸. Hier halten wir uns weiter an diese Markierung, die uns gegenüber dem **Landgasthof** nach links leitet. Der Weg führt über die Felder in den Wald hinein und wenig später wieder am Waldrand entlang. Anschließend ist etwas Aufmerksamkeit erforderlich, denn der markierte Wanderweg neigt sich bald nach links und bringt uns hinunter an die Bundesstraße und den idyllischen **Spiegelteich** ❹.

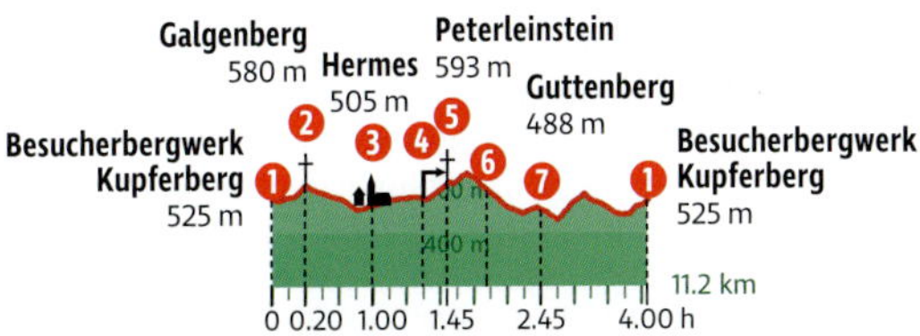

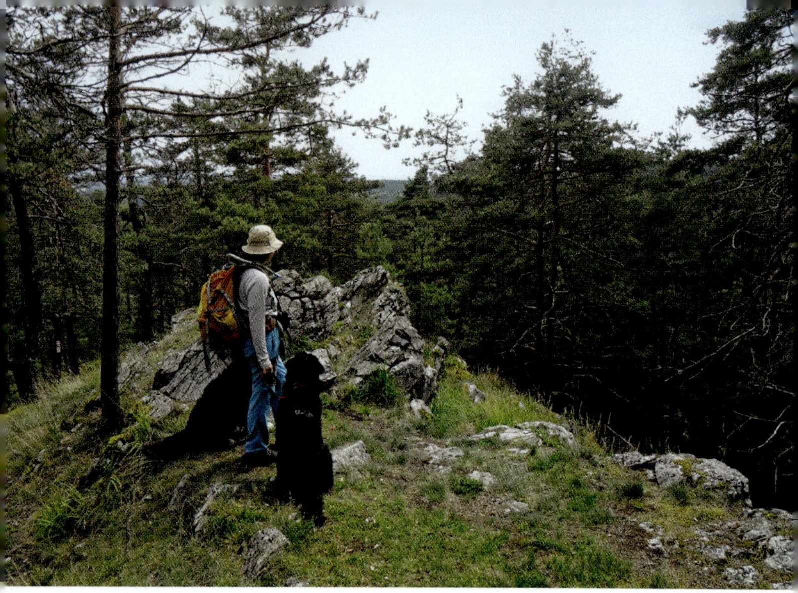

Der Peterleinstein wird auch Magnetberg genannt.

Wir überqueren die B289 nach links und nehmen dann am kleinen Parkplatz den Wanderweg, der parallel zur Straße Richtung Peterleinstein führt. Bald schlängelt sich der Pfad durch den Wald aufwärts zum felsigen Gipfel des Magnetberges **Peterleinstein** 5. Der Steig führt uns über den Gipfel hinweg und auf der Nordseite wieder recht steil abwärts. Unser Wanderweg bringt uns an eine große Wegkreuzung, an der wir der KU 23 nach rechts Richtung Kaltenstauden folgen. Kurz darauf leitet uns dann ein weiterer Wegweiser nach links. Nun geht es leicht bergan auf einen Bergrücken, wo wir den querenden Forstweg überschreiten und gegenüber wieder bergab wandern. Nach etwa einer Viertelstunde erreichen wir den Weiler **Kaltenstauden** 6. Wir durchqueren die kleine Siedlung, überqueren anschließend die Straße und wandern gegenüber ins Tal hinunter.

Unten angekommen, gehen wir nach links und halten uns gleich danach an der Gabelung rechts. Der Weg KU 23 führt uns durch eine idyllisches Tälchen abwärts und nach der Überquerung des Baches auf der anderen Seite hinauf nach **Guttenberg** 7. Hier folgen wir dem Straßenverlauf geradeaus und wandern vor dem Tor zum **Schloss Neuguttenberg** nach links Richtung Kupferberg. Der Weg führt bald hinter dem Schloss hinunter ins Tal, wo wir den kleinen Bach überqueren. Danach wandern wir geradeaus weiter und nehmen an der Gabelung den mit LGW markierten Pfad, der rechts des breiten Wanderweges KU 23 am Bach entlang aufwärtsführt. Begleitet vom Plätschern des Liesbaches gewinnen wir mehr und mehr an Höhe und stoßen schließlich an einen breiten Forstweg. Hier gehen wir nach rechts und biegen am nächsten Abzweig nach links ab. Wir befinden uns jetzt wieder auf dem Wanderweg KU 23. Bald bringt er uns aus dem Wald hinaus auf eine Anhöhe mit einem Rastplatz.

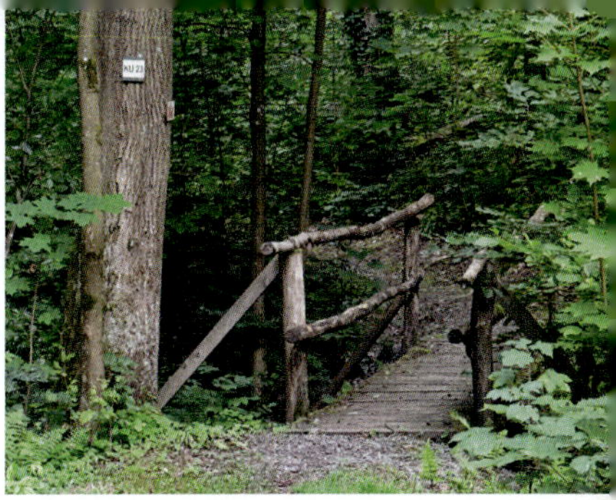

Unterhalb von Guttenberg geht es durch eine wildromantische kleine Schlucht.

Wir lassen diesen links liegen und wandern aussichtsreich nach **Kupferberg**. An den ersten Häusern gehen wir immer geradeaus Richtung Wirsberg und stoßen wenig später auf eine schmale Straße, in die wir nach links einbiegen. Die Markierung KU 23 leitet uns durch den Ort hinunter zur Kirche, wo wir die Hauptstraße überqueren und gegenüber auf der rechten Seite der Kirche die Treppen hoch steigen. Oben gehen wir nach links um die Kirche herum und folgen anschließend der Straße nach rechts den Berg hinauf. Sie beschreibt bald eine steile Linkskurve, und an der nächsten Straßenkreuzung folgen wir der Ausschilderung nach rechts Richtung Wirsberg. Nun geht es immer dem Verlauf der Straße folgend hinauf zum **Besucherbergwerk Kupferberg 1**.

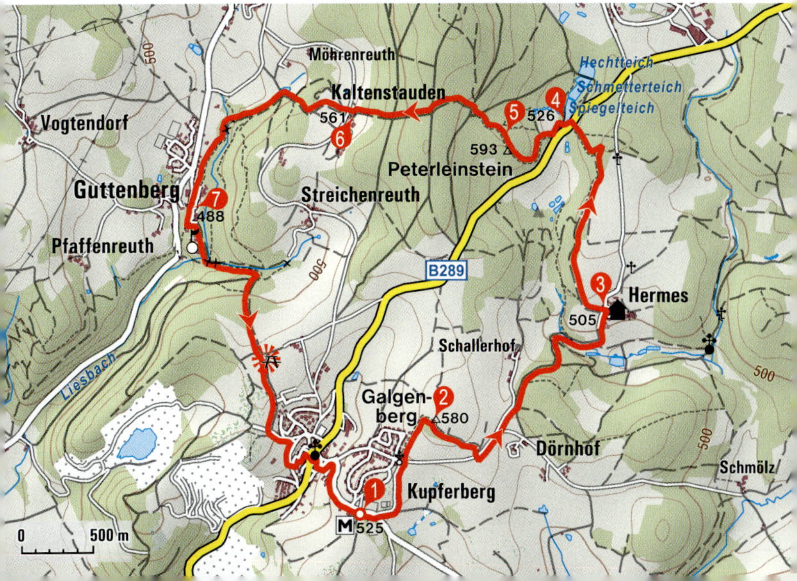

TOP

↗ 250 m | ↘ 250 m | 11.6 km

39 Achatzmühlenweg

3.40 h

Über die Achatzmühlenkapelle zur Wallfahrtskirche Marienweiher

Stille Wälder, aussichtsreiche Feldwege und verschlafene Dörfer prägen das Bild des FrankenwaldSteigla »Achatzmühlenweg«. Am Ende der abwechslungsreichen Runde erlebt man dann die ganze Pracht der prunkvollen Basilika in Marienweiher, die zu den ältesten Marienwallfahrtskirchen Deutschlands zählt und jährlich von circa 8000 Pilgern besucht wird.

Ausgangspunkt: Marienweiher, Sportplatz, 495 m (GPS: 50.1562031N, 11.6398028E). Parkplätze bei der Sportanlage vorhanden.
Anfahrt mit ÖPNV: Bus zwischen Kulmbach und Helmbrechts bis Haltestelle »Marienweiher«.

Anforderungen: Leichte Rundwanderung auf bequemen Wegen und Pfaden.
Einkehr: Landgasthof Haueis Hermes, Tel. +49 9255 245, landgut-hermes.de; Klosterbräu Marienweiher, Tel. +49 9255 8083488, facebook.com/klosterbrau.marienweiher.

Beim **Sportplatz Marienweiher** 1 wandern wir unterhalb des Sportheims auf der kleinen Teerstraße zum Naturlehrpfad Zechteich. Wenig später zweigt halb rechts ein Wanderweg vom Sträßlein ab. Am Wegweiser erblicken wir die Markierung des FrankenwaldSteigla »Achatzmühlenweg«, die uns die gesamte Wanderung leiten wird. Wir umrunden den idyllisch gelegenen **Zechteich**, durchstreifen den Auenwald und kommen bald über

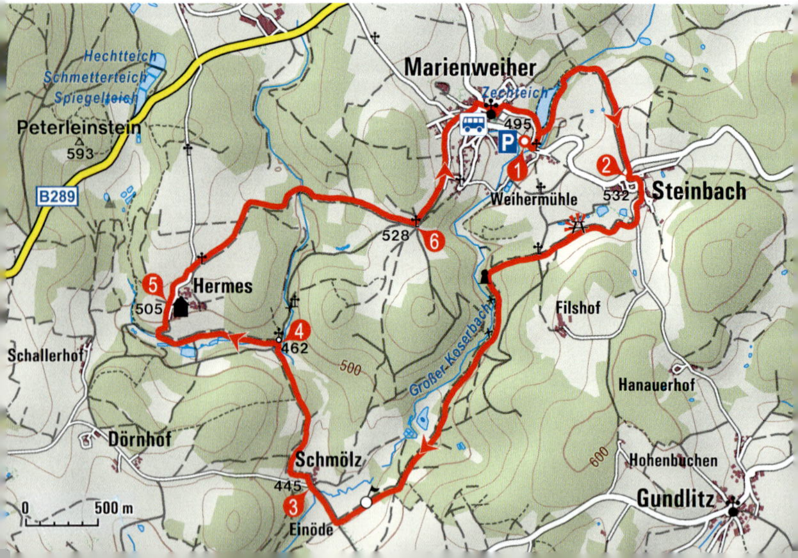

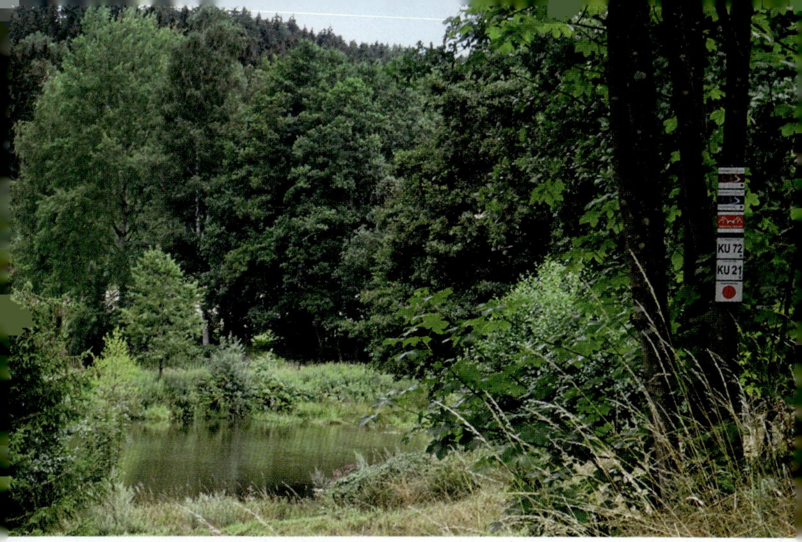

Fischteich in üppigem Grün bei Hermes.

einen aussichtsreichen Feldweg nach **Steinbach** ❷. Die Markierung bringt uns durch das Dorf hindurch, und schon bald haben wir an einem Rastplatz einen wunderschönen Blick zur mächtigen Basilika von Marienweiher. Anschließend geht es an einem Kruzifix vorbei in den Wald und hinunter ins Tal des Großen Koserbaches. Hier ist etwas Aufmerksamkeit erforderlich, denn unser FrankenwaldSteigla führt vor dem Bach nach links und dann an dessen Ufer entlang weiter. Bald passieren wir eine Teichanlage und lassen uns wenig später von der Ausschilderung Richtung Hermes leiten. Der Achatzmühlenweg führt uns zur **Einöde** und dort nach rechts in den Weiler **Schmölz** ❸. Der Name der Siedlung geht auf eine einstige Kupferschmelze zurück. In Schmölz halten wir uns rechts und folgen der Markierung anschließend in den Wald. Nach etwa 20 Minuten erreichen wir den Namensgeber des FrankenwaldSteigla, die **Achatzmühlen-Kapelle** ❹. Sie ist das einzige Gebäude, was noch an die im Jahre 1971 abgebrannte Achatzmühle erinnert.

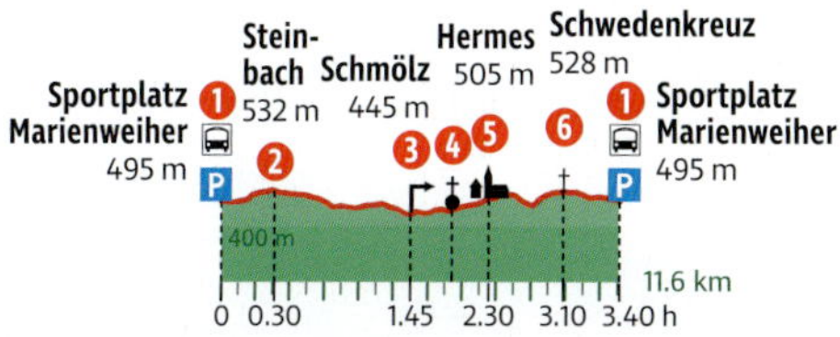

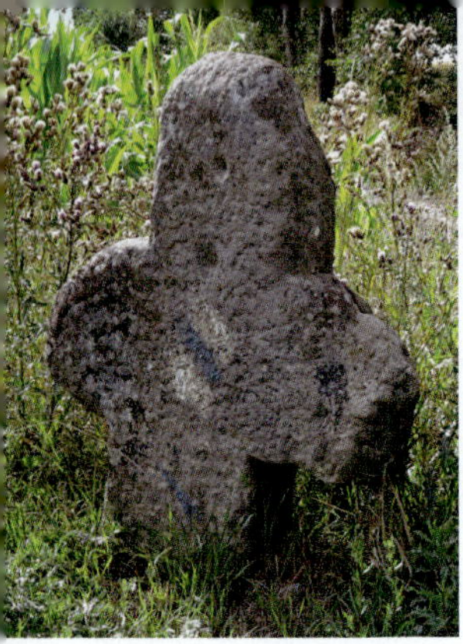

Steinernes Schwedenkreuz.

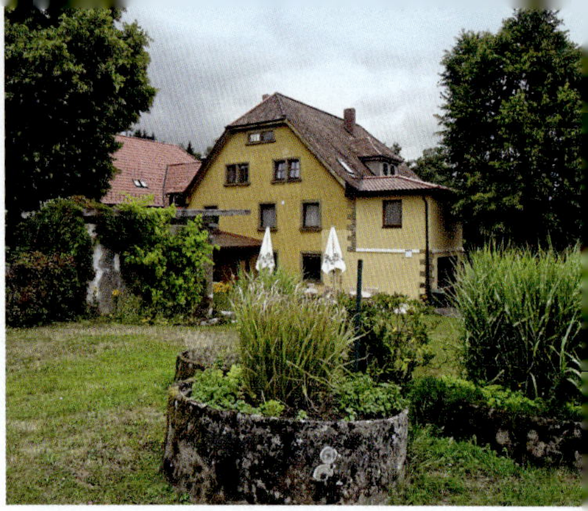

Landgasthof im kleinen Weiler Hermes.

Hinter der Kapelle leitet uns der Wanderweg nach links und bringt uns hinauf nach **Hermes** **5**. Auf der Straße durchqueren wir das Dorf und folgen anschließend weiter dem Achatzmühlenweg, der uns zunächst aussichtsreich über die Felder und später durch den Wald hindurch zu einem alten steinernen Sühnekreuz, dem **Schwedenkreuz** **6**, bringt. Hier geht es nun nach links zurück nach **Marienweiher**, wo wir nach etwa 20 Minuten vor dem Portal der **Wallfahrtsbasilika** stehen. Hier gehen wir nach links an der Mariengrotte vorbei und durch das Tor hindurch auf die Rückseite des Gotteshauses. Der Achatzmühlenweg führt uns anschließend unterhalb der Mauer entlang und nach dem Friedhof nach rechts. Nun geht es auf der schmalen Straße zurück zum **Sportplatz Marienweiher** **1**.

Die Basilika »Mariä Heimsuchung« in Marienweiher.

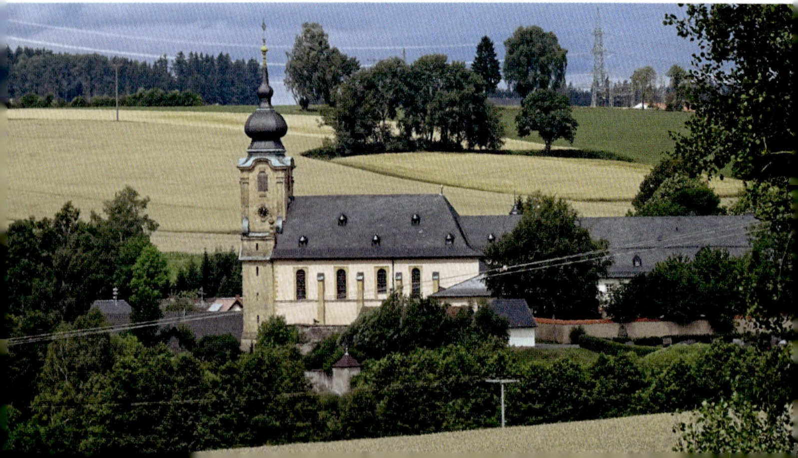

↗ 300 m | ↘ 300 m | 12.0 km

4.00 h

Weißenstein, 668 m

40

Vom Schorgasttal zum Eklogit-Geotop Weißenstein

Der Gipfel des Weißensteins besteht aus dunklem Eklogit. Das recht seltene Gestein entstand vor 390 Millionen Jahren aus Basalt, welches unter extremem Druck und hohen Temperaturen tief im Erdinneren umgeformt wurde. Später wurde es durch die Auffaltung des Variszischen Gebirges zurück an die Erdoberfläche gebracht und bildet eines der größten Vorkommen dieses Gesteins in Mitteleuropa. Da der Aussichtsturm aus Eklogitsteinen erbaut wurde, können wir an seinen Mauern die verschiedenen Farbvarianten des Weißenstein-Eklogits studieren. Die kräftig gefärbten Minerale des roten Granat und des grünen Pyroxen sind in den gebrochenen Mauersteinen gut zu erkennen. Der 19 Meter hohe Aussichtsturm bietet einen umfassenden Rundblick über den Frankenwald, das Fichtelgebirge und bis ins Obermaintal. An seinem Fuße kann man sich im traditionsreichen Weißensteinhaus, einer Ausflugsgaststätte des Fichtelgebirgsvereins, stärken.

Ausgangspunkt: Marktschorgast, Parkplatz Grundmühle, 440 m (GPS: 50.1033669N, 11.6486325E).
Anfahrt mit ÖPNV: Keine Verbindung.
Anforderungen: Der steile Anstieg auf den Weißenstein erfordert etwas Trittsicherheit.
Einkehr: Weißensteinhaus (unbedingt vorher Öffnungszeiten erfragen!), Tel. +49 9256 220, fichtelgebirgsverein.de/weissensteinhaus.

Am oberen Ende des **Parkplatzes Grundmühle** ❶ in **Marktschorgast** nehmen wir den mit einem »N« markierten Wanderweg Richtung Gefrees. Er bringt uns im Tal des idyllischen **Perlebaches** aus dem Schorgasttal hinaus bis zu einer Landstraße. Diese überqueren wir und wandern gegenüber am Waldrand entlang aufwärts. Der Pfad kann mitunter etwas schlecht zu erkennen sein. Er führt erst am

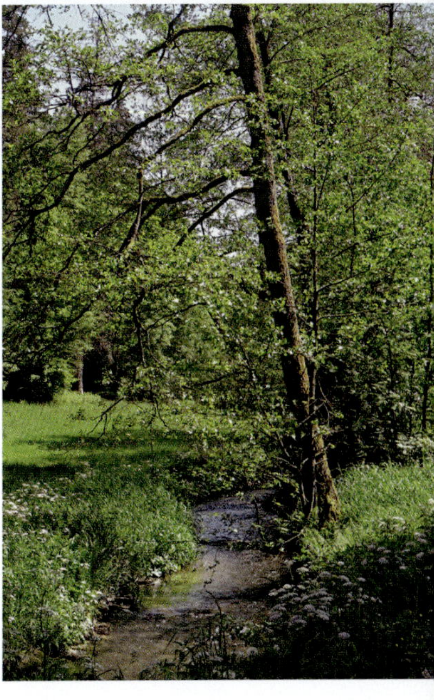

Im Tal des idyllischen Perlebaches.

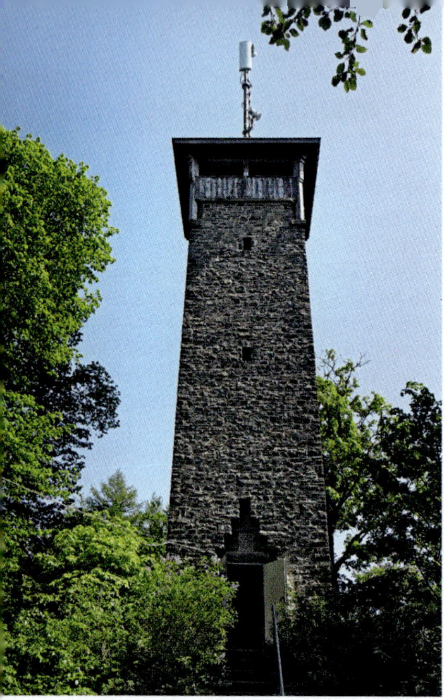

Der Weißensteinturm ist vollständig aus Eklogit erbaut.

Wiesenrand, später gerade über die Wiese hinauf bis zu einem von Bäumen und Sträuchern gesäumten Querweg. In diesen biegen wir nach links ein und folgen von nun der Markierung Nummer 1, die den Weißenstein-Rundweg kennzeichnet. Der Fahrweg führt uns bald stetig bergan, an einem Kruzifix vorbei zum **Singerweiher**. Hinter dem kleinen Teich verlassen wir an der **Schutzhütte Singerweiher** 2, den breiten Weg und folgen der Markierung nach rechts in einen Waldpfad hinein. Er bringt uns bergauf bis zu einem Fahrweg, wo wir uns an die Ausschilderung Richtung Weißenstein halten. An der nächsten Gabelung ist etwas Aufmerksamkeit erforderlich: Hier leitet uns die Markierung nach links und führt bald als schmaler, teils recht steiler Pfad aufwärts bis auf den Gipfel des **Weißensteins** 3. Geologisch interessierten Wanderern sei hier ein Abstecher zum Gipfelfelsen empfohlen. Dazu geht man, sobald man das Gelände des Weißensteinhauses betreten hat, nach links, wo sich nach etwa 300 Metern auf der rechten Seite des Wanderweges der Westgipfel befindet.

Ohne diesen Abstecher führt unser Weg jedoch nach rechts, zwischen **Weißensteinhaus** und **Aussichtsturm** hindurch und auf der Zufahrtsstraße ein kleines Stück abwärts. In der ersten Straßenkurve biegen wir nach rechts in den Fahrweg ein und folgen dem Weg Nummer 1 Richtung Marktschorgast. In der Folge ist etwas Aufmerksamkeit erforderlich, damit man die Markierungen nicht übersieht. Der Fahrweg beschreibt erst eine Links- und anschließend eine Rechtskurve. In dieser leitet uns der Weg Nummer 1 geradeaus vom Fahrweg ab und an der nächsten Gabelung in den linken Weg hinein.

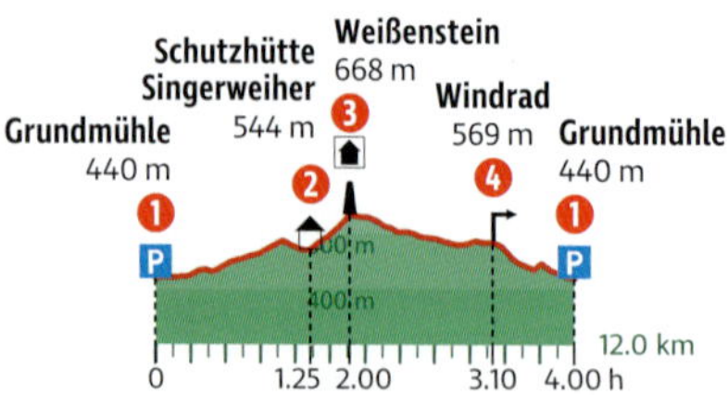

Nach einer knappen Stunde bringt uns der markierte Wanderweg zu einem **Windrad 4**. Am Wegweiser übernimmt nun die Markierung »N« Richtung Grundmühle, die uns nach rechts in den Wald hineinleitet. Der Pfad führt uns bald stetig bergab bis zum von Bäumen und Sträuchern gesäumten Fahrweg, den wir bereits am Anfang unserer Tour genommen haben. Hier biegen wir nach links in den Fahrweg ein. Wenig später erreichen wir die ersten Häuser von Marktschorgast. An der ersten Straßenkreuzung biegen wir nach rechts ab und überqueren die anschließend querende Straße geradeaus. Ein Wiesenweg bringt uns nun hinunter ins Schorgasttal, wo wir schließlich auf der schmalen Straße nach rechts weitergehen. Sie bringt uns in wenigen Minuten zurück zum Ausgangspunkt an der ehemaligen **Grundmühle 1** in **Marktschorgast**.

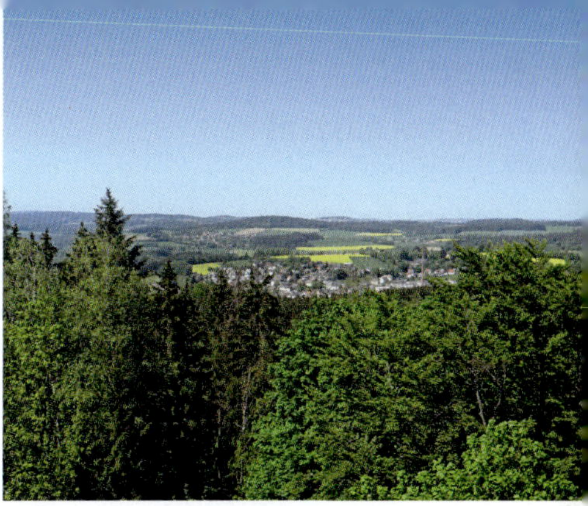

Ausblick vom Weißensteinturm.

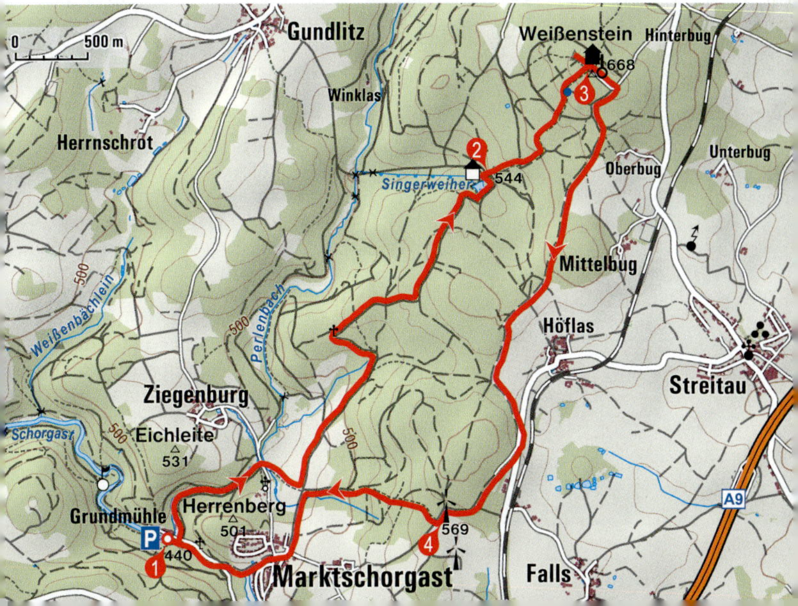

↗ 140 m | ↘ 140 m | 7.5 km

2.20 h

TOP 41

Schorgasttal

Entlang der Schorgast zwischen Wirsberg und Marktschorgast

Diese leichte Rundwanderung durch das idyllische Schorgasttal ist ideal für warme Sommertage. Das sattgrüne Blätterdach der Bäume spendet Schatten, und das Plätschern des Wassers beruhigt die Seele. Bei einer Einkehr im kleinen Kurort Wirsberg kann man seinen Durst stillen, und auf dem Rückweg lockt das Waldschwimmbad mit seiner 117 Meter langen Wasserrutsche zu einer Abkühlung. Aber auch außerhalb der Badesaison gibt es an den Wegen links und rechts der Schorgast viel zu entdecken.

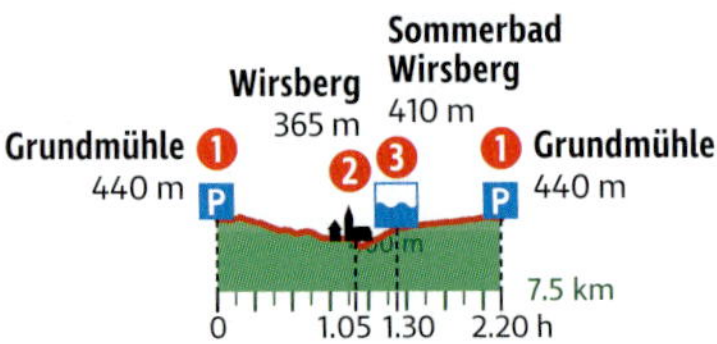

Ausgangspunkt: Marktschorgast, Parkplatz Grundmühle, 440 m (GPS: 50.1033669N, 11.6486325E).
Anfahrt mit ÖPNV: Keine Verbindung.
Anforderungen: Leichte Talwanderung auf bequemen Wegen und Pfaden.
Einkehr: Gastronomie in Wirsberg.

Durch schattigen Wald im Schorgasttal.

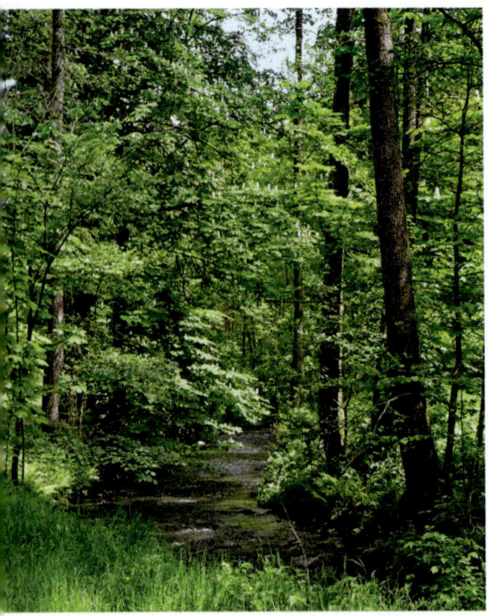

Unterhalb der ehemaligen **Grundmühle** in **Marktschorgast** nehmen wir den unscheinbaren Pfad, der am unteren Ende des **Parkplatzes** ❶ nach links über die kleine Holzbrücke führt. Auf der anderen Seite wandern wir flussabwärts und biegen wenig später halb rechts in den Forstweg Richtung Wirsberg ein. Nach etwa einer Viertelstunde kommen wir an eine Furt durch die Schorgast. Diese lassen wir rechts liegen und bleiben diesseits des Flüsschens. Wenig später führt uns ein Steig über eine Treppe nach rechts hinunter und dann als Pfad am Ufer entlang. Nach etwa 130 Metern kommt von rechts der Wanderweg Nr. KU 14 über das Wasser zu uns, und wir folgen diesem nun geradeaus am linken Ufer flussabwärts.

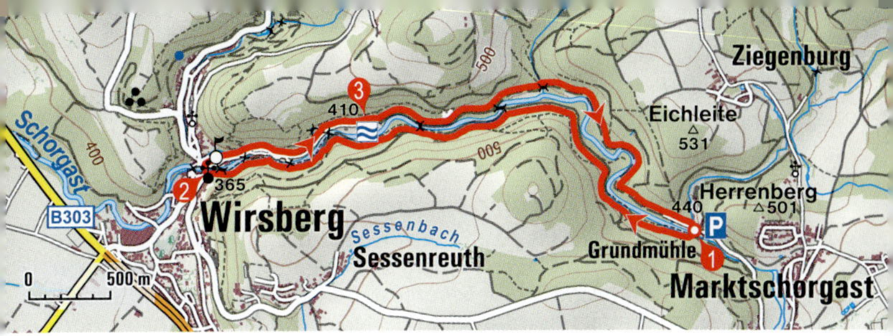

Nach dem Freibad, das wir auf der anderen Talseite erblicken, nehmen wir wieder den Pfad, der ans Ufer hinunterführt. Er bringt uns wenig später über eine Brücke. Wir wandern links des Parkplatzes auf dem Uferweg weiter und nehmen dann gleich die nächste Brücke wieder über das Wasser. Nun geht es hinter den Grundstücken immer am Zaun entlang weiter, bis uns der schmale Uferweg schließlich nach **Wirsberg** ❷ bringt. Der Ortskern ist überschaubar, und ein Bummel durch das kleine Zentrum neben der Kirche lohnt sich auf jeden Fall.
Unsere Wanderung führt uns nach rechts über die Fußgängerbrücke, die einen sehr schönen Blick auf die historische Steinbrücke aus dem Jahre 1711 ermöglicht. Auf der anderen Seite gehen wir nach rechts weiter und folgen der schmalen Fahrstraße bis zum **Sommerbad Wirsberg** ❸. Kurz danach geht das Sträßlein in einen befestigten Weg über, der uns direkt zurück zum Ausgangspunkt am **Parkplatz Grundmühle** ❶ in **Marktschorgast** bringt.

Am Marktplatz von Wirsberg.

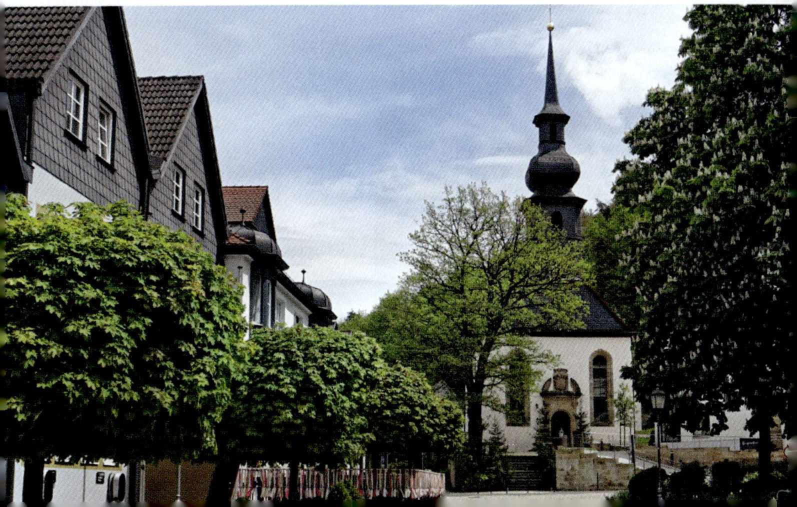

TOP

42

↗ 480 m | ↘ 480 m | 10.5 km

3.45 h

Wirsberger Panoramarunde

Zu den Aussichtspavillons rund um Wirsberg

Malerisch eingebettet in die bewaldeten Hänge des Naturparks Frankenwald liegt die Marktgemeinde Wirsberg mit ihren roten Dächern an der Mündung des Koserbaches in die Schorgast. Der Luftkurort lockt in seinem Ortskern mit zahlreichen historischen Bauwerken, und in den steilen Hängen, die die kleine Gemeinde umrahmen, bieten mehrere Aussichtspavillons Gelegenheit zum Rasten und Genießen.

Das Kaiser-Wilhelm-Denkmal oberhalb von Wirsberg.

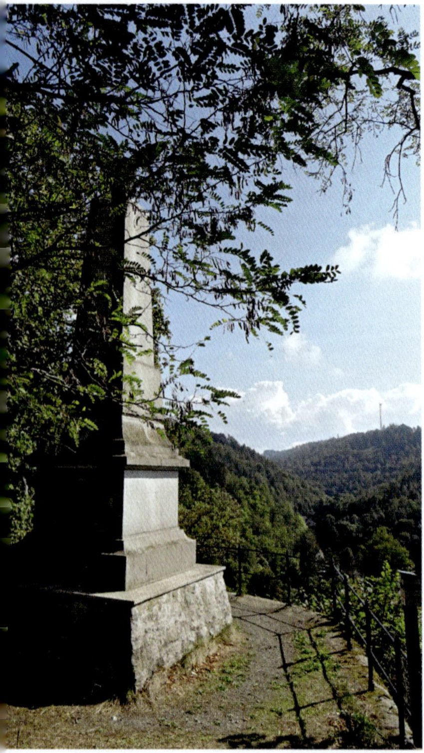

Ausgangspunkt: Wirsberg, Parkplatz an der Feuerwehr, 365 m (GPS: 50.1055883N, 11.6044567E).
Anfahrt mit ÖPNV: Keine Verbindung.
Anforderungen: Teils schmale, steile Pfade; im zweiten Teil der Wanderung ist etwas Orientierungssinn erforderlich.
Einkehr: Restaurant Hotel Reiterhof Wirsberg, Tel. +49 9227 2040, reiterhof-wirsberg.de; Gastronomie in Wirsberg am Ende der Tour.

Vom **Parkplatz** ❶ in **Wirsberg** gehen wir an der Hauptstraße entlang Richtung Rathaus, biegen jedoch davor gleich wieder links in den Hegnichweg ein. Ein Wegweiser leitet uns auf dem FrankenwaldSteigla »Goldener-Falk-Weg« Richtung Kaiserdenkmal. Wir überqueren die Schorgast und biegen direkt danach rechts ab. Der Wanderweg windet sich nun steil den Hang hinauf zum **West-Pavillon** ❷. Vor diesem halten wir uns scharf rechts und dann immer am Hang entlang zum **Kaiser-Wilhelm-Denkmal** ❸. Wir bleiben auf dem FrankenwaldSteigla, durchqueren bald eine Schonung und kommen an die Straße. Nachdem wir diese überquert haben, folgen wir

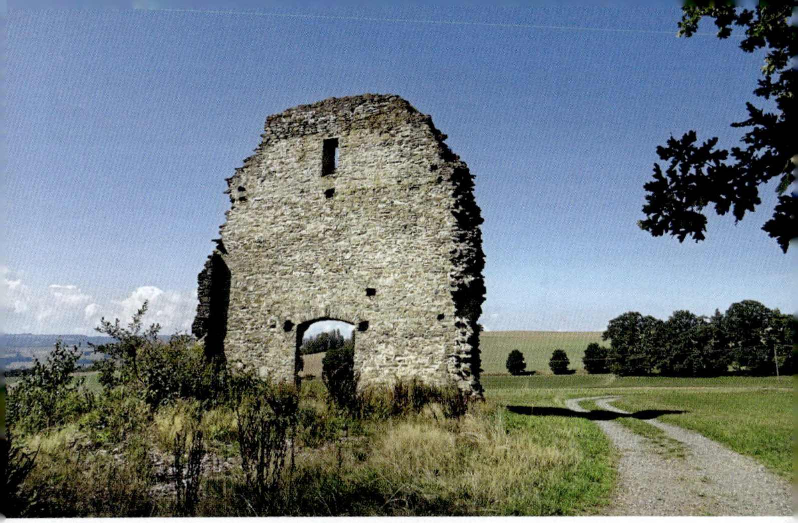

Die Ruine der Heilingskirche aus dem 15. Jahrhundert.

weiter der Markierung »Goldener-Falk-Weg«. Sie bringt uns nach etwa einer halben Stunde zur **Heilingskirche** ❹. Von der ehemaligen Wallfahrtskirche steht heute nur noch die Stirnmauer.

Wir verlassen den sagenumwobenen Ort und biegen nach rechts Richtung Ilsestein ab. Erst am Waldrand entlang, später durch den Wald abwärts führt uns unser markierter Wanderweg an eine Forststraße. In diese biegen wir nach rechts ein und folgen wenig später dem Goldener-Falk-Weg halb links in den Wald hinein. Kurz darauf erreichen wir den Aussichtspunkt **Ilsestein** ❺ hoch über dem Tal des Koserbaches. Nun geht es am Hang entlang bis zu einer Forststraße. Hier, am ehemaligen Bergwerk »Goldener Falk«, wandern wir nun nach links weiter und halten uns dann an die Ausschilderung zum Koserkreuz und zur Wanderhütte **Koserruh**, die wir kurze Zeit später erreichen. Wir überqueren den Bach und kommen an die Straße. In diese biegen wir nach links ein und nehmen 150 Meter weiter den Goldener-Falk-Steig, der hier scharf rechts in den Wald hineinführt. Er

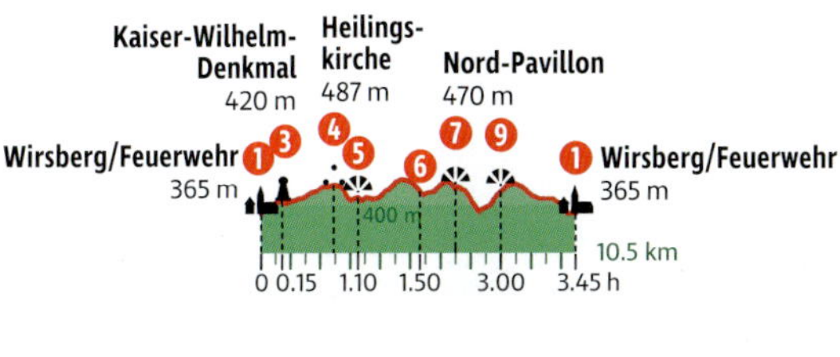

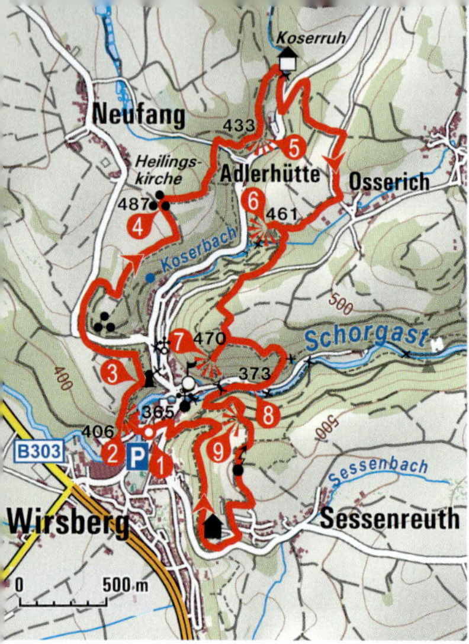

bringt uns hinauf auf die Höhe, wo wir auf einer schmalen Landstraße nach rechts weiterwandern. Bereits am nächsten Feldweg leitet uns die Markierung abermals nach rechts und bringt uns hinunter zum **Adlerstein** 6. Vor der Felsformation geht es nun nach links und steil hinunter ins Tal. Wir überqueren den Bach und verlassen jetzt das FrankenwaldSteigla »Goldener-Falk-Weg«, das hier nach rechts abbiegt.

Stattdessen wandern wir auf dem unmarkierten Weg geradeaus. Er führt uns bergan zu einer Straße, die wir nach etwa fünf Minuten erreichen. Wir biegen links in die Straße ein und nehmen direkt danach den Weg nach rechts Richtung Wirsberg. Er führt uns durch den Wald aufwärts und nach etwa 200 Metern links hinauf zum Waldrand. Hier gehen wir nun nach rechts und wandern am Waldrand entlang. Dieser beschreibt einen leichten Linksbogen und führt uns allmählich abwärts bis in die untere rechte Ecke der Wiese. Hier stoßen wir auf einen Querweg. Bevor wir nach links in diesen einbiegen, lassen wir uns einen Abstecher zu unserem nächsten Aussichtspavillon nicht entgehen. Wir wandern auf dem Querweg nach rechts und folgen dann der Ausschilderung zum Pavillon nach links. Etwas Trittsicherheit ist hier erforderlich, und wenig später erreichen wir den **Nord-Pavillon** 7, in atemberaubender Höhe über dem Schorgasttal gelegen.

Wir gehen wieder zurück bis zur Wiesenecke am Waldrand und folgen hier dem Wanderweg geradeaus. Er führt uns bald im steilen Hang abwärts und dann dem Verlauf des FrankenwaldSteigla »Franzosenweg« nach rechts folgend hinunter ins **Schorgasttal** 8. Wir biegen scharf links in die schmale Straße ein und nehmen gleich danach die

Der Nord-Pavillon in schwindelerregender Höhe.

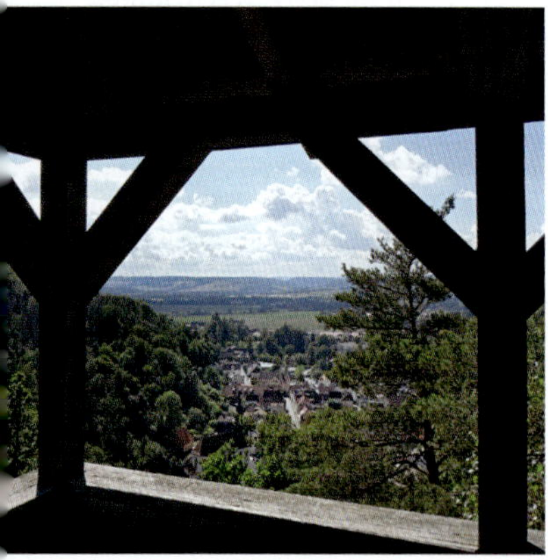

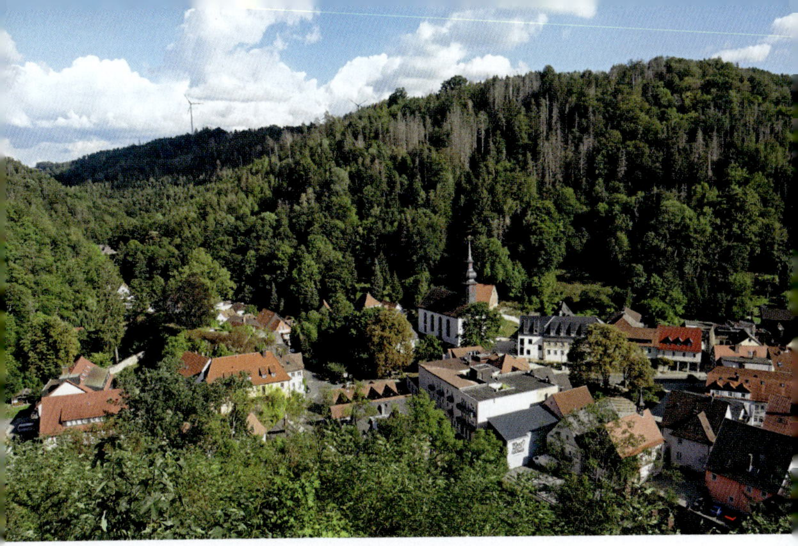

Eingebettet in das Schorgasttal liegt der malerische Ort Wirsberg.

Brücke nach rechts über den Fluss. Am Ende des Grundstückes halten wir uns links und kommen an einen Forstweg. In diese biegen wir nun nach rechts ein. Nach etwa 300 Metern zweigt scharf links ein mit der Nummer fünf markierter Pfad ab. Er bringt uns hinauf zum **Bismarckstein** und von dort nach etwa fünf Minuten abermals an einen Forstweg. Hier gehen wir nach rechts und kommen wenig später zum **Ost-Pavillon** 9.

Wir nehmen nun den schmalen Weg, der nach links steil in den Wald hinaufführt. Wir passieren einen Funkturm und wandern wenig später über eine aussichtsreiche Höhe. An der nächsten Baumgruppe mit einer **Sitzbank** biegen wir nach rechts ab, durchqueren bald eine Baumreihe und gehen nach links weiter. Der Weg führt uns hinunter auf die Zufahrt zum Reiterhof Wirsberg und über diese an die Straße. In diese biegen wir nach rechts ab und nehmen nach etwas mehr als 100 Metern den Weg, der halb rechts in den Wald hineinführt. Nun geht es immer am Hang entlang. Etwa fünf Minuten, nachdem wir den Zugang zum Jugendtagungshaus (links des Weges) passiert haben, ist etwas Aufmerksamkeit erforderlich: Kurz vor dem nächsten hölzernen Wegweiser zweigt ein schmaler, steiler Pfad scharf links ab. Diesem folgen wir hinunter bis zum nächsten Wegweiser, wo wir abermals nach links weiterwandern.

Wenig später erreichen wir die ersten Häuser von **Wirsberg** und kommen an die Straße. Diese gehen wir nach rechts weiter und biegen unten an der Kreuzung links ab. Nun sind es nur noch wenige Meter bis zu unserem Ausgangspunkt am **Parkplatz** 1.

↗ 330 m | ↘ 330 m | 15.3 km

43 Spitzeichener Turm, 528 m

4.50 h

Unterwegs zwischen Weißem und Rotem Main

Auf dem Ranga, einer nahe Kulmbach gelegenen Hochfläche zwischen Weißem und Rotem Main, begeistert seit 1927 ein kleiner, aber feiner Aussichtsturm Wanderer und Ausflügler. Von der Plattform des nur zehn Meter hohen Türmchens hat man einen grandiosen Ausblick auf Frankenwald, Fichtelgebirge und Jura.

Ausgangspunkt: Trebgast, Parkplatz Steinhauerplatz 330 m (GPS: 50.0678447N, 11.5516747E). Anfahrt mit ÖPNV: Zug zwischen Coburg und Bayreuth, Coburg und Weiden i. d. Opf., Bayreuth und Hof, Nürnberg und Hof, Bamberg und Bayreuth sowie Lichtenfels und Bayreuth bis Bahnhof »Trebgast«. Dann auf der Bahnhofstraße nach Norden bis zum Steinhauerplatz (direkt neben der Bahnlinie gelegen) gehen.
Anforderungen: Überwiegend bequeme Wege und Pfade.
Einkehr: Unterwegs keine; am Ende der Tour in Trebgast Landgasthof & Metzgerei Friedrich, Tel. +49 9227 94150, landgasthof-friedrich.de.

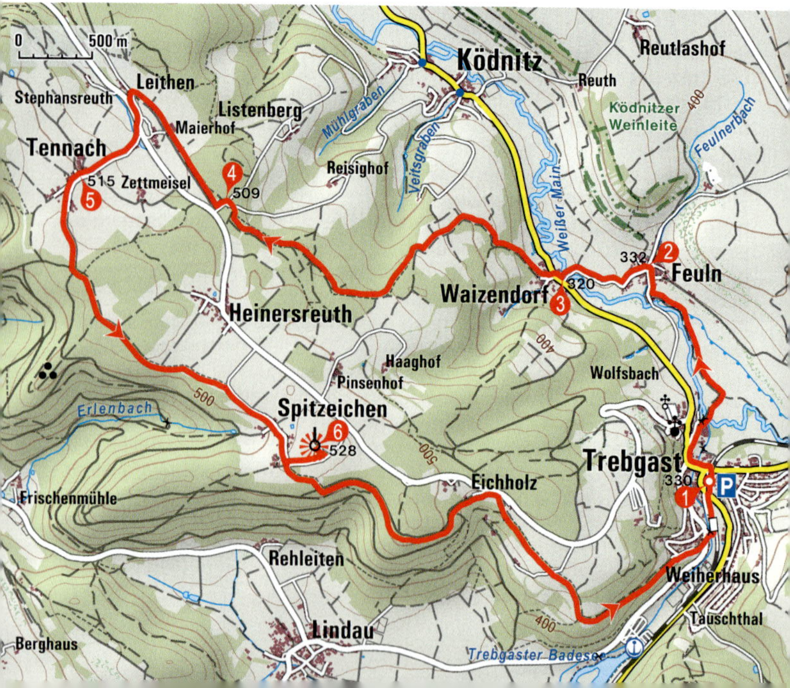

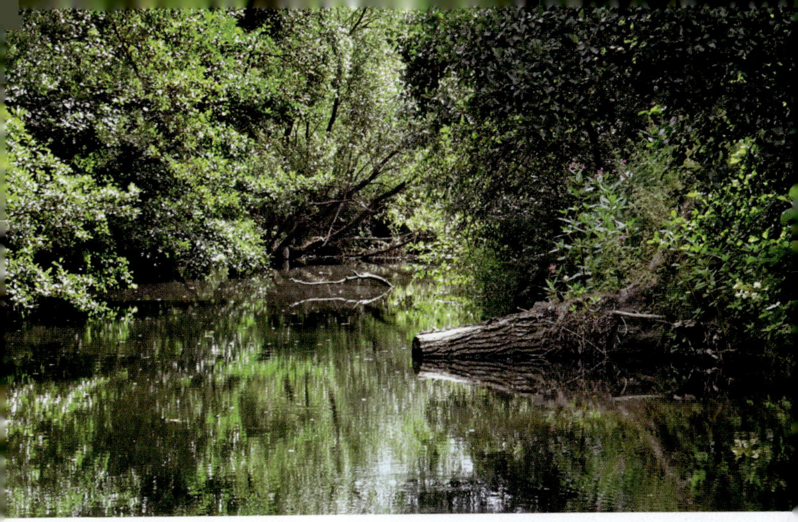

Flusslandschaft am Weißen Main.

Den **Steinhauerplatz** ❶ in **Trebgast** verlassen wir nach Norden (über die Parkplatzeinfahrt) und biegen anschließend links in die Hauptstraße ein. An der nächsten Einmündung biegen wir in die Straße Richtung Kulmbach ein. Vorbei am Gasthof rechter Hand folgen wir der Kulmbacher Straße, bis unterhalb der Kirche die Schulstraße halb rechts abzweigt. Diese bringt uns an der Schule vorbei zu einer Brücke über den Weißen Main. Nun geht es auf einem Feldweg durch das breite Wiesental bis nach **Feuln**. An der Dorfstraße gehen wir nach rechts und biegen dann am **Dorfplatz** ❷, wo ein kleiner Brunnen plätschert, in die Straße nach links ab.

Unser Weg ist von nun an mit einem blauen »M« markiert. Wir wandern an der schmalen Straße entlang nach **Waizendorf** ❸, wo wir die Hauptstraße überqueren. Dieser folgen wir kurz nach rechts, und nach etwa 60 Metern leitet uns die Markierung nach links. An der Gabelung halten wir

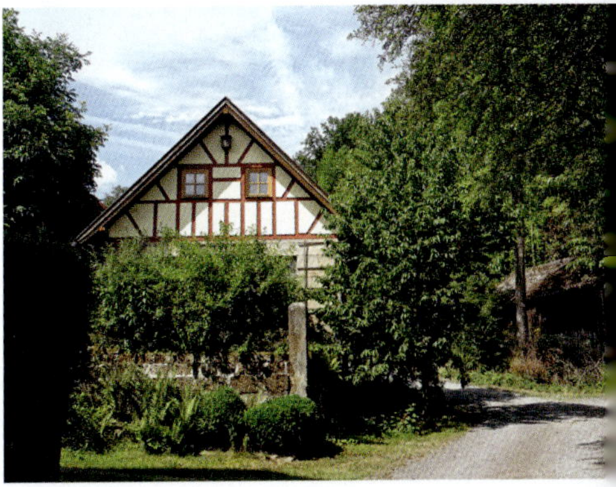

Fachwerkhaus in Waizendorf.

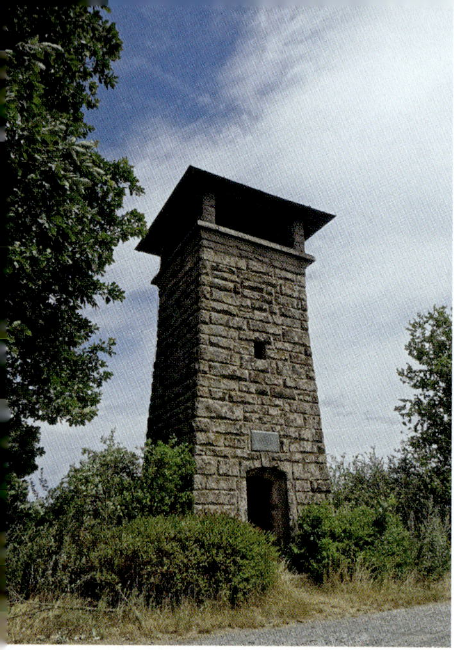

Der Spitzeichener Turm ist nicht sehr hoch, bietet aber dennoch einen schönen Ausblick.

Markierungen am Wegesrand.

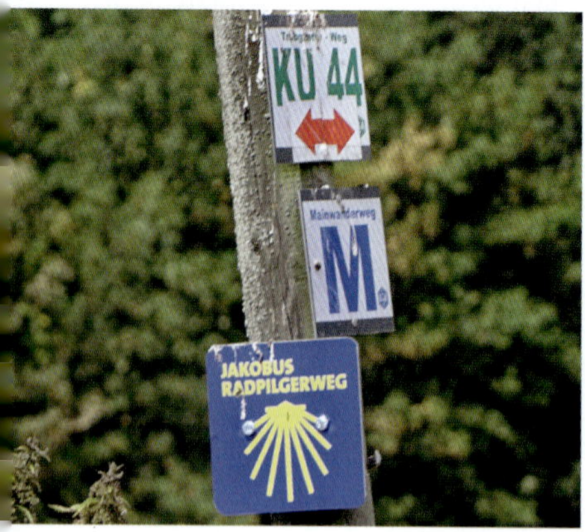

uns rechts und wandern bald auf einem aussichtsreichen Feldweg bergan. Beim Eintritt in den Wald ist nun etwas Aufmerksamkeit erforderlich: Unser mit dem blauen »M« markierter Weg zweigt an einer Gabelung rechts ab. Wir durchqueren den Wald, tangieren noch einmal kurz den Feldrain und gehen dann wieder in den Wald hinein. Nach einer knappen halben Stunde stoßen wir am **Tierheim Kulmbach** ❹ auf einen Querweg. Diesem folgen wir nach links und biegen direkt nach dem Tierheimgelände wieder rechts ab. Aussichtsreich durchqueren wir den Maierhof und kommen wenig später an eine Straße mit einem Wegweiser. In diese biegen wir scharf links ein.

Von nun an übernimmt die Wegmarkierung KU 44. Sie bringt uns durch das Tal und bald hinauf nach **Tennach** ❺. Wir durchqueren den kleinen Weiler und wandern über die Felder bis zum Waldrand. Kurz darauf leitet uns die KU 44 nach links und bringt uns in etwa einer halben Stunde nach **Spitzeichen**. Auf der Straße durchqueren wir das Dorf und folgen dieser am Ortsausgang nach links. Wenig später führt uns ein Weg nach links zum **Spitzeichener Turm** ❻.

Zurück an der Straße, folgen wir dieser nach rechts bis zur Kurve und biegen dort nach links in den Wanderweg KU 44 ein. Immer von der Markierung

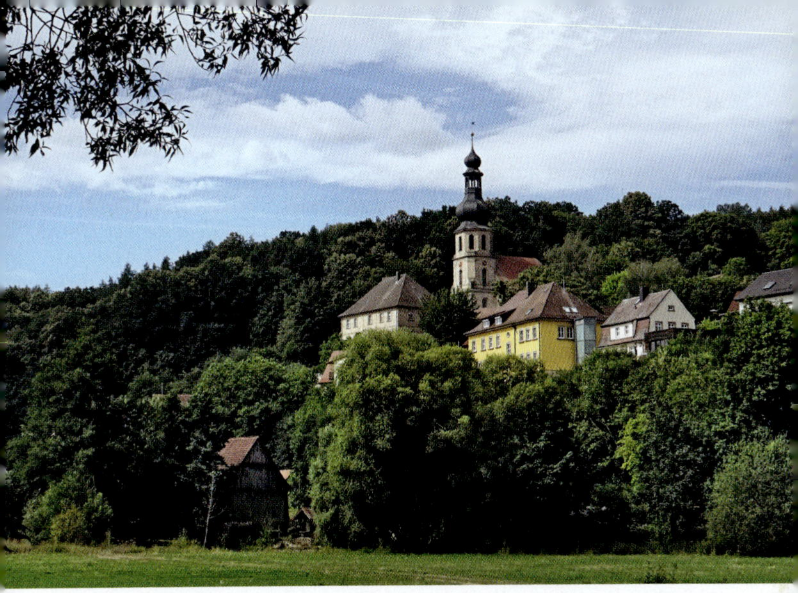

Trebgast am Weißen Main, überragt von der Pfarrkirche St. Johannes.

geleitet, kommen wir nach einer weiteren halben Stunde zur Landstraße, an der wir kurz nach rechts entlanggehen und diese anschließend auf dem Weg KU 44 wieder nach rechts verlassen. Unser Wanderweg führt uns bald abwärts und anschließend im steilen, bewaldeten Hang zum Ortsrand von **Trebgast**. Wir überqueren die Teerstraße nach rechts und nehmen gleich danach den schmalen Hohlweg, der halb links von der Straße abzweigt. Immer noch mit KU 44 markiert, gelangen wir bald an eine Querstraße. Diese überqueren wir nach links und steigen gegenüber die Treppe hinunter zur Fußgängerbrücke über die Trebgast. Anschließend wandern wir auf dem Uferweg nach links, passieren den **Bahnhof** und kommen schließlich an die Hauptstraße. Wir überqueren diese geradeaus und kommen so an unseren Ausgangspunkt am **Steinhauerplatz** ❶.

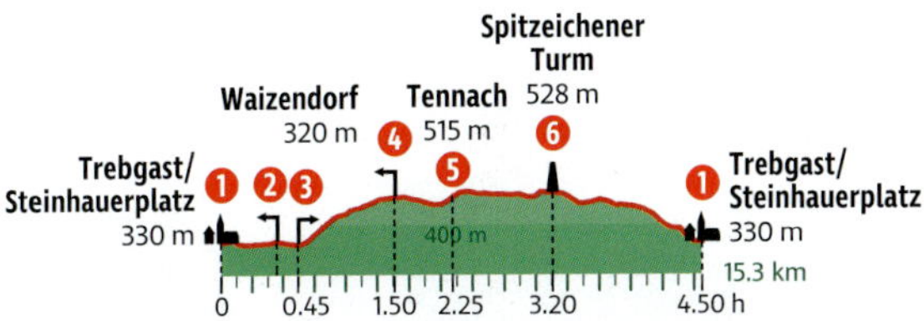

↗ 280 m | ↘ 280 m | 9.7 km

44 Rehberg, 494 m

3.30 h

Zum Rehturm und auf die Plassenburg

Diese abwechslungsreiche Wanderung verbindet gleich zwei Highlights, die die oberfränkische Stadt Kulmbach zu bieten hat. Auf dem Rehberg lockt der bereits 1498 erstmals als Signalturm errichtete Rehturm mit einer herrlichen Aussicht auf Kulmbach und die Plassenburg, die das Ziel dieser Rundtour durch die weiten Laubwälder im Westen der Stadt darstellt. Wie der steinerne Aussichtsturm blickt auch die imposante Höhenburg auf eine bewegte Geschichte zurück. In ihrem Inneren erwarten den Besucher gleich mehrere Museen und eine Burgschänke, von deren Terrasse man einen einzigartigen Blick über die Stadt genießen kann.

Ausgangspunkt: Kulmbach, Parkplatz Pörbitscher Weg, 305 m (GPS: 50.1105203N, 11.4595108E).
Anfahrt mit ÖPNV: Zug zwischen Bamberg und Hof bis Bahnhof »Kulmbach«. Dann über Fritz-Hornschuh-Straße, Kressenstein, Holzmarkt, Klostergasse und Buchbindergasse zum Marktplatz gehen.

Anforderungen: Bequeme Wege und Pfade.
Einkehr: Am Touranfang bzw. -ende Gastronomie in Kulmbach und auf der Plassenburg.
Tipp: Besichtigung der Plassenburg mit ihren vier Museen. Es werden auch Themenführungen Angeboten. Infos: plassenburg.de, schloesser.bayern.de.

Blick vom Rehturm über Kulmbach.

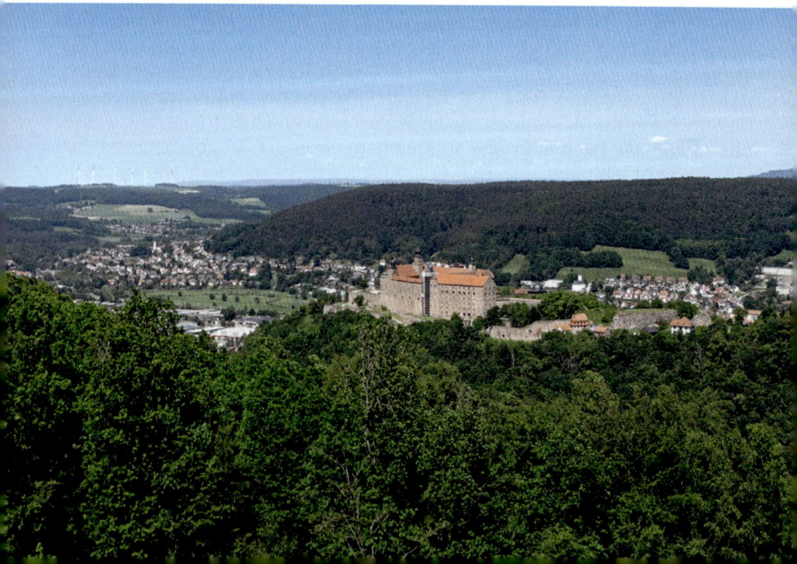

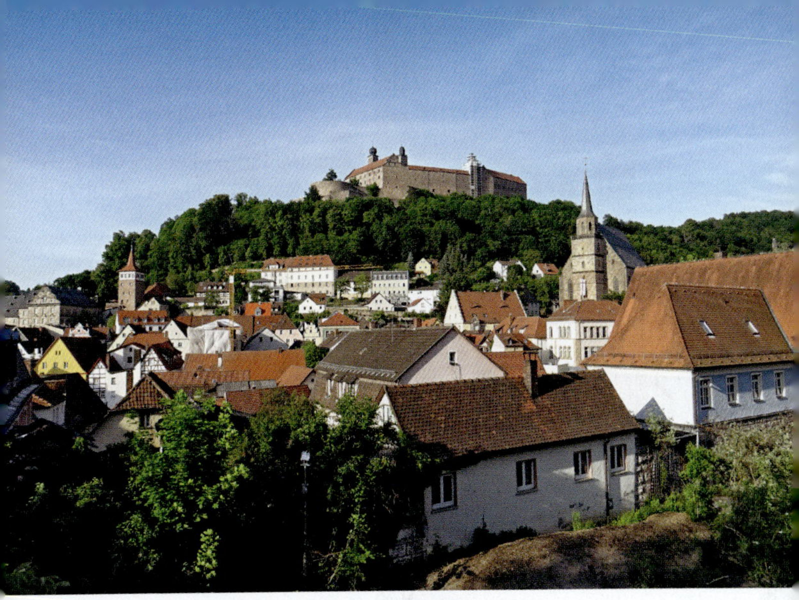

Die Plassenburg thront über der Altstadt von Kulmbach.

Wir verlassen den **Parkplatz ❶** in **Kulmbach** an der Ausfahrt zum Pörbitscher Weg und gehen diesen nach links weiter. Wenig später überqueren wir auf einer Brücke den kleinen Fluss und nehmen gleich danach die schmale Straße nach rechts Richtung Innenstadt. Wir befinden uns nun in der Fischergasse und erreichen wenig später eine Kreuzung. Hier wandern wir in der ebenfalls mit Kopfsteinpflaster belegten Spitalgasse weiter, die uns direkt zum **Marktplatz ❷** bringt. Wir überqueren den Marktplatz direkt vor dem großen Sparkassengebäude, dessen Fassade in sechs Metern Höhe ein kleines Glockenspiel ziert. Anschließend erblicken wir links von uns die markante Giebelfassade des Rathauses. Wir nehmen die kleine Straße, die rechts am **Rathaus** vorbeiführt und den eigentümlichen Namen »Oberhacken« trägt. Am nächsten Abzweig biegen wir dann nach rechts in die Bauergasse ab und steigen schließlich über eine Treppe zur Kirche »Unserer liebe Frau« hinauf.

Hier wandern wir auf der Straße »Kalte Marter« rechts am Kirchengebäude vorbei. Die immer schmaler werdende Straße führt uns bald steil hinauf und stößt schließlich an eine Querstraße. In diese

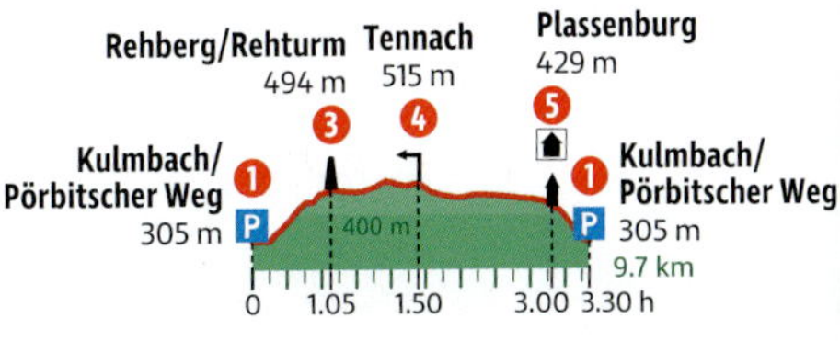

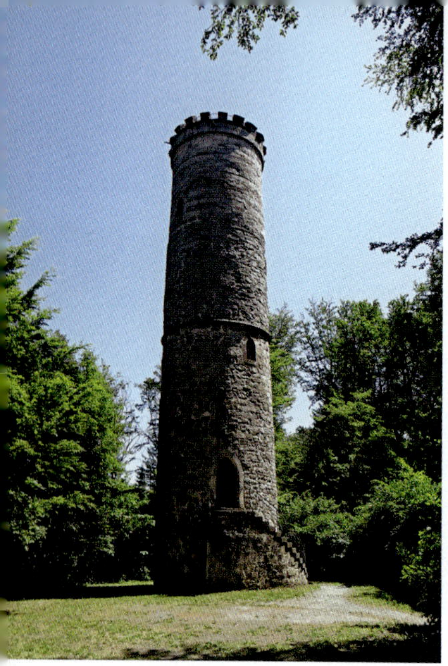

Aussichtsturm auf dem Rehberg.

biegen wir scharf links ein. Kurz vor der Kurve nehmen wir dann den Fußweg, der am Straßenrand entlangführt und uns hinauf zum Parkplatz am Rehberg bringt. Auf der schmalen Teerstraße wandern wir weiter aufwärts und erreichen den Waldrand. Auf dem mittleren der drei Teerwege kommen wir zur hölzernen Informationstafel des Naturlehrpfades. Hier nehmen wir den Weg rechts der Lehrtafel und wandern nun auf dem FrankenwaldSteigla »Rehbergweg« bergauf bis zum **Rehturm** ❸, von dessen Aussichtsplattform wir einen herrlichen Blick auf die Plassenburg und Kulmbach genießen können. Weiter geht es nun auf dem bewaldeten Rücken des **Rehberges**, einem bei den Kulmbachern beliebten Naherholungsgebiet.

Nach etwa 100 Metern kommen wir an den Schwarzen Teich, den wir jedoch links liegen lassen und stattdessen auf dem Forstweg weiter geradeaus wandern. Dieser bringt uns nach einer reichlichen halben Stunde in den Weiler **Tennach** ❹. Leider gibt es die auf vielen Wegweisern angeschriebene Wirtschaft zum Rangabauer nicht mehr. Wir wandern nach links die Dorfstraße hinunter ins Tal. Hier biegen wir nach links in die Vorfahrtsstraße ab und nehmen gleich danach den Wirtschaftsweg, der halb rechts den Berg hinaufführt.

Am nächsten Wegweiser folgen wir der Ausschilderung Richtung Plassenburg. Wir befinden uns nun wieder auf dem Frankenwald-Steigla »Rehbergweg«, der uns nach etwas mehr als drei Kilometern zu den mächtigen Mauern

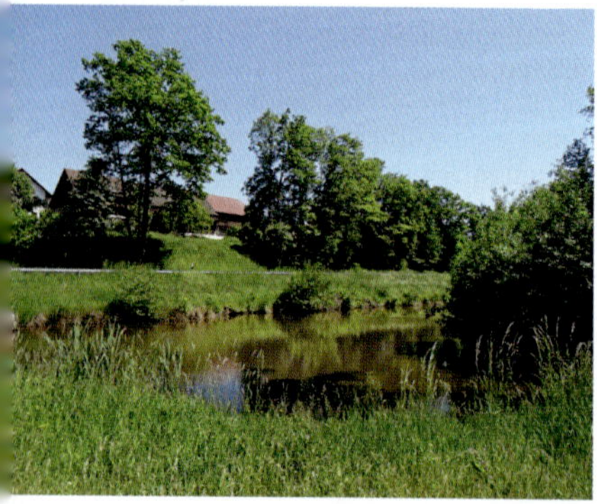

Teich in Maierhof.

der **Plassenburg** 5 führt. Wir durchqueren den als Kasernenhof bezeichneten Burghof und wandern durch das Tor neben dem Burgrestaurant nach **Kulmbach** hinunter. Nach 300 Metern zweigt scharf rechts die Obere Buchgasse vom Festungsberg ab. Von nun an folgen wir der Markierung mit dem blauen »M« (Mainwanderweg), die uns erst über die Obere Buchgasse und wenig später halb links durch das unscheinbare Gutmannsgässchen hinunter zur Fischergasse führt. Hier biegen wir nun abermals links ab und wandern an der nächsten Einmündung geradeaus über die Brücke und auf bekanntem Weg zurück zu unserem Ausgangspunkt am **Parkplatz Pörbitscher Weg** 1.

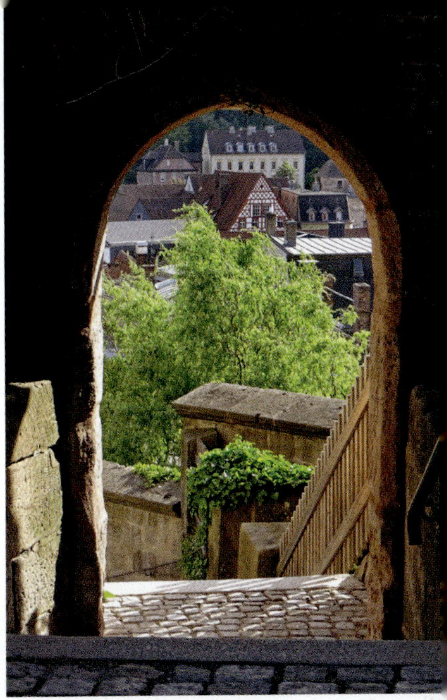

In der Altstadt von Kulmbach.

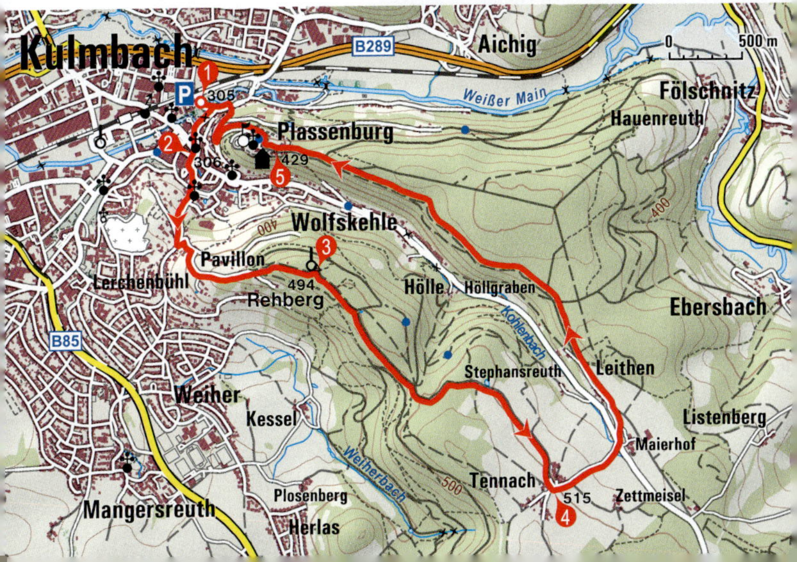

↗ 350 m | ↘ 350 m | 14.2 km

45 Schau-Dich-um-Turm, 528 m

4.40 h

Auf den Patersberg bei Veitlahm

Nördlich des wunderhübschen Pfarrdorfes Veitlahm erhebt sich der 528 Meter hohe Patersberg. Seinen Gipfel ziert seit 1838 eine steinerne Aussichtswarte, von deren oberer Plattform man eine grandiose Sicht bis hin zum Staffelberg, dem Rauhen Kulm und auf die Höhen des Fichtelgebirges genießt. Ein liebevoll angelegter Lehrpfad führt von Veitlahm auf den Patersberg hinauf.

Ausgangspunkt: Burghaig, Sportplatz, 335 m (GPS: 50.1070397N, 11.4100964E). Parkmöglichkeiten vorhanden. Anfahrt mit ÖPNV: Bus vom ZOB Kulmbach nach Burghaig bis Haltestelle »Burghaig Schule«. Dann Tourenbeginn an der Grundschule.

Anforderungen: Leichte Wanderung auf überwiegend bequemen Wegen und Pfaden.

Einkehr: Eselscheune Veitlahm, Tel. +49 9229 9734600, eselscheune.de.

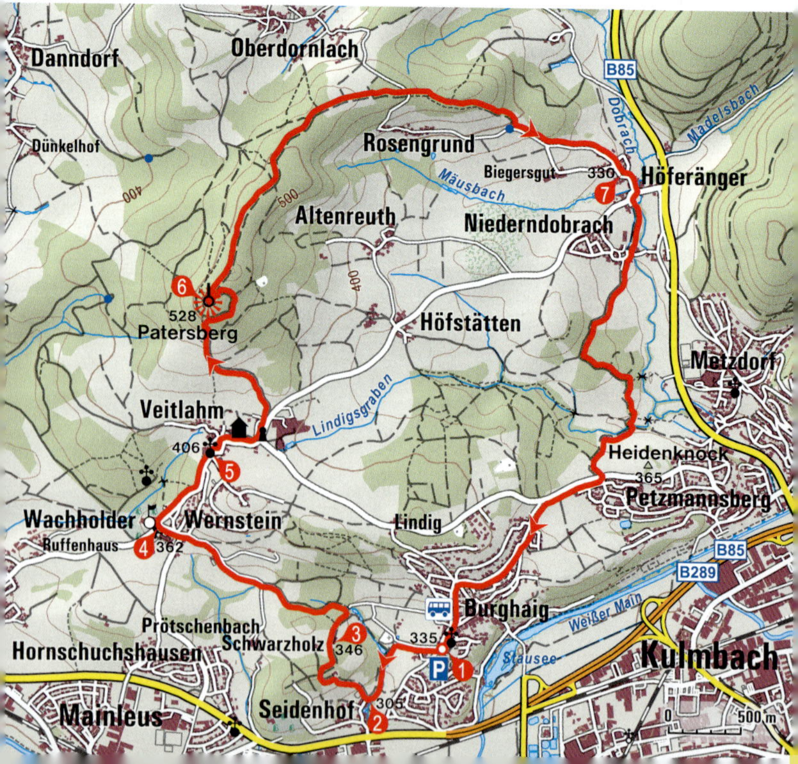

Am **Sportplatz** ❶ in **Burghaig** bringt uns der Fußgängerüberweg auf die andere Straßenseite, wo wir dann geradeaus das kleine Sträßlein hinunterwandern. Im Tal biegen wir nach dem Teich links ab und folgen dem Weg bis zum Ortsrand von **Seidenhof** ❷. Direkt vor den ersten Häusern nehmen wir den Weg nach rechts. Er führt zwischen Pferdekoppeln hindurch in den Wald hinein. Bald passieren wir die Gebäude des Schützenvereins, welche wir umrunden und oberhalb dann rechts in den Forstweg abbiegen. Dieser bringt uns nach **Schwarzholz** ❸. Wir durchqueren den kleinen Weiler und wandern auf der Zufahrtsstraße abwärts.

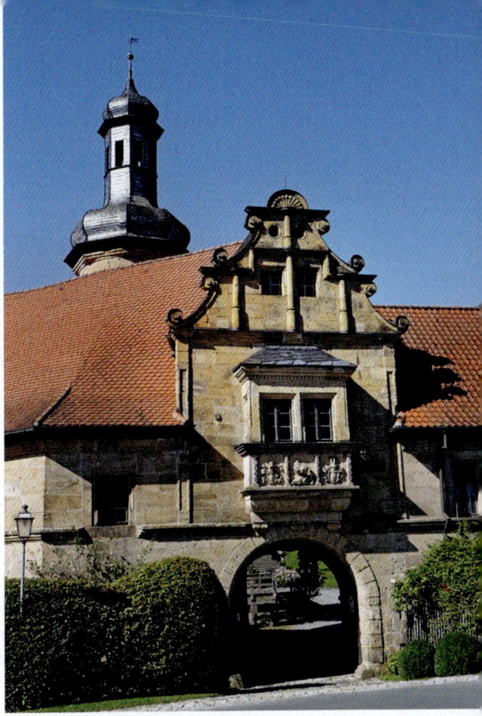

Portal der Burg Wernstein.

Im Tal beschreibt das Sträßlein eine Rechtskurve. Hier biegen wir nach dem Bach links in einen unmarkierten Pfad ein und folgen diesem, bis wir auf einen befestigten Weg stoßen. Auf diesem gehen wir nun nach links weiter. Er bringt uns an eine schmale Teerstraße, in die wir rechts einbiegen. Kurz vor der Ortslage stößt von rechts der mit der Nummer 66 markierte Patersberg-Weg zu uns. Die Markierung leitet uns nach **Wernstein** hinein zur hübschen **Burg Wernstein** ❹. Sie ist in Privatbesitz und kann leider nicht besichtigt werden.

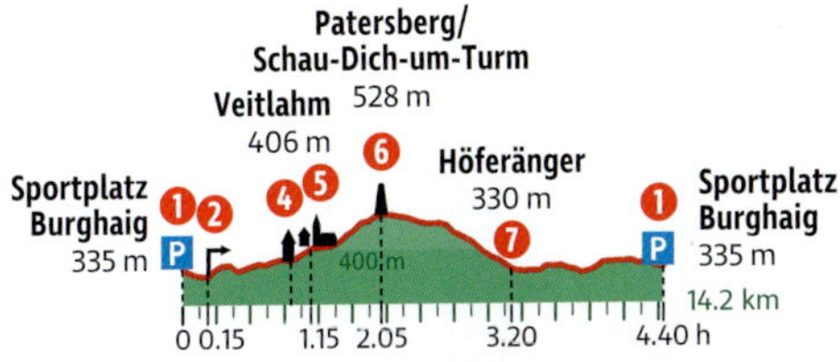

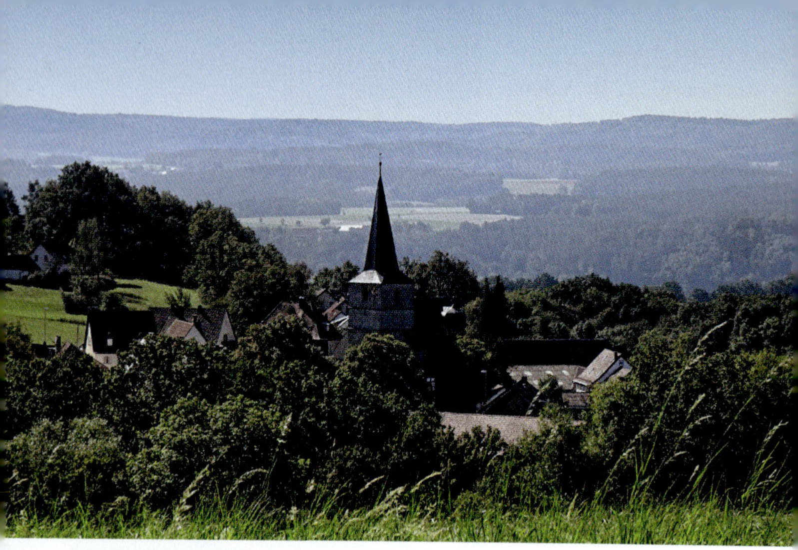

Die denkmalgeschützte Pfarrkirche St. Veit bildet das Zentrum von Veitlahm.

Wir wandern an der Straße entlang den Berg hinauf nach **Veitlahm** 5. Am Ortsausgang befindet sich auf der linken Seite ein Parkplatz, an dessen Ende der Weg Nr. 66 nun über Felder und Wiesen leicht ansteigend zum Fuß des bewaldeten **Patersberges** führt. Nach der Schranke biegen wir nach links in den Erlebnispfad ein. Wir folgen diesem steil durch den Wald hinauf und am querenden Forstweg nach rechts (nicht geradeaus weitergehen – das ist eine Downhill-Strecke). Am nächsten Abzweig wandern wir nach links weiter und halten uns am folgenden Wegweiser abermals links. Der Weg Nr. 66 bringt uns nun steil hinauf zum **Schau-Dich-um-Turm** 6.

Wir bleiben weiter auf dem mit der Nr. 66 markierten Patersberg-Weg und wandern erst auf dem Bergrücken entlang nach Norden und anschließend über aussichtsreiche

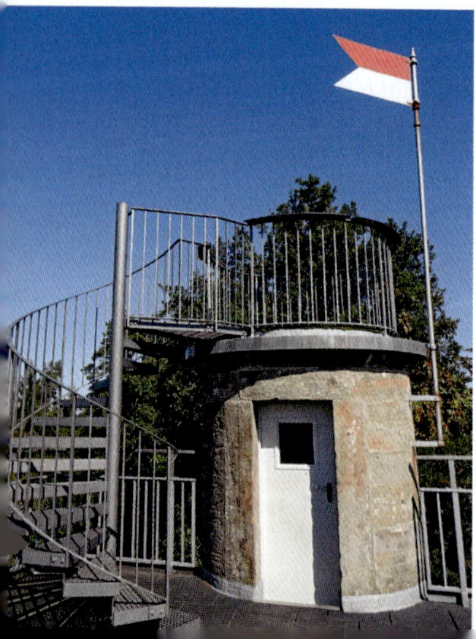

Aussichtsplattform auf dem Schau-Dich-um-Turm.

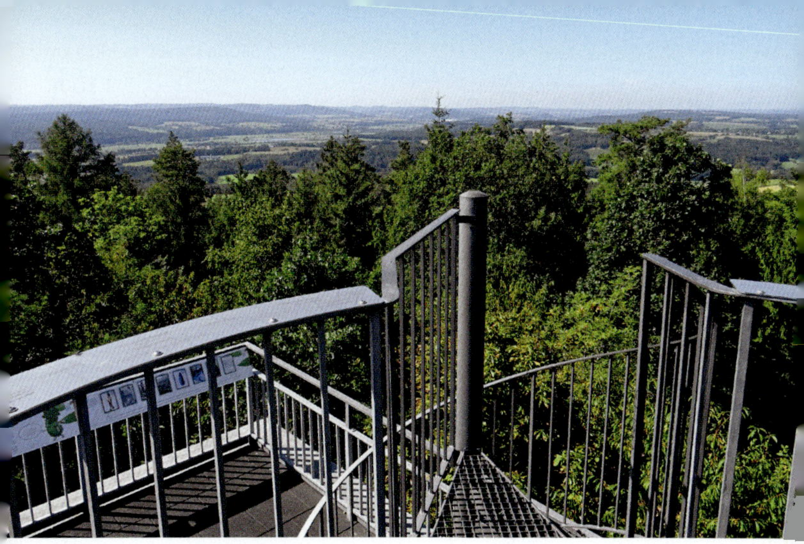

Weitblick vom Turm auf dem Patersberg.

Wiesen nach **Höferänger** ⑦. Die Markierung leitet uns durch das Dorf hindurch und anschließend zwischen Bach und Mühlgraben entlang am Sportplatz vorbei gen Süden. Nach einer Sägemühle stoßen wir im Weiler **Niederndobrach** an eine Straße. Hier verlassen wir den markierten Wanderweg und biegen nach rechts in die Straße ein. Am nächsten Abzweig gehen wir nach links Richtung der Hausnummer 9a weiter. Der Fahrweg führt uns wenig später aus dem Dorf hinaus über die Wiesen bergan und schließlich in den Wald hinein, wo er bald eine Linkskurve beschreibt. Wir wandern weiter durch den Wald und wenig später am Waldrand entlang.

Nun ist etwas Aufmerksamkeit erforderlich: Nachdem wir wieder in den Wald eingetreten sind, halten wir uns am nächsten Abzweig nach rechts (Richtung Süden) und kommen bald wieder aus dem Wald heraus. Jetzt geht es über Wiesen bergab, wo wir dann auf den querenden Wanderweg stoßen. In diesen biegen wir nach links ein, überqueren den Bach und gehen anschließend scharf rechts, dem mit einem gelben Kreis markierten Edelmann-Ringweg folgend. Er führt uns hinauf zur Landstraße, die wir überqueren und anschließend nach rechts auf dem Fußweg neben der Straße weiterwandern. Am nächsten Abzweig folgen wir der Straße Richtung **Burghaig** nach links und biegen nach etwa 350 Metern rechts in die Lindenstraße ein. Nun folgen wir immer dem Straßenverlauf. Er bringt uns bald bergab, wir passieren die **Schule** (Bushaltestelle) und stoßen danach auf eine querende Vorfahrtsstraße. In diese biegen wir rechts ab und erreichen wenig später den **Sportplatz Burghaig** ①.

↗ 380 m | ↘ 380 m | 10.5 km

46 Hohe Aßlitz, 379 m

3.30 h

Über die Titushöhle zur Hohen Aßlitz

Zwischen dem Coburger Land und dem Obermaintal erhebt sich die 379 Meter hohe bewaldete Kuppe der Hohen Aßlitz. Bereits in der Vorzeit soll sich auf dem Gipfel des Sandsteinberges eine Kultstätte befunden haben. Heute lädt ein kleiner Rastplatz neben dem Gipfelkreuz zum Verweilen und Entspannen ein.

Ausgangspunkt: Weidhausen bei Coburg, Parkplatz am Tell-Schützenhaus, 310 m (GPS: 50.2025000N, 11.1400667E) Anfahrt mit ÖPNV: Bus von Kronach, Coburg, Neustadt b. Coburg oder Ebersdorf b. Coburg bis Haltestelle »Weidhausen Sonnefelder Str.«. Dann dem Verlauf der Vorfahrtsstraße in südlicher Richtung bis zum Abzweig Tell-Schützenhaus folgen.
Anforderungen: Überwiegend bequeme Wege und Pfade, steiler Pfad zur Titushöhle im Auf- und Abstieg.
Einkehr: Unterwegs keine; Gastronomie in Weidhausen.

Wir verlassen den **Parkplatz** ❶ in **Weidhausen** über die Zufahrt, überqueren die Schlossstraße und wandern anschließend auf dieser nach links. Nach 80 Metern biegen wir halb rechts in die Hallstraße ein. Am nächsten Abzweig leiten uns die Wanderwege Nr. 3, 4 und 5 nach links, und die schmale Siedlungsstraße bringt uns schon bald aus dem Ort hinaus. Wir passieren zwei Reiterhöfe und wandern aussichtsreich auf dem Feldweg in südlicher Richtung. Am nächsten Abzweig folgen wir dem Fahrweg geradeaus die Senke hinunter und verlassen ihn in der anschließenden Rechtskurve nach links.

Im engen Mäandertal des Bieberbaches.

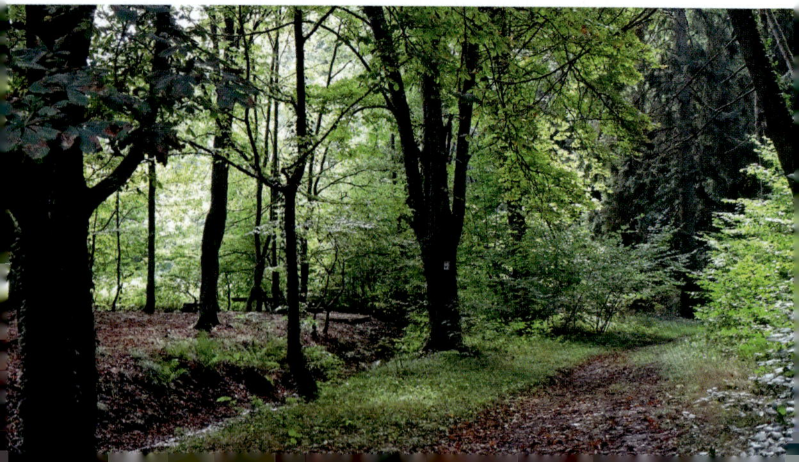

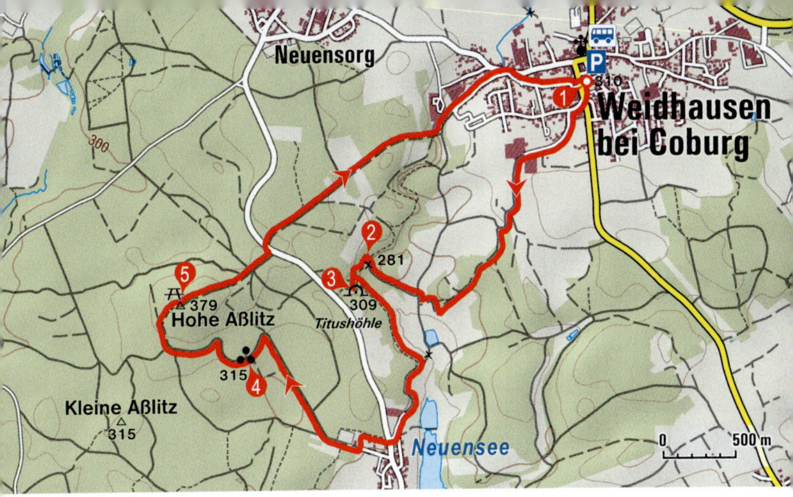

Wenig später kommen wir an eine Gabelung. Hier biegen wir nun halb rechts in den mit einem blauen Parallelogramm markierten Wanderweg ein. Er bringt uns in etwa einer Viertelstunde zu einem asphaltierten Fahrweg mit einem Wegweiser. Hier gehen wir nach rechts und folgend gleich darauf der gelben Markierung Nr. 2 nach links. Wenig später erreichen wir das alte **Wasserhaus Neuensorg** ❷. Hier gehen wir nach links weiter und folgen von nun an dem Weg Nr. 3. Er führt uns schon bald aufwärts bis zu einem Querweg mit Wegweiser, in den wir nach links einbiegen. Nun ist etwas Aufmerksamkeit erforderlich, um den Aufstieg zur Titushöhle nicht zu verpassen: Nach etwa 20 Metern zweigt der schmale, unscheinbare Pfad nach rechts vom Wanderweg ab. Ein kleiner gelber Wegweiser, der recht weit oben am Baum angebracht ist, kennzeichnet den Abzweig. Der Pfad führt bald steil hinauf zur **Titushöhle** ❸ am Fuße eines circa acht Meter hohen Kalksteinfelsens.

Zurück am Wanderweg folgen wir diesem nun nach rechts bis zu einem querenden Fahrweg, in den wir abermals rechts einbiegen. Er bringt uns in wenigen Minuten hinauf zum Ortsrand von **Neuensee**, wo wir die Landstraße überqueren und gegenüber zwischen Hecke und Wald weiterwandern. Wenig später erblicken wir links des Weges die große **Sportanlage**, die wir durch eine Gittertür betreten. Wir überqueren die Anlage und wandern auf der anderen Seite nun die Siedlungsstraße nach rechts weiter. Nachdem wir den Sportplatz passiert haben und wieder in den Wald eingetreten sind, biegen wir an einer Kreuzung mit Wegweiser halb rechts ab. Etwa zehn Minuten später erreichen wir den **Lutzenstein** ❹. In den sagenumwobenen Felsbrocken am Wegesrand ist ein Mühlespiel eingemeißelt, das zum Rasten und Spielen einlädt.

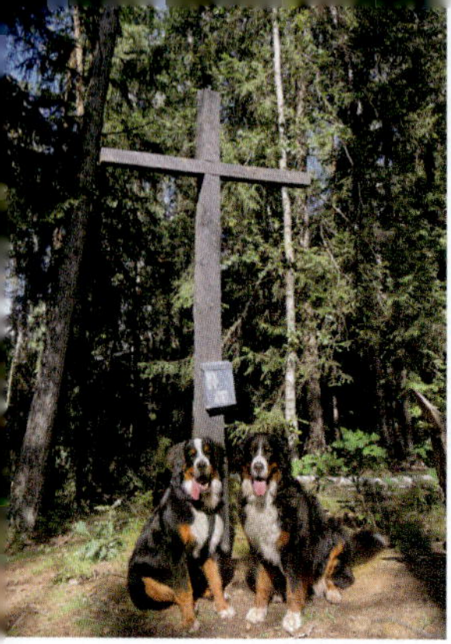
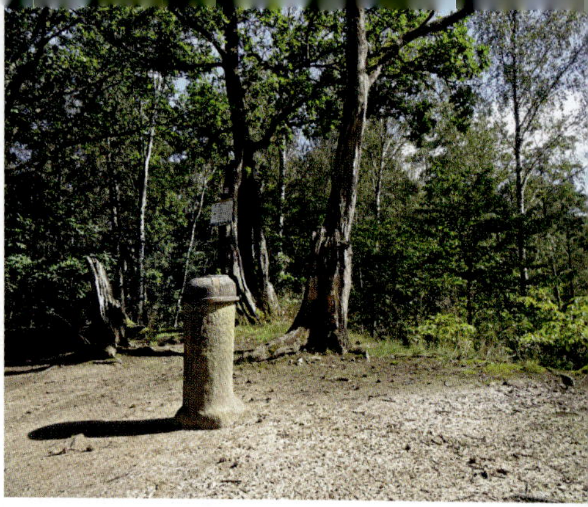

Kreuz (links) und Rastplatz (rechts) auf der Hohen Aßlitz.

Nach etwas mehr als einem halben Kilometer kommen wir wieder an einen Abzweig mit Wegweiser. Hier gehen wir nun nach rechts weiter und folgen der Markierung Nr. 1 stetig aufwärts, bis wir schließlich den Gipfel der **Hohen Aßlitz** 5 erreichen. Er bietet leider keine Aussicht, allerdings kann man sich an einem Rastplatz neben dem Gipfelkreuz vom schweißtreibenden Aufstieg erholen und die Ruhe des Waldes genießen. Wir überschreiten den Gipfel und folgen der Markierung, die uns hinunter zur Landstraße bringt. Diese überqueren wir, wandern kurz nach links und anschließend, uns weiterhin an die Markierung Nr. 1 haltend, gleich wieder nach rechts in den Wald hinein.

Nach etwa 200 Metern ist nun etwas Aufmerksamkeit erforderlich: An einer Gabelung verlassen wir den markierten Wanderweg und folgen dem Fahrweg halb links weiter. Dieser führt uns nun immer geradeaus, bald über eine Lichtung und schließlich hinunter ins Tal. Wir überqueren den Bach, gehen vor dem Strommast nach links und biegen anschließend halb links in die schmale Teerstraße oberhalb der Kläranlage ein. Das Sträßlein bringt uns ins Ortsgebiet von **Weidhausen**, wo wir nach circa zehn Minuten die Hauptstraße erreichen. Direkt vor der Hauptstraße nehmen wir nun den mit den Nummern 3 und 4 markierten Dorfbachweg halb rechts. Er führt uns zur Schützenstraße, in die wir nach links einbiegen und wenig später zur Einfahrt unseres **Parkplatzes** 1 am **Tell-Schützenhaus** gelangen.

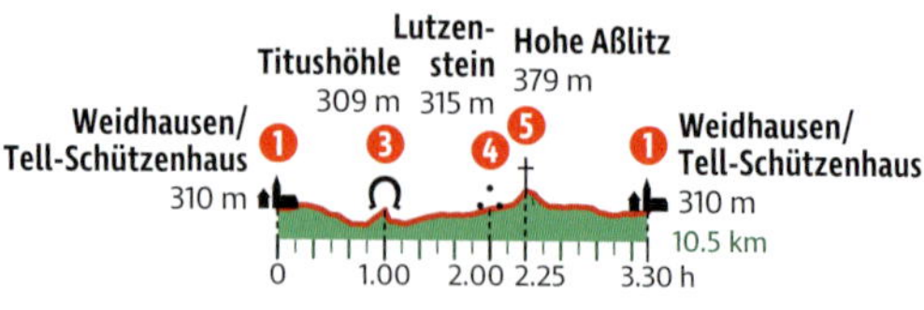

↗ 110 m | ↘ 110 m | 9.9 km

3.00 h

Mitwitzer Teiche

Einsame Wanderung durch eine einzigartige Natur- und Kulturlandschaft

In Föritz- und Steinachtal gelegen, ist die Umgebung von Mitwitz reich an verschiedenen naturnahen Feuchtgebieten. Entlang der Bäche findet man feuchte Hochstaudenfluren mit Mädesüß und Blutweiderich, in den extensiv genutzten Auen befinden sich krautreiche Mähwiesen. Wer aufmerksam schaut, wird auch Spuren des Bibers entdecken, der mit seinen Baukünsten die Flusslandschaft gestaltet und dabei neuen Lebensraum für viele weitere Pflanzen und Tiere schafft. Die naturnahe Teichgruppe »Reginasee, Pfadensee und Schnitzersteich« ist ein bedeutendes Naturschutzgebiet, denn es gibt hier seltene Torfmoosteppiche, die mit Frauenhaarmoos, Moosbeere und teilweise auch mit Schmalblättrigem Wollgras bewachsen sind. Zudem sind die Mitwitzer Teiche Teil des Immateriellen Kulturerbes »Traditionelle Karpfenteichwirtschaft in Bayern«.

Ausgangspunkt: Mitwitz, Parkplatz am Wasserschloss, 295 m (GPS: 50.2476833N, 11.2068667E).
Anfahrt mit ÖPNV: Bus von Neustadt bei Coburg oder Ebersdorf bei Coburg bis Haltestelle »Mitwitz Gh. Wasserschloss«.
Anforderungen: Leichte Wanderung auf bequemen Wegen und Pfaden.
Einkehr: Bächler Alm in Bächlein, Tel. +49 9266 960-0, baechleralm.de; Gastronomie in Mitwitz am Ende der Tour.
Tipp: Das prächtige Wasserschloss Mitwitz wurde 1266 erstmals urkundlich erwähnt und kann im Rahmen einer Schlossführung besichtigt werden. Infos und Termine: schloss-mitwitz.de/schlossfuehrungen; zusätzlich Buchung von Führungen: Tel. +49 151 51780102, fuehrung@mitwitz-tourismus.de.

Der Reginasee ist eines der wertvollsten Feuchtbiotope Frankens.

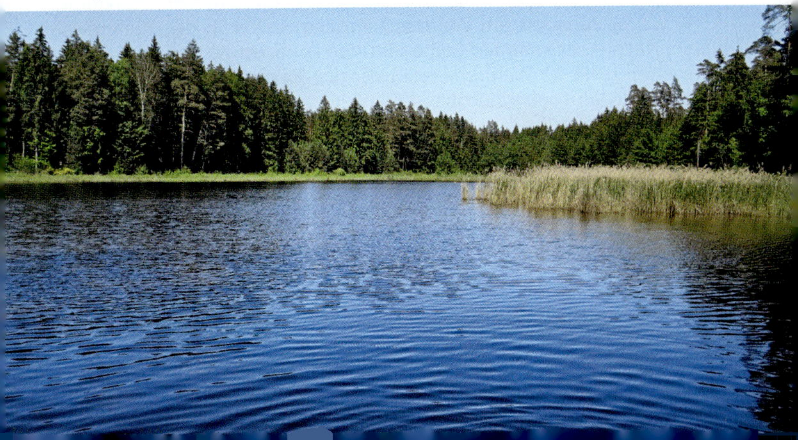

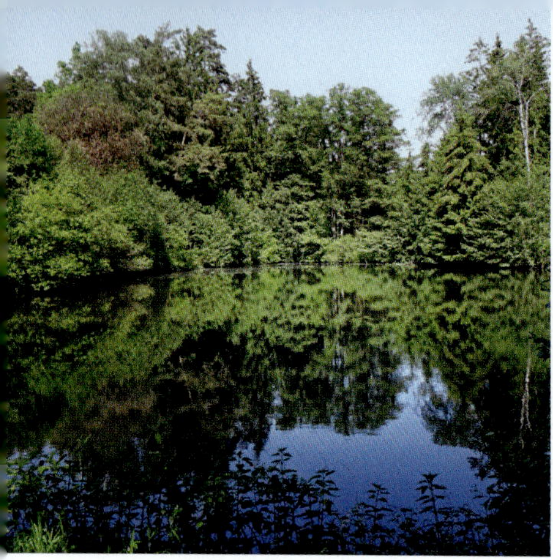

Mitwitzer Teichidylle.

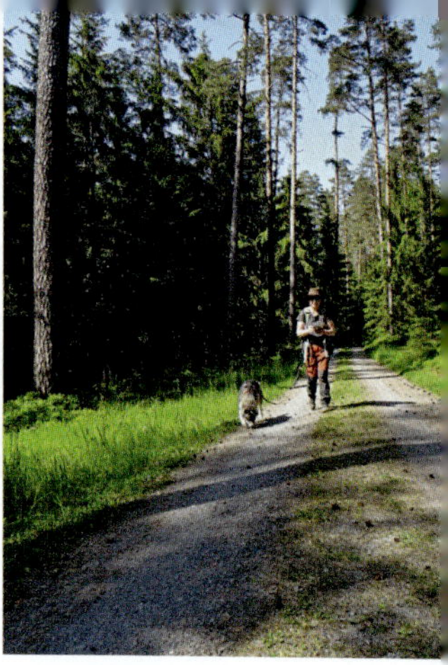

Unterwegs in schattigen Wäldern.

Wir verlassen den **Parkplatz ❶** am **Wasserschloss Mitwitz** über die Zufahrt und nehmen die Ludwig-Freiherr-von-Würtzburg-Straße nach rechts. Am Ende der Straße biegen wir nach links in die breite Kronacher Straße ein und verlassen diese nach etwa 250 Metern halb links. Der Breitenseeweg führt uns nun ans Ufer des für seine Karpfenzucht bekannten **Breitensees ❷**, Informationstafeln erzählen Wissenswertes über die Mitwitzer Teichlandschaft und die traditionelle Karpfenteichwirtschaft in Bayern. Wir biegen nach links ab und folgen von nun an der Markierung KC 34, die uns am nächsten Wegweiser abermals nach links leitet.

Entlang des kleinen Flüsschens, das dem Naturschutzgebiet **Föritzau** seinen Namen gab, erreichen wir nach 1,2 Kilometern den Ortsrand von **Neundorf**. Wir überqueren die schmale Straße und folgen der Markierung KC 34 weiter zunächst am Waldrand entlang, später in den Kiefernwald hinein. Nach einer knappen halben Stunde kommen wir erneut zu einem Wegweiser. Links im Wald erkennen wir den **Reginasee ❸**, der zu einem der wertvollsten Feuchtbiotope in Franken zählt. Nachdem wir kurz nach links einen Blick auf das schöne Gewässer geworfen haben, wandern auf dem KC 34 weiter geradeaus. Nach etwas mehr als zwei Kilometern stoßen wir an eine schmale Straße, in die wir nach links einbiegen. An der nächsten Straßenkreuzung gehen wir nach rechts weiter. Wenig später erreichen wir das **Waldhotel Bächlein ❹**, wo die **Bächler Alm** zur Einkehr lädt.

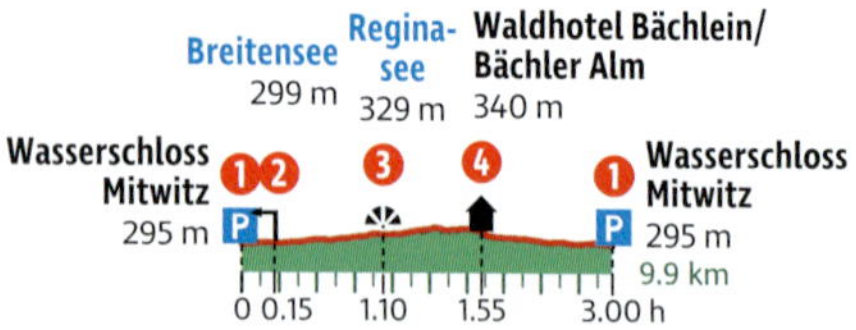

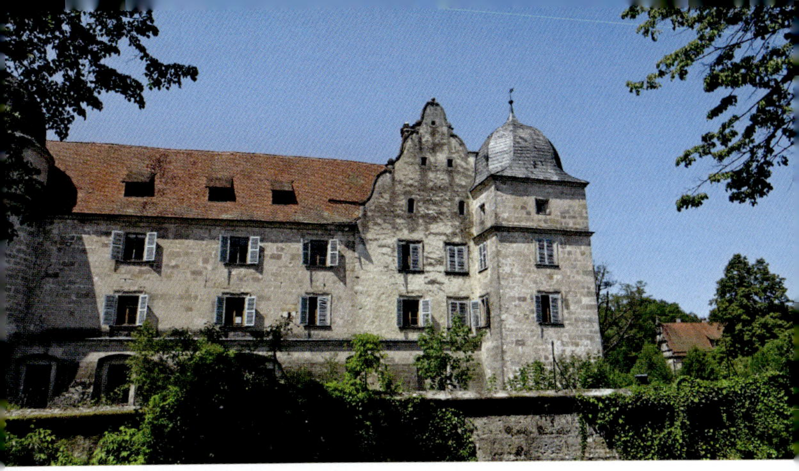

Das 1266 erstmals urkundlich erwähnte Wasserschloss Mitwitz.

Am Wegweiser vor dem Hotelkomplex wandern wir nach links und folgen von nun an immer der Markierung mit dem blauen Plus in Richtung Mitwitz. Sie bringt uns in etwa einer Dreiviertelstunde wieder zu den Informationstafeln am Ufer des **Breitensees** ❷. Von hier gehen wir nun auf dem bereits bekannten Weg zurück zum **Parkplatz** ❶ am **Wasserschloss Mitwitz**.

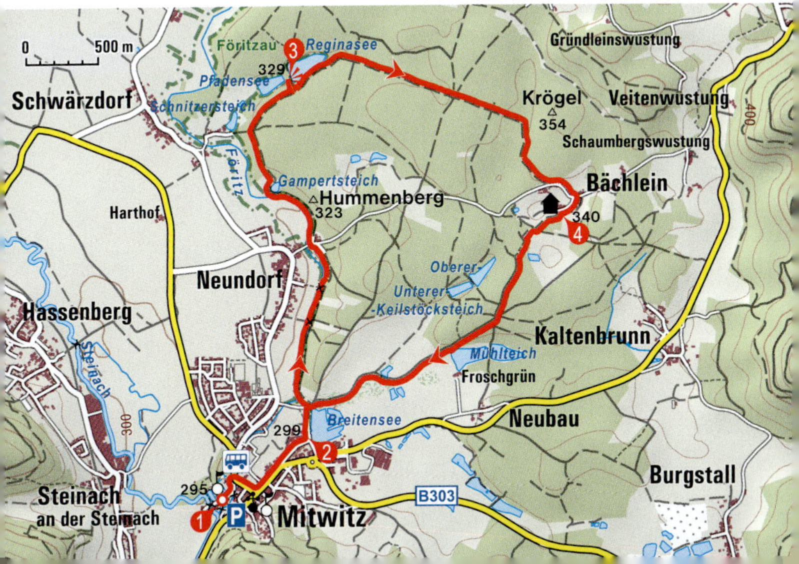

↗ 380 m | ↘ 380 m | 12.0 km

48 Saulochklamm

4.00 h

Von Mönchröden in die Einberger Schweiz

Diese abwechslungsreiche Rundwanderung bei Rödental punktet gleich mit mehreren Highlights. Als steinernes Denkmal der Reformation begrüßt den Wanderer das ehemalige Benediktinerkloster Mönchröden mit seiner spätgotischen Kirche. Auf dem Lutherweg geht es dann ins Grenzgebiet zwischen Bayern und Thüringen, das 40 Jahre lang auch die Grenze zwischen den beiden deutschen Staaten darstellte. Geologisch interessant wird es in der Saulochklamm. Die Sandsteinschlucht im Wandergebiet Einberger Schweiz erinnert an die Klammen des Elbsandsteingebirges und wartet nur darauf, erkundet zu werden. Aussichtsreich wird es dann nochmal am Ende der Wanderung, wo man vom Horeb bei Rothenhof einen grandiosen Blick über Rödental genießen kann.

Ausgangspunkt: Mönchröden, Bahnhof (Parkmöglichkeiten vorhanden) 315 m (GPS: 50.3019889N, 11.0573858E). Anfahrt mit ÖPNV: Zug zwischen Coburg und Sonneberg sowie Nürnberg und Sonneberg bis Bahnhaltepunkt »Mönchröden«.
Anforderungen: Überwiegend bequeme Wege und Pfade, im mittleren Teil der Wanderung etwas Orientierungssinn erforderlich.
Einkehr: Keine Möglichkeit.
Tipp: Die Christuskirche Rödental kann nach Vereinbarung mit dem Pfarramt besichtigt werden. Infos: roedental-christuskirche.de.

Im ehemaligen Benediktinerkloster Mönchröden.

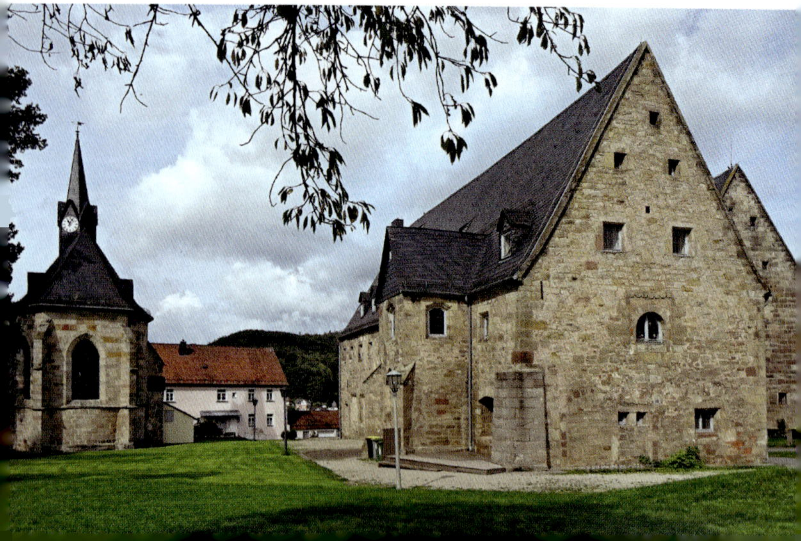

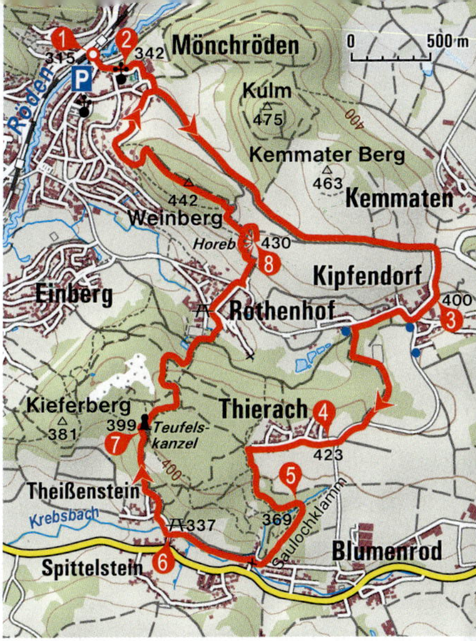

Wir verlassen den Parkplatz am **Bahnhof Mönchröden** ❶ an der Einfahrt und folgen der kleinen Straße nach links über den Fluss hinweg. Anschließend wandern wir dann auf dem mit einem grünen »L« markierten Lutherweg den Fußweg geradeaus hinauf zum **Kloster Mönchröden** ❷. Von dem ehemaligen Benediktinerkloster sind neben der kleinen Klosterkirche noch zwei markante gotische Gebäude erhalten. Wir wandern zwischen dem ehemaligen Abtshaus mit dem markanten Erker und dem einstigen Refektorium, das als Wohn- und Speisehaus für die Mönche diente, hindurch und biegen vor dem Sportplatz nach rechts ab.

Anschließend nehmen wir die schmale Straße nach links an der Grundschule vorbei und wandern weiter auf dem Lutherweg bis nach **Kipfendorf** ❸. Hier übernimmt die Markierung mit dem blauen »X« Richtung Thierach. Sie führt uns durch das Dorf hindurch und kurz nach einem kleinen steinernen Wasserbecken, das sich rechts neben dem Weg befindet, geht es dann nach links in den Wald hinein. An der darauffolgenden größeren Wegkreuzung nehmen wir den zweiten Weg nach rechts Richtung »Saulochschlucht«. Er führt uns in etwa einer Viertelstunde in das kleine Dorf **Thierach** ❹. Wir durchqueren den Ort und kommen anschließend an einen Abzweig mit Wegweiser. Hier biegen wir nach links ab und folgen weiter der Ausschilderung Richtung Saulochschlucht.

Von nun an ist Aufmerksamkeit erforderlich! An der nächsten Gabelung nehmen wir den Pfad nach links. Wenig später erblicken wir an den Bäumen auch die Wegmarkierung mit einem roten Schrägstrich und kommen

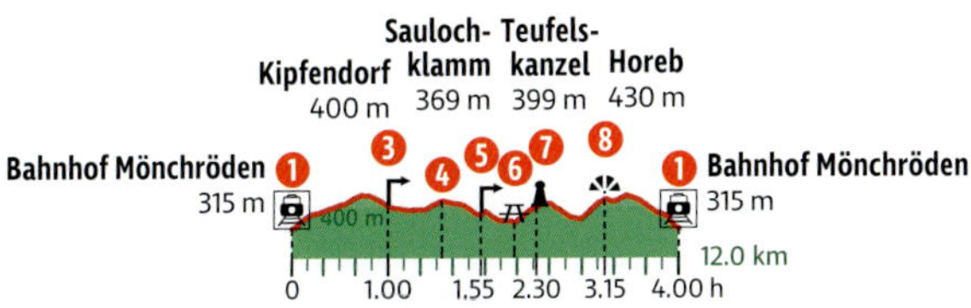

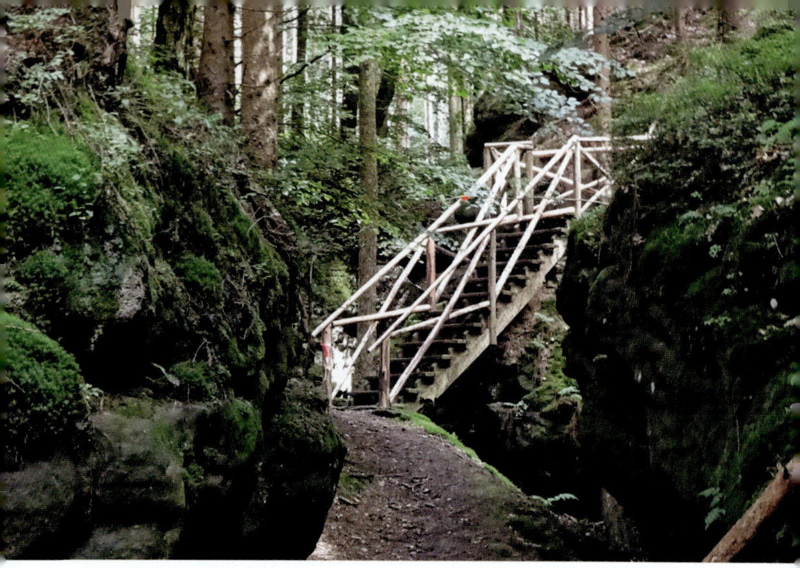

Eine steile Treppe führt aus der Saulochklamm hinaus.

abermals zu einem Wegweiser. Nun leitet uns der Weg Rö 5 nach links und anschließend die Ausschilderung Rö 55a nach rechts Richtung Saulochschlucht. Wir folgen dem Wegverlauf bis an die Abbruchkante eines ehemaligen Steinbruches und befinden uns nun auf einem geschotterten Weg. Diesem folgen wir abwärts bis uns an einem Wegweiser ein naturbelassener Pfad nach links zur **Saulochklamm** 5 führt. Wenn es in der schmalen Klamm zu matschig ist, kann man diese auch auf einem deutlich sichtbaren Pfad umgehen.

Kurz vor dem felsigen Kessel, an dessen Ende ein zartes Bächlein herunterplätschert, steigen wir nun über eine Holztreppe aus der Schlucht hinauf und wandern oben auf dem Querweg nach rechts und an der folgenden Gabelung abermals halb rechts. Wenig später kommen wir zu einer Lichtung mit einem kleinen Haus. Der mit einem roten Schrägstrich markierte Weg führt uns im Wald um die Lichtung herum und anschließend am Hang entlang abwärts bis zu einem Fahrweg. In diesen biegen wir nun nach links ein und halten uns anschließend am Ortsrand von **Blumrod** rechts. An der nun folgenden Querstraße wandern wir ebenfalls kurz nach rechts und biegen dann vor dem **Jugendzeltlager** nach links in einen asphaltierten Fußweg ein. Dieser bringt uns nach etwa fünf Minuten nach **Spittelstein**, wo wir an einer Querstraße nach einem hübschen kleinen **Rastplatz** 6 auf den mit einem blauen Punkt markierten Wanderweg treffen. In diesen biegen wir nach rechts ein.

Wenig später leitet uns die Markierung abermals rechts und anschließend als Pfad nach links oberhalb des Örtchens Theißenstein entlang und biegt dann an einer Schranke nach rechts zu einem Schuttlagerplatz ein. Hier ist nun etwas Aufmerksamkeit erforderlich: Der Wanderweg führt links um den Schuttplatz herum und bringt uns wenig später zur **Teufelskanzel** 7. Nach einem Abstecher zu dem mächtigen Felsblock mit Gedenkinschriften für die Gefallenen der beiden Weltkriege wandern wir weiter auf dem Weg mit dem blauen Punkt und folgen an den kommenden Wegweisern stets der Ausschilderung Richtung Mönchröden. Nach einer knappen halben Stunde gelangen wir so nach **Rothenhof**. Der blaue Punkt führt uns durch den Ort hindurch und anschließend über einen sonnendurchfluteten, mit Hecken und Büschen bewachsenen Hang hinauf zum Aussichtspunkt **Horeb** 8. Von hier kann man einen einzigartigen Blick über Rödental genießen.

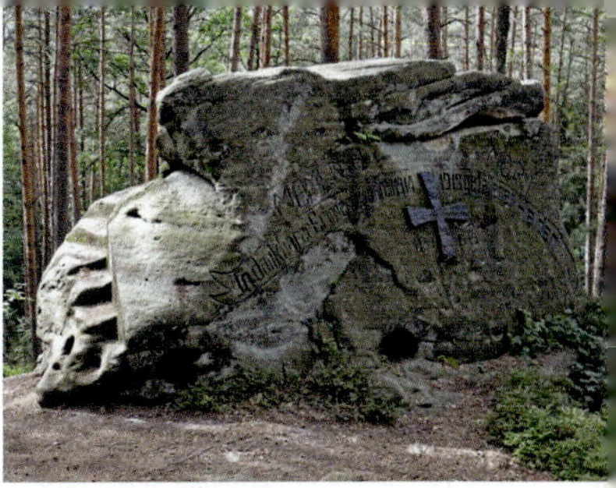

Mitten im Wald: die Teufelskanzel.

Wir steigen wieder ab und folgen nun dem Naturlehrpfad auf den Weinberg. Über diesen bewaldeten Hügel gelangen wir, der Lehrpfad-Markierung mit dem Eichhörnchen folgend, zum Jugendfreizeitzentrum am Ortsrand von **Mönchröden**. Wir wandern auf der schmalen Zufahrtsstraße abwärts, bis wir an eine Querstraße stoßen. Hier gehen wir nach rechts und am darauffolgenden Abzweig gleich wieder nach links. Nun geht es auf dem bekannten Weg zurück zum **Kloster** 2 und dann hinunter zum Parkplatz am **Bahnhof Mönchröden** 1.

Blick in Richtung Rödental.

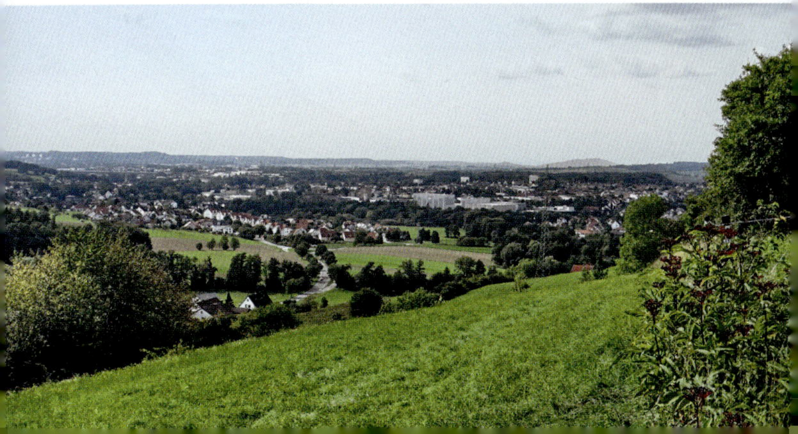

↗ 230 m | ↘ 250 m | 7.9 km

49 Veste Coburg 464 m

2.45 h

Auf dem Lutherweg von Rödental nach Coburg

Rund 160 Meter überragt die mächtige Veste Coburg das historische Zentrum der gleichnamigen fränkischen Stadt. Sie zu besuchen, ist ein Muss für alle, die das Coburger Land bereisen. Die »Fränkische Krone«, wie die Veste auch liebevoll genannt wird, zählt zu den größten und besterhaltenen Burganlagen Deutschlands und beherbergt eine umfangreiche Kunstsammlung, deren Ursprung auf die Herzöge zu Sachsen-Coburg zurück geht. Im Jahre 1530 boten die mittelalterlichen Mauern dem berühmten Reformator Martin Luther Zuflucht. Hier bewohnte er ein kleines Appartement, in dem er zahlreiche Briefe und Schriften verfasste und regelmäßig Gäste empfing. Bei einem Besuch auf der Veste Coburg kann man auf den Spuren des Reformators wandeln und die Lutherstube und Lutherkapelle besichtigen.

Ausgangspunkt: Rödental, Bahnhof, 310 m (GPS: 50.2886169N, 11.0310669E). Parkmöglichkeiten vorhanden. Anfahrt mit ÖPNV: Zug zwischen Nürnberg und Sonneberg bis Bahnhof »Rödental«.
Endpunkt: Coburg, Bahnhof, 295 m (GPS: 50.2629000N, 10.9582169E).
Anforderungen: Streckenwanderung auf bequemen Wegen und Pfaden.

Einkehr: Burgschänke Veste Coburg (Mo./Di. Ruhetag), Tel. +49 9561 2343194, burgschaenke-veste-coburg.de; Gastronomie in Coburg.
Tipp: Besichtigung der Veste Coburg mit ihren Kunstsammlungen. Hierfür sollte man mindestens 1 bis 2 Stunden einplanen; es werden auch Führungen angeboten Infos: veste.kunstsammlungen-coburg.de, schloesser-coburg.de.

Hinter diesen mächtigen Mauern fand 1530 Martin Luther Zuflucht.

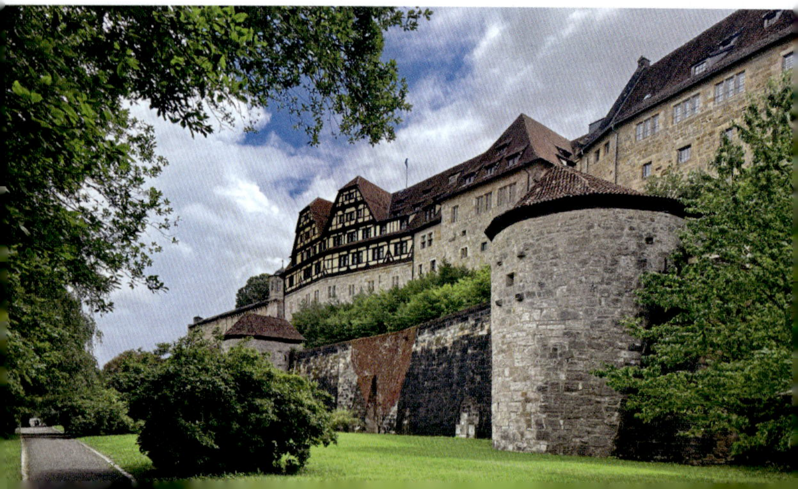

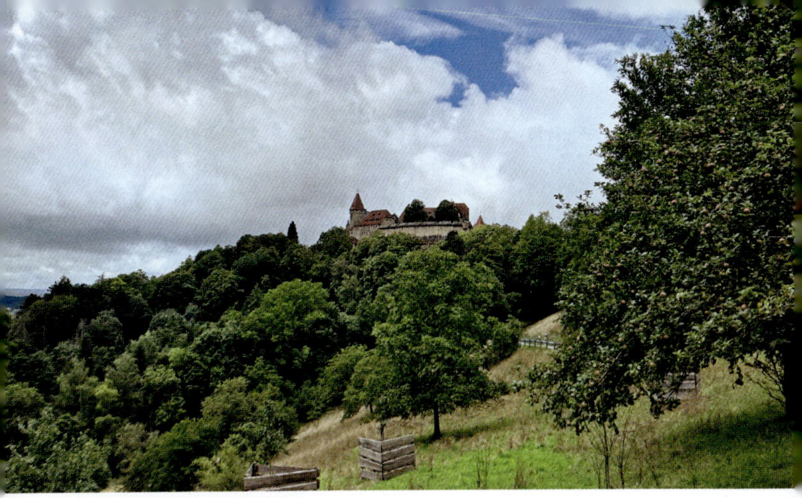

Streuobstwiese vor der Veste Coburg.

Wir beginnen unsere Wanderung am **Bahnhof Rödental** ❶ und verlassen den Bahnhofsplatz in westliche Richtung. Anschließend biegen wir nach links in die Straße ein, überqueren am Bahnübergang die Gleise und folgen weiter dem Straßenverlauf. Nachdem wir die kleine Johanniskirche passiert und das Flüsschen Rodach überquert haben, biegen wir an der nächsten Straßenkreuzung nach rechts in den Mühlenweg ab. Nun folgen wir dem mit einem grünen »L« markierten Lutherweg. Auf der schmalen »Höhnleite« führt er uns schon bald aus dem Ort hinaus. Wir halten uns immer an die Wegmarkierung des bekannten Pilgerpfades und unterqueren nach einer knappen halben Stunde die Autobahn.

Wenig später leitet uns der Lutherweg in den Wald hinauf, und wir befinden uns nun auf dem langgezogenen, bewaldeten Rücken des **Bausenberges** ❷. Lehrpfadtafeln informieren darüber, wie hier Naturschutz, Erholung und Waldwirtschaft miteinander in Einklang gebracht werden. Etwa auf halber Strecke unseres Weges zur Veste Coburg überqueren wir eine schmale Straße und folgen dann der Ausschilderung weiter durch den Laubwald, bis wir nach circa einer halben Stunde an die schmale Zufahrtsstraße zur Festung gelangen.

In diese biegen wir nun rechts ab und wandern auf dem Fußweg neben der Straße bergan bis zum kleinen Kiosk. Direkt danach führt die gepflasterte Auffahrt zur **Veste Coburg** ❸ hinauf.

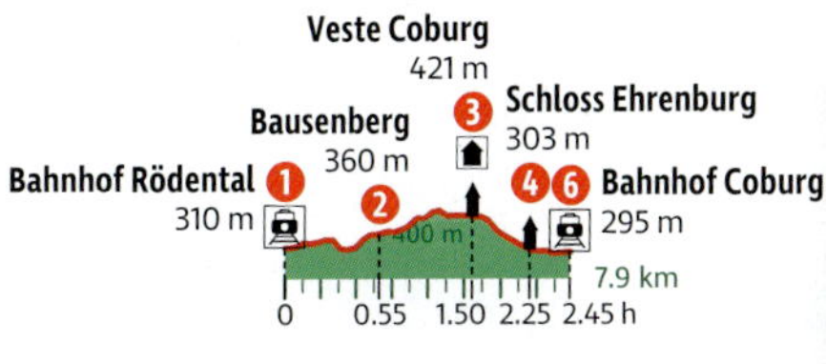

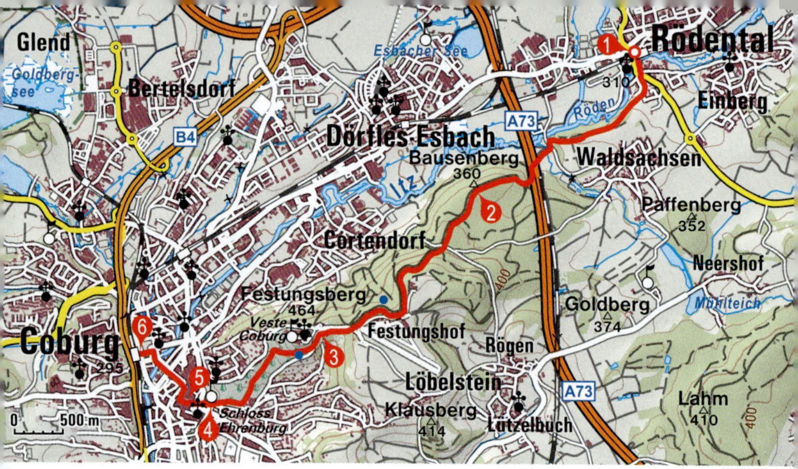

Für den Abstieg nach **Coburg** folgen wir hinter dem Kiosk der Ausschilderung Richtung »Historische Innenstadt«. Der Weg führt uns an eine schmale Teerstraße und diese nach rechts abwärts. Wenig später verlassen wir das Sträßlein und nehmen den Fußweg halb rechts. Er führt uns durch den sogenannten **Hofgarten**. Die parkähnliche Anlage verbindet die Veste Coburg mit dem am Rand der historischen Altstadt gelegenen Schloss Ehrenburg. Unser Weg führt zunächst im Wald unterhalb der mächtigen Festungsmauern entlang. Kurz, nachdem von rechts eine Treppe von der Burganlage herunterkommt, ist etwas Aufmerksamkeit erforderlich: Hier müssen wir den Rundweg verlassen und über eine kurze Treppe nach links absteigen. Jetzt folgen wir dem Wegverlauf weiter abwärts und biegen dann nach rechts in die Teerstraße ein.

Blick über den Schlossplatz zum Landestheater und Edinburgh Palais.

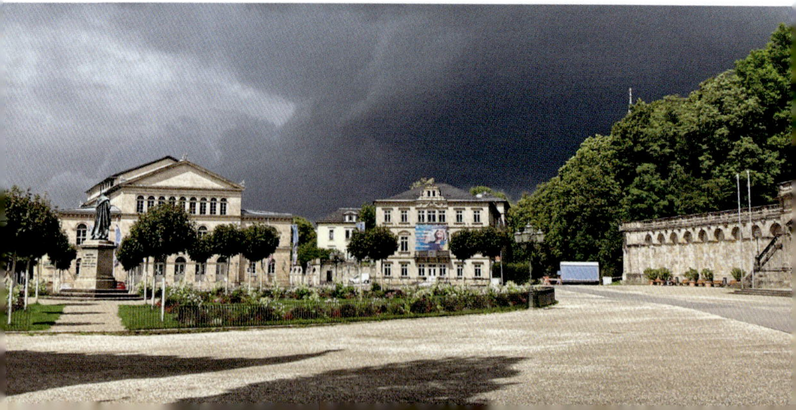

Ab jetzt halten wir uns immer an die Markierung des Lutherweges (grünes L), die uns sicher durch die kreuzenden Weg der Parkanlage hinunter zum Schlossplatz führt. Wir überqueren einen kleinen Parkplatz und stehen nun auf dem großen **Schlossplatz**. Rechter Hand erblicken wir das im klassizistischen Stil errichtete Landestheater. Links überragend die mächtigen Mauern des **Schlosses Ehrenburg** 4 den Platz, das bis 1919 Residenzschloss der Herzöge von Sachsen-Coburg war. Wir überqueren den Schlossplatz direkt vor dem prächtigen Gebäude und kommen nach dem Westflügel an eine Straße. Nachdem wir diese überquert haben, wandern wir vor dem traditionsreichen **Wirtshaus Loreley**, dessen Fassade prächtige Malereien schmücken, in die Herrngasse hinein. Diese führt uns direkt zum **Markt** 5, den wir vor dem im Renaissancestil erbauten Stadthaus überqueren und nach rechts in die Spitalgasse weiterwandern. Am Ende der Straße erblicken wir das Spitaltor, eines von drei noch erhaltenen historischen Stadttoren. Vor dem Tor gehen wir nach links weiter und folgen nun der Mohrenstraße immer geradeaus, bis wir auf einer Brücke den kleinen Fluss Ilz überquert haben. Nach der Brücke halten wir uns an die Radweg-Ausschilderung Richtung Bahnhof. Diese führt uns an der Rückseite eines markanten Bürogebäudes entlang und stößt kurz darauf auf die Bahnhofstraße, in die wir nach links einbiegen. Wenig später erreichen wir das Ziel unserer Wanderung, den **Bahnhof Coburg** 6.

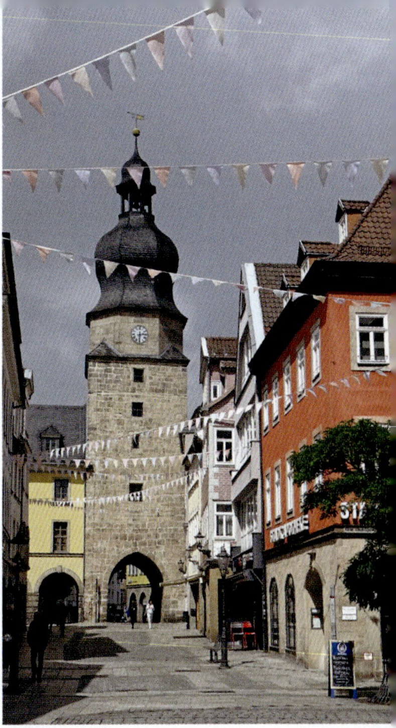

Das Spitaltor in Coburg.

Bereits seit 1600 werden in der »Loreley« Gäste bewirtet.

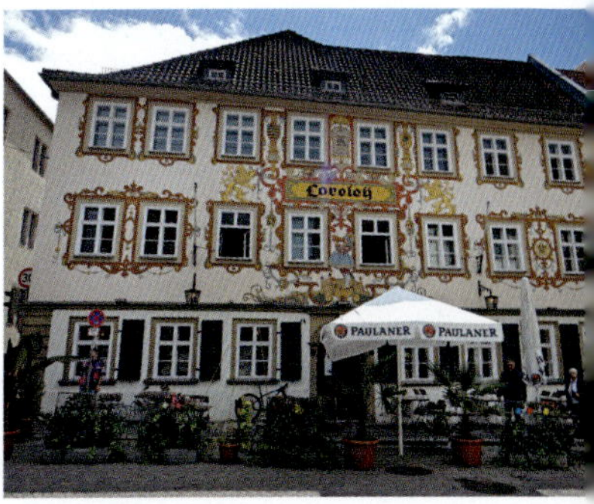

50 Georgenberg, 403 m

3.15 h

Von Bad Rodach zur Henneberger Warte

Der aus zwei Gipfeln bestehende Georgenberg ist der Hausberg von Bad Rodach und ein bei Kurgästen und Familien beliebtes Ausflugsziel. Seinen Gipfel ziert seit 1987 ein Aussichtsturm, dessen Plattform Weitblicke bis in den Thüringer Wald, zum Staffelberg, zum Kloster Banz und der Veste Coburg erlaubt. In der Ausflugsgaststätte St. Georgenberg kann man die Wanderung bei vielen kulinarischen Leckerbissen ausklingen lassen.

Ausgangspunkt: Bad Rodach, Parkplatz bei der ThermeNatur, 300 m (GPS: 50.3348908N, 10.7682578E).
Anfahrt mit ÖPNV: Zug von Coburg bis Bahnhof »Bad Rodach«. Dann die Heldburger Straße ca. 500 m nach Süden gehen und die Tour am Sportplatz des TSV 1860 Bad Rodach beginnen.
Anforderungen: Überwiegend bequeme Wege und Pfade, Treppen im Abstieg vom Georgenberg.
Einkehr: Ausflugsgaststätte St. Georgenberg, Tel. +49 179 4147513, sanktgeorgenberg.de.

Vom **Parkplatz** ❶ an der **ThermeNatur Bad Rodach** gehen wir auf der Thermalbadstraße nach Osten und kommen nach einem halben Kilometer an eine Querstraße. Wir überqueren diese und wandern anschließend nach rechts weiter. Am **Sportplatz** ❷ vorbei folgen wir dem Straßenverlauf für einen knappen Kilometer, überqueren dann die Straße nach Gauerstadt und wandern gegenüber auf dem asphaltierten Radweg weiter Richtung Spanierteich. Der Weg führt uns zunächst über Wiesen und Felder und anschließend in den Wald hinein. Nach etwa 20 Minuten leitet uns dann der Wegweiser nach links vom Fahrweg ab, und wir kommen wenig später zum **Spanierteich** ❸.

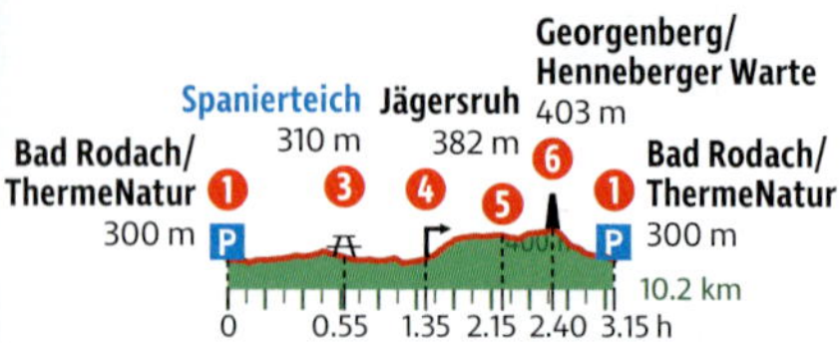

Den Teich rechter Hand passierend geht es bald aus dem Wald hinaus. Am nächsten Abzweig leitet uns eine Radweg-Markierung nach rechts, und

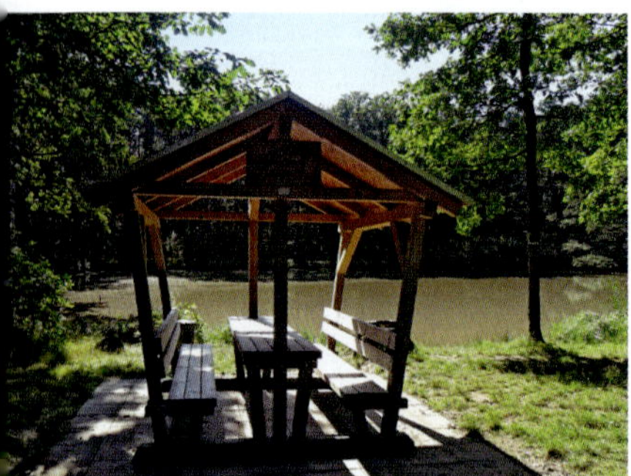

Rastplatz am Spanierteich.

nach weiteren 100 Metern halten wir uns abermals halb rechts. Nun folgen wir dem Verlauf des Feldweges, bis wir an eine Teerstraße kommen. Rechts von uns befindet sich hinter einer Hecke ein kleiner Teich. Wir biegen in das Sträßlein nach rechts ab und gehen am Ende der Hecke abermals rechts. Von nun an leitet uns die Markierung roter Punkt. Am **Wegweiser »Fischteiche«** ❹ führt sie uns nach rechts weiter und durch den Wald aufwärts.

Am nächsten Wegweiser halten wir uns dann an die Ausschilderung Richtung Georgenberg, nun geführt von der Markierung gelber Strich. Sie bringt uns nach 1,5 Kilometern zum ehemaligen herzöglichen Jagdhaus **Jägersruh** ❺. Wenig später kommen wir an eine Landstraße. Wir überqueren sie und wandern jetzt auf der Zufahrtsstraße zur Gaststätte hinauf auf den **Georgenberg** mit dem **Egbert-Friedrich-Aussichtsturm – Henneberger Warte** ❻ und dem beliebten Ausflugslokal.

Für den Abstieg passieren wir die **Gaststätte St. Georgenberg** rechter Hand und folgen der Ausschilderung Richtung »Bad Rodach / Thermalbad«. Sie leitet uns erst über Treppen, später allmählich abwärts bis zur **ThermeNatur Bad Rodach** und an dieser vorbei hinunter zu unserem Ausgangspunkt am **Parkplatz** ❶.

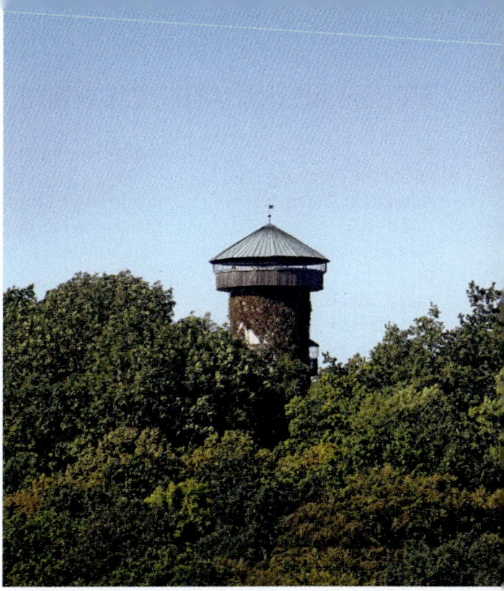

Aussichtsturm auf dem Georgenberg.

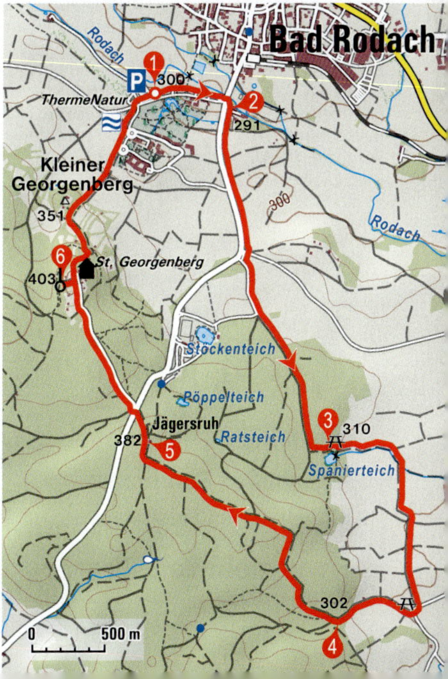

STICHWORTVERZEICHNIS